Josacine. L'affaire empoisonnée

Pascal Colé

JOSACINE

L'affaire empoisonnée

Denoël

Documents Actualité

9, rue du Cherche-Midi, 75006 Paris
ISBN : 2-207-24699-X
B24699.2

à Ulrike et à Nadja,
mes filles

Une honnête critique n'a pas de sens. Ce qu'il faut, c'est la passion sans contrainte, feu pour feu.

Henry Miller

AVERTISSEMENT

Comment désigner ce qui suit ? Ces pages écrites dans les coulisses d'une tumultueuse affaire criminelle composent un récit aux frontières floues. Journal d'enquête, témoignage, chronique judiciaire et parfois sociale, revue de presse, notes de lecture, ce laborieux zapping m'a accompagné tout au long de ce que l'on appelle improprement « l'affaire de la Josacine empoisonnée ». Car ce n'est pas un sirop antibiotique qui est en cause mais bien la main criminelle d'un homme.

Ami des parents d'Émilie, la petite victime trop souvent oubliée, j'étais aussi au moment des faits journaliste à *Liberté-Le Havre-Dimanche*, hebdomadaire du groupe Hersant. Témoin de la souffrance quotidienne de Denis et de Corinne Tanay pendant trois ans, j'ai aussi été témoin de la méchanceté imbécile de toute une région, témoin des perfidies de certains confrères. Pour rédiger ces chroniques teigneuses, j'ai choisi de laisser au vestiaire ma carte de presse. En toute objectivité, les circonstances me condamnent à la tristesse, à la colère. L'individu-citoyen avec tout ce qu'il porte en lui d'instinctif se met au premier plan et éclipse le journaliste. Je suis entré en dissidence.

Après presque trois ans de détention provisoire, Jean-Marc Deperrois a été reconnu coupable de l'empoisonnement d'Émilie. Il a été condamné à vingt ans de réclusion le 25 mai 1997. Ce verdict laisse une étrange impression dans une opinion publique mal informée, déroutée par un traitement médiatique hors du commun.

À l'évidence, deux procès se sont tenus à Rouen durant trois semaines. Le premier, le vrai, s'est déroulé devant une cour et un jury dans les règles prévues par les lois en vigueur à ce moment-là. Le second, une fable douteuse orchestrée par certains journalistes, se tenait à l'extérieur de la salle d'audience, dans les bistrots, au téléphone ou même dans les communes proches du drame. Faute d'avoir pu assister à toutes les longues journées du véritable procès, c'est naturellement à la pantalonnade que fait référence le Français moyen. La justice n'y trouve pas son compte. De nombreux journalistes se sont appliqués à valoriser les éléments à décharge évoqués par la défense, en donnant singulièrement du crédit à des hypothèses farfelues. L'un des buts de ce livre est de pointer les charges qui ont pu échapper à certains confrères et au grand public.

Aujourd'hui, deux familles restent sur leurs positions. À Gruchet-le-Valasse, la famille Deperrois crie à l'erreur judiciaire et un comité de soutien a été constitué. Exilés du pays de Caux malfaisant, les parents d'Émilie tentent de surmonter leur douleur malgré l'adversité, malgré l'animosité qui se déverse inlassablement et injustement sur eux.

Une seule certitude émerge de ce fatras. Le procès Deperrois sonne le glas des cours d'assises telles qu'elles ont pu fonctionner depuis 1792. Le système doit changer. Une juridiction d'appel est nécessaire. Il faut pouvoir par ailleurs expliquer publiquement un jugement. Tout ce qui est secret est inévitablement suspect et sujet à fantasmes. Mais, dans le procès Deperrois, ces nouvelles dispositions auraient-elles modifié la conclusion que nous connaissons ?

Pour raconter cette tragique affaire, j'ai choisi d'adopter autant que possible une chronologie en suivant la vie de Denis et Corinne Tanay depuis le 11 juin 1994. Parfois, cette chronologie est bouleversée par les souvenirs des parents d'Émilie, par différentes lectures du dossier ou, souvent hélas, par la publication d'articles litigieux dans la presse. À chaque fois, comme des flash-back incontrôlables, ces éléments prennent place là où ils ont fait irruption dans le déroulement de l'histoire. Ces périlleux aller et retour entre le passé et le présent illustrent parfaitement le trouble de cette famille brisée qui n'a eu qu'un seul but en trois ans : tenter de comprendre l'incompréhensible.

Après le verdict, Jean-Marc Deperrois a présenté un pourvoi en cassation. Dans l'attente d'un jugement définitif, Jean-Marc Deperrois est donc, selon la loi, toujours présumé innocent. Il pourrait, le cas échéant, être rejugé par une autre cour d'assises.

Pascal Colé

1994

L'HORREUR

1

Fête médiévale

11 juin 1994. Gruchet-le-Valasse (2 813 habitants. Seine-Maritime) fait semblant de vivre à l'heure médiévale le temps d'un week-end. Bateleurs, comédiens, cascadeurs à cheval, sont de la partie. Le samedi après-midi, des dizaines de mômes grimés, costumés, s'agitent sur la place de la mairie. Parmi eux, Émilie Tanay. Elle a neuf ans. C'est une amie d'école de Jérôme Tocqueville, l'un des deux fils de la secrétaire générale de la mairie de Gruchet. Denis et Corinne Tanay sont invités à un baptême. Émilie, leur fille unique, préfère participer aux festivités. Elle est confiée à la famille Tocqueville. La fillette a une bronchite. Corinne Tanay laisse un flacon de Josacine 500 à Sylvie Tocqueville et donne les recommandations d'usage. Émilie découche rarement. Corinne repart tranquille, malgré le fait qu'elle ne connaisse pas vraiment les Tocqueville, amis d'amis. Au moment des dernières consignes, Émilie dit à sa mère : « Ne t'en fais pas. Je ne pars pas pour six mois. »

Les bouffons de la compagnie S.D.F. se préparent dans une salle attenante à la mairie. Je suis avec eux. Les jongleurs s'échauffent. Dernière touche aux costumes. On rajoute du maquillage, des bouts de fourrure, des foulards par-ci par-là. L'ambiance est décontractée. Des gens vont et viennent. Il fait beau. Je prends des photos dès la sortie des loges. Des enfants crient quand un grand escogriffe dégingandé s'approche d'eux avec un long bâton. Il leur tire une langue infecte qui semble en ébullition. Certains comédiens se gargarisent avec une mixture à base de bleu de méthylène et de cachets effervescents... Effet garanti. Je prends une douzaine de clichés pour annoncer la suite de la manifestation dans l'édition de *Liberté-Le Havre-Dimanche* (groupe Hersant) du lendemain. Le dimanche, je viens avec ma petite famille assister au tournoi de chevalerie dans l'herbage de l'abbaye du Valasse. Je croise le maire du village, Claude Laplace, élu C.N.I., habillé en noble. Il est suivi par toute une petite cour. Je ne connais pas grand monde dans ce bled où il ne se passe jamais grand-chose. Je n'entends parler de rien.

La veille, vers 20 heures, Émilie est tombée foudroyée chez les Tocqueville. Pendant ce temps, à quelques kilomètres de là, Denis et Corinne Tanay dînaient dans une pizzeria. Passant après le repas chez une sœur de Corinne, ils apprendront qu'Émilie, dans le coma, est hospitalisée au Havre. Pied au plancher, brûlant stops et feux rouges, les Tanay arriveront à l'hôpital pour constater l'irréparable.

2

Rupture d'anévrisme

Il n'y a pas pire aveugle que celui qui refuse de voir. Politique de l'autruche quand la vérité est trop dure à avaler. J'ai mis un certain temps à comprendre qu'Émilie, la fillette de neuf ans empoisonnée au cyanure dont tout le monde parlait, était la petite de Denis et de Corinne Tanay, des amis.

Après l'avoir perdue de vue quelques années, j'ai croisé Corinne Tanay dans les bureaux de *Cité*, le magazine municipal du Havre, quelques jours avant le 11 juin fatal. Elle venait proposer sa collaboration. Le rédacteur en chef acceptait de la prendre à l'essai. Discrètement, il m'a demandé ce que je pensais de cette candidature. J'ai répondu tout de go, en souriant : « C'est une fichue emmerdeuse ! » J'ai connu Corinne à l'époque du « juquinisme » bolbécais, en mars 1988. Elle avait rejoint les sympathisants de « Bolbec autrement », une liste où se mêlaient, cahin-caha, faute de mieux pour chacun, communistes critiques, ex-« gauchistes », écolos, libertaires, tiers-mondistes, à l'occasion d'élections municipales anticipées. Une espèce de test avant les présidentielles de 1989. Mon appartement était transformé en Q.G. de campagne. Pierre Juquin et plusieurs permanents de son staff étaient venus nous soutenir durant les opérations. Joyeux folklore. Certains de nos propres candidats avaient « oublié » d'aller voter mais la liste, conduite par Sylvain Vue, médecin, ex-élu apparenté P.C.F. de Bolbec, avait tout de même obtenu 9,24 % des voix au premier tour. Après les événements d'Ouvéa en Nouvelle-Calédonie, Corinne était encore avec nous pour organiser une réunion sur la Kanaky, toujours à Bolbec, avec Jean Chesneau et une délégation du F.L.N.K.S. Au temps du sandinisme, les Tanay ont également participé à une opération en faveur d'une école nicaraguayenne. Professionnellement, Corinne avait tenté d'ouvrir une boutique d'écrivain public. Elle était devenue ensuite formatrice. Voilà, en résumé, ce que je pouvais dire sur Corinne.

J'ai appris la mort d'Émilie le 13 juin 1994, à la rédaction de ce *Cité* où je pigeais régulièrement. Deux jours après le décès de la petite, on me présentait le drame comme étant une rupture d'anévrisme. Convaincu par la thèse de la crise cardiaque, je n'avais aucune raison de chercher d'autres explications à la mort d'Émilie. Ce n'est que le 17 juin, à l'occasion d'un concert de blues, à Bolbec, que l'évidence s'est imposée. Émilie fréquentait la M.J.C. de la ville. Son directeur était sous le choc. La petite préparait un gala de danse. Des journalistes commençaient à rôder, cherchant à parler à ses camarades d'école et à ses copines de jeu. Je n'avais pas remarqué l'arrivée des vautours.

3

Panique aux urgences

Le 16 juin, jour de l'enterrement d'Émilie à Saint-Jean-de-la-Neuville, le laboratoire Bellon (Rhône-Poulenc), fabricant de la Josacine, lance un communiqué : « Le laboratoire Bellon vient d'apprendre la survenue d'un décès dont la cause serait l'introduction, dans des circonstances encore inconnues, d'une substance toxique étrangère dans un flacon de l'antibiotique Josacine, flacon de granulés 500 mg pour suspension buvable. Une information judiciaire est en cours pour déterminer dans quelles conditions, à quel moment et par qui une telle substance a pu être introduite dans le flacon. Cependant, les responsables du laboratoire ont immédiatement décidé, dans le souci d'assurer la plus grande sécurité possible, de procéder par précaution au retrait de tous les flacons de Josacine suspension buvable. Les mesures de retrait sont en cours et sont conduites par les professionnels de santé concernés. Il est demandé à toute personne ayant des flacons de Josacine granulés pour suspension buvable (flacons de 125, 250 et 500 g) de ne pas les utiliser et de les rapporter à leur pharmacien. » Suivent deux numéros de téléphone mis à la disposition du public. Les journaux télévisés diffusent le communiqué. L'affaire devient instantanément celle de « la Josacine empoisonnée ». Le flou du communiqué laisse supposer toutes les hypothèses. Les rumeurs affluent. Un accident a pu se produire sur la chaîne de fabrication du médicament. L'ombre d'un tueur fou frappant en aveugle apparaît. La Josacine est le médicament numéro un au hit-parade des traitements pédiatriques. Affolés, les gens jettent les flacons qu'ils ont en stock ou les rapportent dans les pharmacies. Les urgences hospitalières, les centres antipoison, les pharmacies de France sont submergés d'appels ou de visites de parents inquiets. À lui seul, l'hôpital Robert-Debré à Paris reçoit en quelques heures cent cinquante familles paniquées. Une cellule de crise est constituée chez Rhône-Poulenc. Interrogée par l'Agence France-Presse (A.F.-P.), la direction médicale de Bellon donne des précisions. « Au-delà de huit heures de traitement avec de la Josacine en suspension provenant du même flacon, il n'y a pas de danger. En revanche, si l'enfant a absorbé ce médicament depuis moins d'une heure, il vaut mieux l'emmener aux urgences pédiatriques d'un hôpital. Toutefois, des maux légers, comme le mal de ventre, sont habituels lors de la prise de la Josacine. Le produit toxique à l'origine de la mort de l'enfant produit des douleurs violentes et aiguës. » Pas de quoi rassurer parents et enfants.

Le 17 juin, l'A.F.-P. parle de « bavure majeure de communication ». L'Ordre national des pharmaciens est tardivement informé de l'affaire. Philippe Douste-Blazy, ministre délégué à la Santé, juge « tout à fait inhabituelle » la procédure d'alerte suivie par l'industriel fabricant de l'antibiotique. L'Agence du médicament y va de son couplet. Un haut responsable de l'administration estime que les laboratoires Bellon ont « perdu leur sang-froid » en informant « de leur propre initiative et sans concertation » les médias.

Le drame se déroule sur mon secteur professionnel. Maudit canton de Bolbec. Une zone à présent envahie par les hyènes du métier. Par chance, je ne m'occupe jamais des faits divers. Pour l'instant personne ne me demande rien à la rédaction de *Liberté-Le Havre-Dimanche* où je travaille à mi-temps. Cela m'étonnerait que ça dure. Malheur et misère du journalisme de province. Au cours d'une conversation, je murmure bêtement que je connaissais Émilie. Des collègues pensent que je tente de faire de l'humour noir et ne m'écoutent pas. Comme si j'avais envie de plaisanter. Je me tais.

4

Attention aux dérapages

« Qui a empoisonné Émilie ? » interroge la Presse havraise (articles communs pour *Le Havre libre* / *Paris-Normandie* / *Havre-Presse* du groupe Hersant) du 18 juin. Une photo de la tombe fleurie s'étale à la une. L'identité complète d'Émilie est révélée. Marc Gaubert, procureur de la République au Havre, donne un communiqué. Il explique que l'autopsie médico-légale, pratiquée dans la nuit du 13 au 14 juin, a conclu à une suspicion d'intoxication au cyanure. Le laboratoire du centre hospitalier du Havre et l'Institut de recherche criminelle de la gendarmerie confirment. Dès le 16 juin, une information judiciaire pour empoisonnement est confiée au juge Christian Balayn. Ce dernier délivre une commission rogatoire au colonel de groupement de gendarmerie de la Seine-Maritime et à la section de recherche de gendarmerie de la cour d'appel de Rouen. Trente-cinq enquêteurs et une importante logistique sont mis en place. Le laboratoire fabricant de la Josacine apporte une totale collaboration. « Pour l'instant aucune hypothèse n'est à exclure ou à privilégier. »

Le 20 juin, les premières photos d'Émilie apparaissent dans la Presse havraise sans la moindre autorisation. D'où viennent-elles? Qui les a données? Où les a-t-on prises? La photo qui figure en page deux est le portrait accroché dans le salon des Tanay à Saint-Jean. Je suis bien heureux qu'il n'y ait aucun lien organique entre les trois titres havrais et *Liberté-Dimanche* malgré l'appartenance au même groupe... Emmanuel Burdin signale dans ses colonnes qu'une horde médiatique est « lourdement présente sur le terrain. Le spectre de l'affaire Villemin referait-il son apparition? ». Par chance des mesures sont prises. « Rien de nouveau n'a filtré des locaux de la gendarmerie du Havre. Les grilles sont aujourd'hui fermées et l'accès réglementé. N'entre pas qui veut... », constate le confrère. En guise d'info, la Presse havraise va voir Maurice Tanay, le grand-père d'Émilie, Victor Duhamel, le maire de Saint-Jean-de-la-Neuville (477 habitants)... et, « mémoire vivante du village, M. Lemarcis », un petit vieux né en 1912! Bavardages.

Les jours suivants, les journalistes font toujours chou blanc. La « cellule Émilie » qui réunit chaque soir les enquêteurs reste muette. Le 21 juin, le procureur précise que les enquêteurs disposent de dix à douze hypothèses, du laboratoire à la famille, en passant par les distributeurs et le transporteur. Acte tragique de malveillance ou action criminelle ? « En l'état actuel des choses, rien ne nous permet de privilégier telle ou telle piste. Nous souhaitons prendre notre temps, suivre le fil conducteur de cette affaire, tenir compte de chaque hypothèse afin d'éviter toute erreur. Ces investigations seront assurément longues et difficiles, à moins qu'une personne prise de remords ne se précipite à la gendarmerie pour y avouer sa culpabilité. Ce qui, à mon avis, est peu probable », déclare Marc Gaubert.

Les journalistes ont horreur du vide. Alors ils meublent. Ils font le siège des entreprises qui utilisent du cyanure autour de Bolbec. L'usine Oril (groupe Servier) est ainsi sous le feu de l'actualité. Une publicité dont elle se passerait volontiers. Le directeur répond gauchement aux questions devant micros et caméras. Le quidam n'ignore plus rien des dangers du cyanure. On apprend que « les récipients qui contiennent ce produit doivent être stockés dans des locaux bien ventilés, fermés à clef et interdits à toute personne ne possédant pas une autorisation spéciale. Les récipients sont obligatoirement munis d'étiquettes portant la mention « toxique » ainsi que l'énumération des risques particuliers et des conseils de prudence. Le personnel des entreprises où il est stocké est systématiquement averti de sa grande toxicité et des précautions à respecter lors de son utilisation. Les accidents de travail dus au cyanure sont donc extrêmement rares ».

Le 22 juin, le gros des troupes de la presse s'éloigne en laissant quelques scories derrière lui. *Le Havre libre* brocarde certains « envoyés spéciaux » qui semblaient prêts à tout pour obtenir le « scoop » et faire dans le sensationnel. Mme Isaac, la femme du directeur de l'école Sainte-Geneviève de Bolbec, où était scolarisée Émilie, s'exprime dans les colonnes de la presse locale : « Certains procédés nous ont déplu. Un reporter s'est présenté comme travaillant à la mairie de Gruchet. Lundi, la police a dû intervenir pour protéger les enfants sollicités par quelques journalistes sans scrupules. Le midi, ces derniers les avaient invités à rechercher chez eux différentes photos sur lesquelles Émilie aurait été présente, de les apporter et de répondre à quelques questions. Vous imaginez leur réaction et celle de leurs parents. Ils viennent de perdre une amie, quand même... » Emmanuel Burdin plaide contre l'amalgame – « Tous les mêmes, ces journalistes » – qui en découle : « En fait, ils ne sont qu'une minorité à forcer les portes. » Burdin s'attaque aussi aux rumeurs et aux ragots : « Un mécanisme destructeur, incontrôlable. Face à ces rumeurs, le rôle des médias est justement de tendre vers une vérité souvent difficile à atteindre. » Des propos louables. Burdin met en garde : « Attention aux dérapages des uns comme des autres. » Selon lui, Sylvie Tocqueville est la première victime des rumeurs : « Cette femme, chargée de la garde d'Émilie le soir du drame, a été montrée du doigt par la vindicte populaire. En dépression, elle a déserté son domicile. »

Et l'on commence à voir les effets du raid journalistique dans la presse nationale. Dans *France-Dimanche* du 25 juin, les photos de Grégory et d'Émilie sont côte à côte... « Tant de sombres ressemblances avec l'affaire Grégory », assure Paul Giovannelli. Comment ce canard s'est-il procuré la vieille photo de Corinne (prise par la presse locale lors de l'ouverture de son officine d'écrivain public), la photo de classe et le portrait d'Émilie ? Au cœur de la page, un gros plan de la croix plantée sur la tombe de la petite. Un bandeau « Émilie jolie » est posé dessus. Au-dessous, une vue de la maison prise du fond du jardin. Légende : « La balançoire construite par son père est vide. » Avant d'appuyer sur son déclencheur, le photographe a pris la peine d'élancer la balançoire pour que le mouvement souligne bien le « vide ». Pour conclure son article, Giovannelli tombe dans la guimauve : « Denis et Corinne Tanay se sont réfugiés chez des amis, loin du village. Dans la maisonnette abandonnée où flotte désormais toute la tristesse du monde, un dessin d'enfant est resté punaisé à la porte de la cuisine. C'est le dessin d'Émilie. Il représente naïvement une petite fille donnant la main à une femme. Dessous, la fillette avait écrit, de sa petite main appliquée : “ Maman, je t'aime. ” »

Le 29 juin, les journalistes sont toujours à l'affût. Sans la moindre indication, la Presse havraise titre : « L'enquête s'orienterait vers l'entourage de la famille. » Heureusement que Burdin a mis ses lecteurs en garde contre les rumeurs... Le 5 juillet, un autre pigiste local, H.V.C., s'égare : « Le black-out imposé par le procureur de la République autour de l'enquête est total. Il semblerait néanmoins que les recherches se concentrent sur l'environnement plus ou moins direct de la fillette de neuf ans. »

Un mois après le décès d'Émilie, les journalistes n'ont qu'une chose à se mettre sous la dent : l'attente des analyses du cyanure assassin. « Des sources proches de l'enquête, on affirme que ces examens sont certes coûteux mais indispensables à la progression des investigations », commente Emmanuel Burdin le 14 juillet.

Courageusement, après une douloureuse partie de cache-cache avec la presse, Corinne réapparaît à la mairie du Havre, mi-juillet, en quête de travail. Il n'était plus possible pour Corinne de circuler librement dans les couloirs du service communication parasités par les médias. Les journalistes de TF1 ont ainsi eu quelques minutes leur proie devant eux. Sans la reconnaître, heureusement.

Deux montres sont attachées au poignet de Corinne. Il n'est pas difficile de deviner à qui appartient celle au bracelet fantaisie. Corinne me dit qu'Émilie avait conservé le

« Kiki », un petit singe en peluche, qu'Ulrike, ma première fille, lui avait offert six ans auparavant.

La vie de Corinne et de Denis est impossible à Saint-Jean-de-la-Neuville, où ils habitent. Ils ne peuvent même pas aller sur la tombe d'Émilie à cause des photographes qui planquent dans le cimetière. Ils ont bien entendu été les premières victimes de la traque médiatique. Des « journalistes » ont forcé la porte de leur maison pour voler des photos accrochées aux murs. Ils ont retrouvé des documents éparpillés dans les pièces comme après une fouille musclée. Leur boîte aux lettres est forcée. Une nuit, une sœur de Corinne qui dormait à Saint-Jean s'est retrouvée nez à nez avec un type qui matait par la fenêtre alors qu'elle se rendait aux toilettes. Un individu de *Paris-Match*, Jean Ker, s'est baladé dans la région en se vantant d'avoir suivi l'affaire Grégory. Belle référence ! Par le biais de Jean-Michel Tocqueville, très en cheville avec cette presse-là, les Tanay apprennent que ce Ker leur propose 150 000 francs s'ils acceptent de le rencontrer. Ils refusent. Ker fait chou blanc également avec une sœur de Corinne. Il se fâche, prend la sœur par le bras et assure que s'il a réussi à chopper les Villemin, il arrivera bien à coincer les Tanay. À travers la barrière, il continue son manège en direction de gamines. Il tente de leur soutirer l'adresse de repli des parents d'Émilie. Les Tanay ont aussi été pris en chasse aux alentours d'une clinique où Corinne, faute de pouvoir aller chez elle, s'était rendue pour obtenir les médicaments nécessaires à ses soins.

Autres enquêteurs, aussi redoutables et absolument incontournables : les gendarmes. Ils ont fouillé de fond en comble la maison des Tanay pour tout éplucher, livres, répertoires d'adresses, relevés bancaires, revues et même des contes écrits par Corinne destinés à être envoyés aux éditions du Père Castor. Le titre de l'un d'eux est : « Rien ne va plus chez Émilie ! » Aussitôt les gendarmes sautent dessus, pensant y trouver des révélations en filigrane. Corinne préparait un article sur le sida. Les enquêteurs lui ont demandé des explications. Pourquoi ce sujet ? Comme si les pigistes choisissaient les sujets qu'on leur commande !

Des orages éclatent sur la région. Chaleur, humidité, tristesse. Un temps à s'ouvrir les veines, dirait André Laude.

5

L'assassin présumé est en taule

Reprise du boulot début août après quelques jours de repos. Les choses se précipitent. L'assassin présumé d'Émilie est en taule depuis le 27 juillet. Selon les Tanay, Émilie a été victime d'une méprise. La petite s'est retrouvée au milieu d'une sordide histoire de cul totalement étrangère à sa famille. Corinne et Denis sont en ébullition depuis cinq jours. Ils attendaient avec impatience mon retour. Tout se bouscule dans leur tête. Ils sont toujours sous le choc des interrogatoires qu'ils ont subis les premiers jours de l'enquête. Ils veulent parler de l'esprit charognard des journalistes et, cerise sur le gâteau, que je révèle le nom de l'assassin si la justice traîne à le faire. Pas moins. Moi qui, professionnellement parlant, ne voulais pas mettre un seul petit doigt dans cette triste histoire...

C'est certain, les parents d'Émilie doivent se faire entendre. Corinne pense que le nom de l'assassin n'est pas divulgué parce qu'il s'agit d'un « notable » de Gruchet-le-Valasse. Méfiante à l'extrême vis-à-vis de tout ce qui ressemble à un journaliste, moi compris donc, Corinne est partagée entre son besoin de parler et les consignes de silence données par le juge. Corinne dit les choses sans les dire. Elle parle d'un adjoint au maire qui est aussi chef d'entreprise, sans dévoiler son nom. Il n'y a pas des centaines de types qui correspondent à ce signalement dans Gruchet. Ce n'est pas très dur à trouver.

Finalement, Corinne accepte de jouer le jeu de la justice jusqu'à la fin du mois. Si rien ne bouge, elle veut que je dise dans *Liberté-Dimanche* qu'un certain Jean-Marc Deperrois, un type de 43 ans, est l'assassin présumé de sa fille. Ce type était l'amant de Sylvie Tocqueville et aurait en fait voulu tuer le mari de celle-ci, son rival. Je ne suis pas pressé d'aller au charbon. L'enquête subie par Corinne et Denis est effrayante. Chaque objet leur appartenant, chacune de leurs relations, chacun de leurs mots est étudié, passé au crible, déformé, sali au besoin. Tout est bon pour démasquer un assassin d'enfants mais le risque d'excès est grand. Les gendarmes n'ont pas hésité à envisager des relations incestueuses entre Émilie et son père ou des parties carrées avec un couple ami... Les Tanay sont choqués, abasourdis.

6

L'amour poison

Je ne comprends pas comment Denis et Corinne peuvent tenir. Denis reste souvent silencieux, le regard froid. Corinne parle beaucoup. Récits détaillés sur l'exhumation qui a été nécessaire pour pratiquer une nouvelle autopsie d'Émilie. La virginité de la petite n'avait pas été contrôlée la première fois. Description des peluches alignées sagement sur le lit de la puce. C'est insoutenable. Comment peut-on vivre avec des pensées pareilles sans en crever ? Je n'ai pas trop le temps de me poser de questions. Le rythme s'accélère subitement. Le jeudi 18 août, Christine Wurtz, sur Radio France-Normandie-Rouen, révèle l'arrestation de l'assassin présumé. Il devait bien y avoir une fuite un jour. Dans un sens, c'est même surprenant que le secret ait été gardé aussi longtemps. Trois semaines après un pareil drame, un homme, élu et chef d'entreprise, ne disparaît pas de la vie d'un petit village sans provoquer quelques interrogations.

Dès l'écoute du scoop de R.F.N.R., les Tanay viennent me voir à *Liberté-Le Havre-Dimanche*. Ils fulminent. Dans la région, les confrères rappliquent. Le procureur de la République, Marc Gaubert, voyant que certains enquêteurs sont très sollicités par la presse, impose le silence absolu. Les journalistes protestent contre la chape de plomb qui recouvre l'enquête. La femme du suspect, Anne-Marie Deperrois, maintient, le 18 août, devant l'A.F.-P., que son mari est « en déplacement à l'étranger ». Claude Laplace, le maire du bourg, indique avoir été simplement avisé que son adjoint était « en vacances ». Difficile à gober...

Le Havre libre du 19 août titre : « L'amour poison. » Une photo d'Émilie est à la une. Celle de Deperrois également. Légende : « Un homme dévoué à sa commune mais réputé autoritaire. » Quatre petites colonnes résument les faits : « Une sombre affaire d'adultère serait la cause de la mort d'Émilie Tanay, 9 ans, survenue le 11 juin dernier. La liaison entre Jean-Marc Deperrois, adjoint de Gruchet-le-Valasse et amant supposé de Sylvie Tocqueville, secrétaire générale de la mairie et baby-sitter de la fillette le soir des faits, serait donc à l'origine du décès d'Émilie. Le 11 juin, Jean-Marc Deperrois serait entré dans la maison de Sylvie

Tocqueville afin d'introduire du cyanure dans un antibiotique de Jean-Michel Tocqueville, le mari. Il se serait trompé de flacon et aurait empoisonné la Josacine. » La mort s'est trompée de victime.

Agathe Martin, sur un ton faussement amusé, conte le parcours du combattant des journalistes en quête d'informations. Elle se fait refouler par les gendarmes qui la renvoient au parquet. « Direction le juge d'instruction, M. Ballin *(sic)*. Celui-ci est en vacances et sa secrétaire dit avoir des consignes très strictes. » La consœur est dirigée chez Marc Gaubert. « En route vers le procureur. " Ce dernier est parti en vacances et ne sera de retour que le 5 septembre ", nous est-il répondu par l'un de ses substituts. (...) En attendant, un homme est incarcéré, depuis plusieurs jours, pour des faits qu'il dément. À l'heure qu'il est, son avocat ne s'est pas fait connaître. » Un encadré annonce : « Consternation à Gruchet-le-Valasse. » La pêche n'est pas bien meilleure dans la campagne. Les fins reporters s'aventurent jusqu'au 7 de la rue de la Fernague, domicile de Deperrois, pour découvrir « qu'hier encore les poubelles avaient été sorties sur le trottoir ». Passionnant. Qui était dans le secret de l'incarcération du second adjoint du village ? Son épouse, pour se protéger, « affirmait que son mari était en déplacement ». Les élus locaux ont-ils eux aussi délibérément gardé le secret de cette incarcération ? « Claude Laplace, le maire, qui se refuse à tout commentaire, accuse le choc. L'homme est livide, visiblement ému. Il avait une entière confiance, tant dans sa secrétaire qu'en son adjoint. Il ne semble pas vouloir y croire et reste persuadé que les enquêteurs se sont trompés de piste. » Les badauds sont consternés, « d'autant que la liaison supposée entre Sylvie Tocqueville et le deuxième adjoint était visiblement ignorée ». Une brave dame dit : « Les bras m'en tombent. » Le journal publie une photo de Sylvie Tocqueville. Mauvais repiquage tramé, le cliché montre une femme aux antipodes de la beauté fatale. Difficile de croire que l'on puisse tuer pour une personne aussi banale.

Le 20 août, jour de fabrication de *Liberté-Dimanche*, trois inconnus, confrères en manque de son, font littéralement le siège de notre rédaction tout l'après-midi. Ambiance incroyable. Les gars restent scotchés dans mon dos pendant une éternité, sans parler, sans poser la moindre question. Qui sont ces gus ? Je ne sais même plus. Se sont-ils présentés ? Peut-être. De toute façon, en pareille situation, tout le monde se méfie de tout le monde. Tous mes collègues feignent d'ignorer les intrus. La veille, un placard de pub de *Liberté*, publié dans la Presse havraise, a annoncé une interview des Tanay dans *Liberté-Dimanche*. Nos « envahisseurs » pensaient cueillir les Tanay au passage. Raté. Mon papier est fait. Les films sont même tirés. Discrètement, Jean-Marc Williatte, directeur de l'agence havraise de *Liberté*, vide les poubelles encore pleines de copies de contrôle et de films ratés où la photo d'Émilie, fournie gracieusement par les Tanay, apparaît. Finalement, les gars redescendent sur le parking. Ils restent plantés sous nos fenêtres jusqu'à 20 heures.

Nous n'avons pas l'habitude de pratiquer ces énergumènes. Denis s'est fait piéger par *Aujourd'hui / Le Parisien*. Dans l'édition du 20-21 août, un papier titre : « Le père d'Émilie mène son enquête. » En illustration, une photo d'Émilie signée Sipa. Un repiquage pirate de la photo accrochée dans le salon des Tanay. Pris par surprise, ravagé par la colère et la tristesse, Denis a accordé trois mots à Gérard Davet. Traduction en langage journalistique : « Je sais tout de A à Z dans cette histoire, lâche le père d'Émilie, et un jour je raconterai tout. Avec ma femme, on mène notre propre enquête. » N'importe quoi ! Pour finir, Davet estime que « manifestement, Denis Tanay a encore quelques doutes sur l'identité de l'assassin de sa fille ». Sans commentaire. Les journalistes se rebiffent à leur façon contre ce qu'ils appellent « la conspiration du silence ».

À l'opposé de ces déclarations juteuses, les formules conjuguées au conditionnel de mon papier dans *Liberté-Dimanche* du 21 août doivent décevoir les amateurs d'élucubrations. Après tout, l'arrestation de Deperrois n'a pas été confirmée officiellement. C'est la première fois que les Tanay s'expriment publiquement depuis le drame. Une « exclusivité » dont je me serais bien passé. Corinne éclate : « Il faut que la délation et les rumeurs qui nous ont fait tant souffrir, nous et nos amis, cessent maintenant dans la région. Les gens ne sont pas habilités à juger quoi que ce soit. En dehors de la justice, personne n'est autorisé à accuser qui que ce soit. Le reste, c'est du délire. Jusqu'à présent, nous avons tout fait pour que l'affaire avance vite et dans la discrétion. Nous n'avons aucun commentaire de plus à faire, rien à dire à la presse. Ce n'est pas la peine que les journalistes viennent à la maison. Nous savons que nous allons encore entendre et lire des choses affreuses mais nous ne voulons pas gêner le déroulement de l'enquête qui suit son cours. Nous serions irresponsables si nous agissions autrement. » Corinne parle de leur vie depuis le 11 juin. Elle espère qu'on les laissera en paix avec leur douleur. « Notre vie s'est arrêtée. Certains ne semblent pas capables de le comprendre. Émilie a emporté nos cœurs avec elle. Après sa mort, nous avons dû sans cesse déménager pour échapper à la presse. Il ne faut pas que les gens oublient qu'une petite fille de neuf ans est décédée. » Cet appel à la raison sera-t-il entendu ? Aucune chance. Les lecteurs comme les journalistes sont branchés sur une autre fréquence. Ils voudraient entendre du « Radio corbeau » et assister à du crêpage de chignon. La vérité, la sérénité, n'intéressent personne. La première à déraper est la rédaction rouennaise de mon propre journal. Ils ont collé un chapeau improvisé, non signé, au-dessus de mon article pour insister sur l'innocence proclamée de Deperrois. Ils laissent entendre que Deperrois, après avoir nié posséder du cyanure, utilise ce produit à des fins professionnelles. Ce qui semble faux. Ils mettent aussi en doute les relations adultères que Deperrois « aurait entretenues avec Sylvie Tocqueville ». Relations qui ont toute leur importance dans la mesure où elles valident la théorie de l'accusation contre Deperrois. Le petit notable aurait voulu se débarrasser d'un mari gênant. C'est incroyable mais c'est ainsi.

7

Visite du musée de l'horreur

Les Gruchetains ont du mal à imaginer Deperrois dans la peau d'un assassin. Sa liaison avec Sylvie Tocqueville surprend moins. Des langues se délient visiblement. « Cela se savait », confirme *Aujourd'hui / Le Parisien*. Pas de quoi en faire un fromage visiblement pour une femme qui affirme aussitôt : « Mais il n'était pas le seul à avoir une maîtresse. »

Je suis en colère contre ma direction. Les lecteurs pensent que je suis l'auteur de leur papier. J'ai ma lettre de démission dans ma poche mais les Tanay veulent que je reste au journal pour ne pas se retrouver sans voix au cas où. Je ne comprends pas ma stupide direction. Nous sommes les seuls à avoir publié une interview des parents d'Émilie. Un scoop qui méritait quelques considérations. Ce contact ne nuit pas à notre liberté d'action. Pourquoi les collègues rouennais ont-ils agi ainsi ? Sabotage délibéré ? J'envoie une lettre de protestation à Rémi Parment, directeur de *Liberté-Dimanche* à Rouen. Carole, ma supérieure hiérarchique et seule collègue de confiance, cosigne le courrier. Nous y parlons du contrat moral qui nous lie aux Tanay. Un « contrat » bien écorné maintenant. Nous exigeons de suivre cette affaire de A à Z pour éviter d'autres mauvaises manœuvres. Je ne suis pas certain du résultat. Je suis en revanche certain de m'être fait des ennemis à la direction et chez les collègues rouennais attachés aux faits divers.

Les aoûtiens en mal de sensationnel sont très chouchoutés cette année par les rédactions en panne de sujets. Une collection d'articles qui annonce le pire pour Corinne et Denis. Le 22 août, Sylvie Tocqueville, 38 ans, et Jean-Michel son mari, 41 ans, sont à la une de la presse havraise sous le titre : « Un coupable impossible – Les époux Tocqueville prennent la défense de Jean-Marc Deperrois. » Selon Stéphane Rousseau, « la confrontation d'environ six heures, organisée vendredi soir par le juge d'instruction entre le détenu et les Tocqueville, n'a semble-t-il pas fait avancer la thèse de l'accusation. Jean-Marie *(sic)* Tocqueville nous a dit clairement qu'il ne croyait pas en la culpabilité de Jean-Marc Deperrois, un ami d'enfance, qui ne pense qu'à sa famille et à sa société ». Deux photos révèlent une Sylvie Tocqueville bien différente de celle présentée dans une édition précédente. Malgré la fatigue qui marque son visage, la secrétaire de mairie semble plus jeune, plus moderne. La transformation est telle que l'on penserait qu'il s'agit de deux femmes différentes. Elle avoue, « la tête basse, un petit écart de parcours, un coup de canif dans le contrat, comme on dit. C'était en mars ». Mais, selon eux, les choses sont rentrées dans l'ordre. « En chœur, se prenant par la main, ils affirment que leur couple va parfaitement bien. Ils sont mariés depuis 18 ans », conclut Rousseau. Pour les Tocqueville, le mobile ne tient pas debout : « Est-ce que l'on tue un rival, si rival il y a ? Quand ça ne va pas, on se sépare, on divorce mais on n'assassine pas. Pourquoi est-il seul à trinquer ? Pourquoi on ne dit pas que je suis de connivence ? » interroge Sylvie Tocqueville. François Lasne, l'avocat de Deperrois, prend la parole pour dire : « Mon client conteste avec la plus grande énergie toute culpabilité ou participation aux faits et aucune raison sensée ne peut l'expliquer. Aucune preuve matérielle n'a été apportée à ce jour. »

Le lendemain, 23 août, c'est la femme de Deperrois, Anne-Marie, qui lance un « cri du cœur » dans la presse locale pour défendre son époux. À la question pourquoi son mari a nié posséder du cyanure dans son entreprise, l'épouse répond : « Mon mari a agi, non par peur du gendarme, mais parce qu'il savait que s'il reconnaissait avoir du cyanure, il aurait été longuement entendu. Il pensait que son emploi du temps ne le permettrait pas car il avait quatre contrats en cours pour sa société. » Si, quelques jours après la mort d'Émilie, son mari s'est empressé d'aller jeter son cyanure dans la Seine, c'est sans doute aussi pour gagner du temps ! Claude Laplace, le maire de Gruchet, soutient son adjoint. « Jean-Marc est un homme intelligent. Comment aurait-il pu mettre du cyanure dans le premier médicament venu ? » La conviction du maire est partagée à l'unanimité par l'ensemble des élus du conseil municipal du village. À Henrique Vieira Campos, de la Presse havraise, François Lasne, l'avocat, reconnaît malgré tout qu'un dossier d'instruction « n'est jamais vide ». Au dire de l'avocat, « ce n'est pas tant le trou dans l'emploi du temps de mon client, le jour du décès d'Émilie, qui a été retenu contre lui mais plutôt le fait que Jean-Marc Deperrois ait caché avoir accès à du cyanure... sans oublier les rumeurs de liaison avec Sylvie Tocqueville ».

« Non, ce ne serait pas une nouvelle affaire Grégory et Gruchet-le-Valasse, petit bourg du pays cauchois, ne serait pas Lépanges-sur-Vologne », soutient Hervé Morin dans *Le Monde* du 23 août qui titre sur « L'honneur perdu d'un notable du pays cauchois ». Même le sérieux journal du soir se laisse prendre aux divagations qui circulent à Gruchet. Le maire Claude Laplace, qui admet maintenant avoir été au courant de l'incarcération de son adjoint, assure que c'est Sylvie Tocqueville, « en sa qualité de secrétaire générale de la mairie, qui a refusé de donner suite au permis d'inhumer et a attiré l'attention de la justice sur ce décès inexpliqué ». Faux.

Le 25 août, Sylvie Tocqueville fait la une du *Nouveau Détective* sous le titre : « Ce que la nourrice n'a pas dit. » Et l'on apprend que Sylvie Tocqueville « se considérait un peu comme la nourrice, la deuxième maman de la petite Émilie ». En quel honneur ? Dans un bel ensemble, les époux Tocqueville défendent à nouveau Jean-Marc Deperrois. Même le mari trompé, la personne visée par l'assassin, selon les enquêteurs, défend le notable. « Vous savez, on se connaît depuis l'âge de 12 ans. On était ensemble aux scouts, dans la troupe des Sangliers. » Sylvie Tocqueville parle de son « aventure » avec Deperrois. « Mon mari travaillait de nuit. Moi-même, j'avais étudié très tard un dossier avec Jean-Marc Deperrois. Au moment de quitter le bureau, je lui ai proposé de venir prendre un verre à la maison... » Pour elle, le mobile avancé par les enquêteurs ne tient pas. « Comment imaginer qu'un homme ait pu décider de tuer mon mari pour une aventure d'un soir ? C'est aberrant ! »

Le même jour, l'article de François Reynaert, dans *Le Nouvel Observateur*, nous surprend. « L'affaire Émilie n'est pas l'affaire Grégory, c'est entendu. Serait-elle pire ? » Que veut-il insinuer, lui aussi, en présentant Corinne et Denis comme des personnes « apparemment sans histoires » ? Reynaert ne croit pas beaucoup à la culpabilité de Deperrois. Pour s'en convaincre, il écoute le maire de Saint-Jean-de-la-Neuville et celui de Gruchet. Les deux s'accordent à dire que Deperrois est un homme sérieux, compétent, méticuleux. La belle affaire ! Pour Reynaert, « apparemment l'hypothèse " l'amant veut tuer le mari et se trompe " ne tient pas. Mais au fond, est-on vraiment sûr que Deperrois soit incarcéré sur cette inculpation-là ? ». Le reporter du *Nouvel Observateur* finit en se posant quelques questions sur l'annonce de l'incarcération de Deperrois : « Tout se fonde pour l'instant sur les révélations de Radio France-Normandie. Mais d'où viennent-elles ? Notre confrère de Radio France reste muet sur la source de son scoop. C'est la moindre des choses dans la déontologie de ce métier. Mais pourquoi la source a-t-elle parlé ? Quelle est l'utilité tactique de cette bombe lancée au milieu du mois d'août ? Il s'agit peut-être d'un simple bavardage, d'une indiscrétion de palais de justice. Il s'agit peut-être aussi d'une manœuvre stratégique pouvant peser sur l'enquête. Dans quel sens ? Pour quel profit ? » Conclusion : il n'y a pas de « bons » et de « mauvais » journaux. Ce sont tous des canards à ragots.

Le même jour, *V.S.D.* sort une enquête richement illustrée de photos couleurs. La plus grande, fournie par Sylvie Tocqueville, montre « Émilie, une heure avant d'être empoisonnée » aux côtés de Claude Laplace et de Jean-Michel Tocqueville. Émilie est revêtue de son costume de bouffon. Ensuite, les Tocqueville dirigent la visite du musée de l'horreur. « Dans le garage, Sylvie et Jean-Michel Tocqueville montrent l'endroit où Émilie s'est effondrée. » Sur une autre photo, Sylvie Tocqueville pose devant la table de sa salle à manger. Du doigt, elle désigne l'endroit où le vernis de la table a été dissous par le poison « ultraconcentré ». Dans l'article de Gwenaelle des Cognets, Anne-Marie Deperrois, la femme de l'assassin présumé, défend son mari bec et ongles : « Il utilisait du cyanure dans son travail. Il a nié en détenir à cause de cette affaire, et, à mon avis, a eu tout simplement peur parce qu'il le rangeait dans son bureau, à proximité de l'endroit du drame. » Sur la liaison entre son mari et Sylvie Tocqueville, Anne-Marie Deperrois répond : « J'ignorais tout. Ce sont les gendarmes qui me l'on appris. »

Un article de Jean Ker et de Jean-Yves Grandemange, dans *Paris-Match*, est illustré par la même scène costumée que celle publiée par *V.S.D.* En prime, *Match* offre une photo de Denis et de Corinne prise le jour de leur mariage par un artisan photographe bolbécais, le 2 mai 1981, et la dernière photo d'identité d'Émilie. Curieux, toutes ces photos qui sortent comme par magie. Les Tanay n'ont donné ni vendu aucun cliché. Personne ne leur a demandé leur accord pour étaler leur album de famille.

Du fond de sa cellule, Deperrois écrit. Il envoie un courrier au maire de Gruchet et à chacun des conseillers municipaux. Pour la Presse havraise du 26 août, c'est « Le cri de l'innocence ». Les journaux en donnent des extraits choisis : « Je n'ai rien à me reprocher, j'ai la tête droite, le cœur léger car ce qui est dit est tout ce que l'on veut, mais en aucun cas la vérité. Je voudrais monter sur le toit du monde et crier haut et fort que je suis innocent de l'horrible. Le juge a estimé, et cela est logique, que les confrontations devaient se faire hors de toutes pressions de ma part. Je l'ai compris, mais je ne suis pas l'auteur de ce dont on m'accuse. Dans chaque malheur, il y a paraît-il source d'espérance? Mais c'est dur, il y a des moments que j'appréhende. À chaque fois que je dois sortir avec les menottes aux poignets, c'est l'humiliation suprême pour moi. »

L'inénarrable *Courrier cauchois*, hebdomadaire hélas incontournable, ne peut rester muet. Jean-Louis Néel commente, le 27 août : « Après la mort d'Émilie, la vérité tarde à se manifester et l'atmosphère commence à devenir malsaine. » Un peu long comme titre, mais il traduit bien la tension que *Le Courrier cauchois* n'hésite d'ailleurs pas à alimenter. Cette fois, il égratigne très directement les Tanay et leurs propos dans *Liberté-Dimanche*. C'est une première. « Les seuls à se plaindre de la pression médiatique ont été les parents de la victime alors que la presse a plutôt respecté leur douleur en évitant de les mettre en évidence et alors que la mère d'Émilie devrait bien savoir, en tant que pigiste dans un magazine havrais, ce qu'il en est des exigences de l'information. Sortant de leur silence, les époux Tanay se sont en effet manifestés pour dire qu'il ne fallait pas oublier Émilie et pour faire savoir aussi... qu'ils n'avaient aucune autre déclaration à faire ! » Ironie malvenue.

Étrangement, l'avocat havrais de Deperrois, François Lasne, ne semble pas très actif. Il affirme, sans grande conviction, que « le dossier est vide » en attendant sagement les résultats des analyses de cyanure en cours. Pas très éloquent. Comment le quidam moyen peut-il s'y retrouver ? Le mari trompé et victime visée défend son rival et assassin présumé. La femme trompée fait l'ignorante et se montre solidaire de l'époux volage.

8

Rumeurs villageoises

Le climat à Bolbec est étouffant. Pour avoir donné la parole aux Tanay, des gens de tous horizons m'accusent « d'avoir choisi mon camp ». Sous-entendu le mauvais, puisque pour eux un « patron innocent » est en prison et qu'il y a mieux à faire que de s'apitoyer sur les parents d'Émilie ! Un notable m'alpague lors du vernissage d'une exposition à Bolbec en assurant que les Tanay sont des « gens bizarres ». Je découvre aussi que tous ces péquins ou élus n'ont qu'une bible, *Le Nouveau Détective*, un machin que je n'aurais jamais ouvert sans ce drame. Tous les braves gens jubilent à l'idée de vivre à domicile ce qu'ils croient être une nouvelle « affaire Grégory » avec corbeau et, si possible, coups de fusil à l'appui. Le *Détective* du 1er septembre s'entête : « Affaire Grégory... Affaire Émilie. L'histoire se répète. Dans l'affaire Grégory, un premier suspect, Bernard Laroche, est arrêté rapidement, comme pour calmer l'opinion publique. Le dossier de l'accusation est bien mince. Dans l'affaire Émilie, même précipitation. On incarcère Jean-Marc Deperrois sur de simples présomptions. » Plus loin, Sylvie Tocqueville soigne, « pudiquement » selon Jean-Didier Derhy, l'image de « seconde mère d'Émilie » qu'elle veut imposer pour des raisons incompréhensibles : « Je la choyais d'autant plus que ses parents avaient des problèmes. » Sylvie Tocqueville dresse un portrait incroyable des Tanay. « Pauvre Corinne Tanay, elle était sur le point de craquer... », lâche insidieusement la prétendue « nounou » d'Émilie. Les Tanay ont certes eu des soucis d'argent et sont en conflit avec leur famille, mais Émilie ne manquait de rien. Dans un encadré, une photo montre Jean-Michel Tocqueville derrière son appartement. On y voit la petite porte qui communique entre son appartement et la mairie. Au bout de trois pleines pages de stupidités, Derhy conclut son « enquête » par deux phrases lourdes de sous-entendus : « Une autre piste vient peut-être de s'ouvrir. Et si elle menait au village d'Émilie... »

Sur place, l'enquête se poursuit en silence. La presse locale compte les points à distance. Pour maintenir les lecteurs en haleine, les journalistes pissent de la copie en rabâchant les mêmes éléments. La chambre d'accusation de la cour d'appel de Rouen rejette, le 1er septembre, une demande de mise en liberté formulée par Jean-Marc Deperrois. Des perquisitions à Gruchet, le 6 septembre, en présence de Deperrois donnent un peu de matière aux baveux. C'est menotté que le chef d'entreprise apparaît sur les lieux. Il semble « moins abattu et plus combatif », selon la presse qui ne le voit pas éclater en sanglots devant Sylvie Tocqueville. Le notable ne supporte pas d'être présenté à sa maîtresse avec des menottes aux poignets. Pour la galerie, il continue d'affirmer son innocence malgré l'accumulation des présomptions qui expliquent son maintien en détention. Dans la Presse havraise du 9 septembre, la défense s'interroge : « Où va l'enquête ? » François Lasne déclare à Emmanuel Burdin : « Je me demande si aujourd'hui l'accusation ne se retrouve pas prisonnière de la thèse qu'elle a échafaudée. Elle est maintenant obligée d'attendre les résultats d'analyse pour espérer prouver la culpabilité de mon client. » Burdin se fait l'écho des doutes de la défense et des proches de Deperrois qui trouvent pour le moins discutable le scénario de l'accusation : « Après une relation extraconjugale, M. Deperrois aurait décidé d'éliminer un mari supposé gênant. Cet homme que l'on présente comme quelqu'un de posé et de réfléchi aurait aussitôt choisi le crime alors qu'il existe une multitude d'autres solutions, moins radicales. » L'avocat parle du moral de Deperrois : « En fait, mon client n'a jamais douté que son innocence serait reconnue. Son seul abattement a été la découverte de la divulgation de son nom au public et la crainte que cette affaire ne jette le discrédit sur les siens et sa société. » Émilie et les Tanay, c'est clair, Deperrois s'en tape complètement.

Dans *Aujourd'hui / Le Parisien* du 17 septembre, François Lasne évoque la possibilité d'une autre piste : « C'est bien Corinne Tanay, la mère d'Émilie, qui a préparé le breuvage chez elle. Pourquoi le poison n'aurait-il pas été versé dans la Josacine au domicile des Tanay ? L'atmosphère n'était pas très sereine chez les Tanay, mais il ne s'agit peut-être que de rumeurs villageoises. » Le bâtonnier toulousain Roger Merle, l'avocat des Tanay, riposte et lève une partie du voile sur la nature réelle des relations entre Jean-Marc Deperrois et Sylvie Tocqueville : « M. Deperrois et Mme Tocqueville n'ont pas eu qu'une aventure d'un soir... »

Denis et Corinne passent quelques heures au Havre en notre compagnie. Après leur départ, tout semble dérisoire, absurde. Nos soucis deviennent des rhumes comparés à des cancers. Impossible d'avoir des conversations banales. Nous nous sommes promenés dans la forêt de Montgeon. Denis joue avec notre fille Nadja à s'en couper le souffle. La gosse ne peut faire un pas sans qu'il soit à ses trousses. Il court derrière l'ombre d'Émilie et c'est terrible à voir. Denis et Corinne ont croisé les Tocqueville. Ceux-là voudraient faire croire qu'ils sont encore plus désespérés que les parents d'Émilie. Un toupet et une indécence incroyables.

Qu'il est pénible d'être condamné au silence quand de toutes parts fusent des rumeurs sans fondement. Les Tanay respectent les consignes de la justice et de leur avocat de manière admirable. Ils lisent les mensonges de la presse les poings fermés et des larmes plein les yeux. La tentation de clouer le bec de cette presse-là et de tous les péquenots qui bavent depuis deux mois est grande.

Lundi 19 septembre. Sainte-Émilie. Dans la presse havraise, Emmanuel Burdin regrette les divers retards qui privent la justice, et les lecteurs, du résultat des analyses de cyanure. Attendus aux alentours du 15 août, puis du

15 septembre, les résultats ne sont pas là. « Espérons simplement, pour Jean-Marc Deperrois, “ accroché ” désormais aux résultats de ces analyses, que le feuilleton cyanure ne durera plus trop longtemps. À moins que, comme le laissait entendre l'avocat de M. Deperrois, l'accusation ne soit maintenant prisonnière de sa propre thèse : cyanures différents et alors obligation de remettre Jean-Marc Deperrois en liberté. »

Williatte, mon directeur, commence à trouver le temps long. Le remplissage de la Presse havraise le titille. Le patron voudrait que l'on s'y mette aussi. Pas question. La bataille s'annonce rude. Je suis incapable d'entrer dans cette logique infernale.

9

Sus à la sorcière !

Les raisons d'angoisser ne manquent pas. La lecture de la presse donne la nausée. Overdose. Nous voudrions les ignorer. Impossible. Alors nous tombons sur le *Détective* du 22 septembre. « La piste conduit au village d'Émilie », y lit-on en gros caractères. Jean-Paul Duchat s'apitoie sur Sylvie Tocqueville. « Elle a considérablement maigri. Elle aussi est à bout de nerfs. Extrêmement fatiguée, elle a dû être hospitalisée huit jours. » Le lendemain de son retour de l'hôpital, les enquêteurs la surprennent au lit pour une nouvelle perquisition. « Une vingtaine de gendarmes s'engouffrent aussitôt dans l'appartement, Sylvie Tocqueville se fige sur le pas de la porte. Tétanisée. Muette. Devant elle se dresse un véritable fantôme. Quelqu'un qui lui fait peur à présent. C'est Jean-Marc Deperrois, défait, menottes aux poignets, qu'on a extrait de sa cellule pour assister à cette opération de police. Les deux amants n'échangent pas un mot. Leurs regards s'évitent. » Un vrai roman. Mais, pour Duchat, « justement, dans les romans policiers, le coupable parfait n'est jamais le vrai assassin ». *Détective* caresse ses lecteurs dans le sens du poil. Il faut être créatif, broder du mystère au kilomètre pour maintenir la pression.

À nouveau, Denis fait les frais de la manœuvre. Duchat le remet en scène avec son « mystérieux sac en cuir qu'il porte, en permanence, en bandoulière ». Pour justifier le feuilleton délirant qu'ils échafaudent, la conviction des collaborateurs de *Détective* est faite : « Denis Tanay, lui non plus, ne croit pas à la piste Deperrois. Et il mène obstinément sa propre enquête. Dans le sac qui ne le quitte pas, il y a un magnétophone avec lequel il enregistre des témoignages, et encore des témoignages. Des confessions, des secrets de village, des ragots aussi, sur tous ceux qui approchaient Émilie, sur sa propre famille, sur les autres. Chaque soir, en rentrant, il file directement à son ordinateur. Et là, pendant des heures, il pianote sur son clavier pour entrer ces précieuses informations. Denis Tanay a-t-il en tête un nom précis ? Le nom de quelqu'un qu'il connaît bien. Qu'il croise presque chaque jour. Un nom qui s'affiche sur l'écran de son ordinateur, à chaque fois qu'il introduit de nouvelles données dans la machine ? Mais un nom que Denis Tanay veut aussitôt chasser de son esprit. Ce serait trop cruel. Ce serait trop insupportable si le monstre et cette personne ne faisaient qu'un... » Nous aimerions rire du portrait que l'on fait de Denis. Aux commandes d'un terminal d'ordinateur digne d'une série de science-fiction, il se transformerait magiquement, chaque soir, en une espèce de justicier ? N'importe quoi. Dans la logique de *Détective*, qui mettre à la place des points de suspension qui terminent leur article ? Le père de Denis, en fait son beau-père ? Fruste et méchant, le bonhomme causait pas mal d'ennuis à son fils. C'est un fait. Mais le lecteur moyen, dans la région et au-delà, pas toujours au courant des querelles de la famille Tanay, murmure déjà le nom qu'on lui a sournoisement placé sur les lèvres : Corinne Tanay, la mère d'Émilie. Sylvie Tocqueville, la gentille. Corinne Tanay, la méchante. C.Q.F.D. Je comprends mal cette inversion des rôles. D'ordinaire, la femme infidèle est montrée du doigt et la mère qui vient de perdre son enfant est soutenue... Comme Brassens, je ne souhaite pas du tout que l'on jette des pierres aux femmes adultères. Mais pourquoi tous ces gens s'acharnent-ils sur Corinne, la victime ? Nous nous poserons la question longtemps.

Une saleté ne vient jamais seule. Selon la Presse havraise, une « troublante histoire touche à nouveau Saint-Jean-de-la-Neuville ». Sans la moindre preuve, Em.B. fait un rapprochement osé entre le décès d'un vieillard (prétendument empoisonné) et celui d'Émilie. Le fils du disparu réside dans le même hameau de Saint-Jean-de-la-Neuville que les Tanay et il a été adjoint au maire à Gruchet, là où a été empoisonnée Émilie. C'est tout. « Simple coïncidence. Et pourtant. Certains voient là une triste répétition de l'histoire dans un village hier si tranquille », miaule mon « confrère » avant d'affirmer : « Pour les habitants de Saint-Jean-de-la-Neuville, cette nouvelle fait l'effet d'une malédiction. » Le ton est donné. Sus à la sorcière ! Sans doute par souci d'objectivité, Em.B. note, discrètement, en fin d'article qu'une « rumeur » laisse entendre que le vieil homme a succombé à une mort naturelle. Cela ne l'empêche pas de finir en souhaitant que le voile se lève sur cette « ténébreuse affaire ».

Le syndrome *Détective* a encore frappé dans les campagnes. « Se préserver des dérapages », conseillait Burdin en juin...

10

La femme en noir

Au cours d'un reportage étranger à l'affaire, je croise Marc Gaubert, le procureur de la République, le 4 octobre, au Havre. Nous échangeons quelques mots. Il n'apprécie pas du tout le raccourci du papier de la Presse havraise sur le décès du vieillard. À propos de l'affaire Deperrois, il me ressort la formule qu'il a déjà livrée à la presse pour lui donner un os à ronger : « On ne va pas ajouter à l'horreur de la mort d'une enfant l'horreur d'une erreur judiciaire. » Une de ses principales préoccupations du moment est la protection des Tanay. Il craint que la presse nationale ne vienne s'installer à Saint-Jean et transforme le village en camp assiégé : « Il faut tout mettre en œuvre pour éviter une nouvelle affaire Grégory. » Le risque est là. Omniprésent. La Presse havraise a montré qu'elle était prête à embrayer sur les pires exemples. Protestant à propos de la lenteur des expertises en cours sur le cyanure, Em.B. s'est lancé, dans la Presse havraise du 29 septembre, dans un laïus étrange d'où il ressort que « cette accumulation de retards laisse la porte ouverte à toutes les suppositions les plus folles ». Lesquelles ? « Imaginons un instant que le cyanure retrouvé dans la Josacine ne soit pas le même que celui qu'avait acquis Jean-Marc Deperrois. Situation embarrassante pour l'accusation, qui a laissé un élu en prison pendant plus de deux mois. » Voilà le problème. Un « élu » est en prison. Sans doute ferait-on moins de foin si l'assassin présumé était un obscur RMiste, un sans-grade. Puis Em.B. s'emballe : « Alors, en attendant de mettre la main sur le vrai meurtrier, on se tait. L'enquête se poursuit ainsi jusqu'à la découverte du coupable que l'on brandit à grands renforts médiatiques. Pas de vagues sur la libération de M. Deperrois qui passe ainsi inaperçue. On sauve la face. Des élucubrations, direz-vous ? Mais le mutisme total dont fait preuve l'accusation finit par faire naître la rumeur, ce fléau aux mille bouches qui racontent tout et n'importe quoi. » La preuve !

Des échos sur le résultat des analyses tant attendues arrivent dans les premiers jours d'octobre. La presse semble déçue. D'après Me Lasne, l'avocat de Deperrois qui a eu communication de conclusions « provisoires » en attendant le rapport définitif, « ces résultats ne donnent pas d'indication quant à la culpabilité ou à l'innocence de son client ». Estimant qu'il est prématuré de raconter quoi que ce soit sur ces analyses, le juge Balayn souhaite qu'elles ne soient pas source de rumeurs. Autant demander à un âne de ne pas braire. Au fil des jours, l'étude des analyses s'affine. Roger Merle, l'avocat des Tanay, estime qu'elles apportent « une présomption de plus » contre Deperrois. François Lasne considère qu'elles ne permettent « de trancher ni dans un sens ni dans l'autre ». Le juge souligne que l'enquête se poursuit toujours dans plusieurs directions et ne se focalise pas uniquement sur Jean-Marc Deperrois. Les analyses ont au moins permis d'écarter de la liste des suspects les personnes travaillant dans l'usine Oril de Bolbec. Ce site de produits pharmaceutiques utilise du cyanure de sodium différent de celui qui a été introduit dans le flacon de Josacine. Une piste en moins. Ces quelques éléments ne rassasient pas la presse.

Le Nouveau Détective, séduit par la thèse grotesque du « second empoisonnement suspect » avancé par la Presse havraise, ne désarme pas. Pour Laurent Javault, le 6 octobre, l'assassin est ailleurs, « pas loin », et poursuit sa besogne. La preuve, Denis Tanay se dit prêt « à s'enchaîner au palais de justice et à entamer une grève de la faim pour qu'on libère l'assassin présumé de sa fille ». Sans commentaire.

Un transport de justice a lieu le 6 octobre. Les protagonistes se rendent à Gruchet, dans l'entreprise de Deperrois. Le juge veut voir comment le suspect se débrouille avec le cyanure, comme il le prétend, dans le cadre de ses activités professionnelles. Dans la Presse havraise du 8 octobre, le juge Balayn déclare : « On a fait une manipulation pour se rendre compte d'un certain nombre de choses. »

Retirée de la vente dans la précipitation que l'on sait, la Josacine en suspension buvable revient sur le marché le 6 octobre, sous les formes 250 et 500 mg (forme prescrite dans 15 à 20 % des cas pour des adultes). La parenthèse faite par Bellon dans son communiqué échappe hélas à beaucoup de commentateurs. Il faut attendre le 20 octobre pour revoir dans les pharmacies les flacons dosés à 125 mg. Le produit lui-même ainsi que la qualité et la fiabilité de l'outil industriel ont été mis hors de cause. La piste industrielle a été écartée fin juillet. Selon le laboratoire Roger-Bellon, la perte est estimée entre 65 et 70 millions de francs, auxquels il faut ajouter 10 millions de francs, coût de la procédure de rappel des flacons en circulation au moment des faits. Bellon ne peut évidemment chiffrer le préjudice qui pourrait être provoqué par la perte de confiance de sa clientèle. Mais nous avons d'autres soucis que les fins de mois de Rhône-Poulenc.

Le 13 octobre, Jean-Didier Derhy reprend du service dans *Détective* avec « La piste de la femme aux bonbons » soufflée par Em.B. Gare à la psychose. Presse havraise-*Détective*, même combat ! Les lecteurs de *Détective* doivent frémir. Surtout ceux qui habitent autour de Bolbec. Pensez donc, l'empoisonneuse que *Détective* appelle « la femme en noir » rôde avec les plus vils desseins. « La nouvelle est si terrible qu'on ose à peine y croire. » Je n'invente rien. Hélas. Il faut le lire pour se faire une idée du désastre. Un témoin aurait même aperçu la fameuse dame en noir sur le seuil de sa maison. C'est imparable : « La femme jette des regards méfiants sur les environs, pour s'assurer que personne ne l'observe. Quand elle pense que la voie est libre, qu'aucun de ses voisins ne peut la voir, elle s'élance dans la rue, enveloppée dans son imperméable sombre. Elle marche vite, tête basse, son col relevé cachant le bas de son visage. Et bientôt sa silhouette s'évanouit dans les brumes matinales de l'automne. » Rien de tel que de bonnes vieilles brumes pour planter un décor saisissant. Derhy, qui n'est pas à un cliché près, ne dit pas si la mystérieuse femme porte une faux sur son épaule ou si elle a une verrue sur le nez. J'aurais bien aimé aller interviewer ce témoin capital mais *Détective* ne donne pas son nom. Le journal s'en explique : « (C'est volontairement que nous n'avons livré aucun élément de nature à permettre l'identification de celle que nous avons surnommée la femme en noir. En effet, tant que les résultats des examens toxicologiques pratiqués sur le vieil homme ne sont pas connus, rien ne prouve qu'il a réellement succombé à un empoisonnement. Dans ce cas-là, la femme en noir serait totalement innocentée. Mais les enquêteurs ne doivent négliger aucune piste, d'autant que les éléments qui permettent de garder M. Deperrois en prison semblent de plus en plus ténus...). » Je n'en crois pas mes yeux. Nous conseillons aux Tanay de ne pas lire ça. L'avertissement devrait plutôt être adressé aux Bolbécais friands de ce genre de fables.

J'observe avec stupéfaction l'agitation de mes « confrères ». Chacun y va de son hypothèse. Toutes les suppositions sont bonnes à prendre, même les plus farfelues. Seule idée pour le moment bien partagée : Deperrois n'a pas le profil d'un coupable. Les parents d'Émilie encaissent. Tous les gens qui les approchent disent qu'ils réagissent d'une manière surhumaine. Par respect pour Émilie, ils veulent tenir dignement jusqu'au bout. Jusqu'au jour où la vérité éclatera. C'est à présent leur façon de vivre avec Émilie, de faire vivre Émilie.

Schopenhauer comparait la vie à un pendule qui oscille de gauche à droite, de la souffrance à l'ennui. Il n'y a rien de plus juste.

11

Un ténor pour Deperrois

Deux semaines après les conclusions provisoires, les résultats d'analyse définitifs arrivent sur le bureau du juge Balayn. Le 14 octobre, plusieurs dépêches A.F.-P. tombent. L'une titre : « Les résultats définitifs des analyses également défavorables à Jean-Marc Deperrois », l'autre : « Les résultats d'analyse définitifs n'excluent pas la culpabilité du suspect. » La dépêche précise que, « de sources judiciaires », deux lots de cyanure sur les sept saisis chez Prolabo, le fournisseur de Deperrois, comportent des impuretés similaires à celles découvertes dans le corps d'Émilie.

Ma rédaction commence à manifester quelque impatience, je ponds un papier le 16. Un papier pour pas grand-chose : « Malgré la pression médiatique, l'enquête se poursuit en silence. » Beaucoup de mots pour ne rien dire. J'en profite tout de même pour en égratigner certains : « Faute de déclarations ou de confidences, certains journaux peu scrupuleux grattent où ils peuvent pour parler de l'affaire coûte que coûte. À l'affût des pires rumeurs, inventant au besoin de supposées pistes, ces périodiques font à l'occasion parler des sources prétendues “ proches des milieux judiciaires ”. Ce qui est pour le moins fantaisiste et sujet à caution. C'est ainsi que des informations totalement farfelues ont été jetées dernièrement en pâture à des lecteurs encore prêts à croire que tout ce qu'ils lisent dans la presse à sensation est parole d'évangile. » Je ne suis pas très fier de moi. En arriver à jouer les redresseurs de torts... Cela ne me ressemble pas du tout. Et pourtant, il y a à faire. Le *Détective* du 20 octobre titre en une : « Affaire Émilie, deux témoins ont vu l'assassin. » En page neuf, l'hebdo annonce : « Derniers jours avant la liberté ? Le juge n'a plus de raison de le maintenir en prison. » Sans sourciller, Jean-Paul Duchat déclare : « Les multiples expertises de cyanure qui devaient soi-disant confondre M. Deperrois sont en train de l'innocenter. » Et qui aurait vu l'assassin ? Selon Duchat, un couple de Gruchet, « M. et Mme M... », qui a fait parvenir un témoignage au magistrat instructeur dès les premiers jours de son enquête. Sauf que les M... n'ont rien envoyé au juge Balayn et que c'est bien Deperrois qu'ils disent avoir vu se glisser chez les Tocqueville le 29 mai 1994, jour de la Fête des mères. *Détective*, qui ne manque pas d'imagination, affirme que « l'auteur du crime court toujours et qu'il peut récidiver ».

La Presse havraise du 21 octobre annonce : « L'avocat de Jean-Marc Deperrois demande sa mise en liberté. » François Lasne fonde sa demande sur « l'absence de preuves matérielles car les analyses ne fournissent aucun élément de culpabilité ». Roger Merle, avocat des Tanay, rétorque : « Ces conclusions sont une charge de plus. Il y a d'autres charges dont les journaux n'ont pas parlé, des charges matérielles. » Pour Benoît Marin-Curtoud (B.M.-C), « ces mystérieux éléments, qui ne seraient ni l'emploi du temps ni l'accès au flacon de Josacine, restent dans le flou le plus artistique ». B.M.-C. se souvient malgré tout que Deperrois avait d'abord nié posséder du cyanure, produit mortel dont le suspect s'est subitement débarrassé en le jetant dans la Seine. Une procédure pour le moins inhabituelle. Selon la Presse havraise, Deperrois a maigri de quinze kilos. Il est affaibli malgré les trois cents lettres de soutien qu'il a reçues dans sa cellule. Le juge Balayn rejette une nouvelle demande de mise en liberté le 25 octobre. François Lasne se déclare déçu à la Presse havraise du 26 : « La tonalité actuelle des investigations, c'est de tenter d'établir la culpabilité de Deperrois. Tout ce qui peut lui être favorable, on ne l'a pas écouté suffisamment. » Lasne revient sur la reconstitution qui a eu lieu dans les locaux d'I.T.I., entreprise de Deperrois. On sait que le chef d'entreprise a eu quelques difficultés pour expliquer au magistrat instructeur à quoi lui servait le cyanure. « C'est totalement faux », s'insurge Lasne. La Presse havraise du 27 octobre indique par ailleurs que François Lasne veut porter plainte contre les Madeleine, voisins des Tocqueville, les « M... » de *Détective*, pour faux témoignage. Un homme assure que Deperrois était à Bolbec et non à Gruchet, l'après-midi du 29 mai. Selon ce témoin, Deperrois était à la kermesse de l'école privée Sainte-Geneviève, en train de vendre des billets d'entrée. Le procureur Marc Gaubert demande quant à lui de nouvelles expertises. En l'absence d'aveux et de preuves directes, le procureur assure ses arrières. Il indique dans la Presse havraise du 27 octobre : « C'est une mesure habituelle dans ce genre de dossier. » L'objectif de la nouvelle expertise est de confirmer ou d'infirmer, mais aussi de compléter les premières analyses comparatives.

Le mois de novembre démarre sur les chapeaux de roue. Les parents de Deperrois viennent d'écrire une « Lettre ouverte à la justice ». La Presse havraise du 1er s'en fait l'écho. Jean Deperrois, père du suspect numéro un, déclare qu'il n'a plus confiance en la justice depuis que le juge Balayn a refusé la seconde demande de mise en liberté de son fils. Yvette Deperrois, la mère, conseille, elle, à « la justice du Havre » de méditer sur le non-respect de la présomption d'innocence, question débattue à l'Assemblée nationale. Procureur, juge et enquêteurs sont mis dans le même sac par les parents de Deperrois. Le juge indique qu'il y a des bornes à ne pas dépasser. « Il ne faut pas aller au-delà du raisonnable. Si je comprends la douleur de la famille Deperrois, il ne faut pas oublier la mort d'un enfant et la douleur de sa famille. » Élémentaire. La gendarmerie ne fait pas de commentaires. Pourtant, Yvette Deperrois n'y va pas avec le dos de la cuillère. Elle a adressé, le 30 octobre, une lettre de protestation à François Léotard, ministre de la Défense.

La véritable information du moment à retenir est l'arrivée de l'avocat Charles Libman dans le camp de la défense. Une surprise. La Presse havraise du 3 novembre titre : « Un ténor du barreau parisien défendra Jean-Marc Deperrois. » En province, le mot « ténor » impressionne. Pour B.M.-C., « il est certain que Me Libman va propulser ce qui est devenu l'affaire Deperrois sur un tout autre niveau et faire peut-être de l'emprisonnement de l'élu gruchetain une cause célèbre ». Visiblement comblé d'avoir affaire à un « ténor », B.M.-C. fait un portrait élogieux de l'ancien élève de René Floriot, « le grand avocat d'assises de l'après-guerre ». Il est rappelé que Charles Libman s'est fait connaître du grand public en représentant des parties civiles juives au procès Barbie et en faisant de même au procès Touvier. Nous sommes un peu désemparés. Que fait un avocat familier des « grandes causes » dans ce camp-là ? Pour l'instant, Me Libman refuse de se prononcer sur le dossier Deperrois qu'il n'a pas encore lu. Va-t-il l'accepter après lecture ? Nous n'osons le penser. Corinne rencontre Didier Daeninckx lors d'une signature de livres dans une librairie du Havre. Sans se dévoiler, elle lui parle de Charles Libman. Selon Daeninckx, Libman ne défendra pas Deperrois. Corinne fait dédicacer pour moi *Un château en Bohême.* Elle ajoute sa propre dédicace : « Au plus sincère des journalistes.... » Je n'aime pas que l'on me colle l'étiquette « journaliste » sur le poil par les temps qui courent.

Nous parlons des derniers événements à table, un dimanche, à Saint-Jean, chez les Tanay. D'habitude, nos amis font le chemin inverse jusqu'au Havre, « pour changer d'air ». Corinne annonce à Nadja qu'elle peut s'amuser avec des tonnes de jouets. Ceux d'Émilie. Je vais encore mettre une semaine à digérer. Je ne m'habitue pas à l'idée de voir les chaussons et les chaussures d'Émilie bien rangés dans l'entrée comme si elle allait rentrer d'une seconde à l'autre. J'aperçois une armada de tranquillisants sur le frigo. Nadja fait quelques réflexions sur les dessins et les photos qui ornent les murs. J'ai l'impression que Denis aimerait que Nadja lui pose plein de questions sur Émilie. Corinne va rechercher le Kiki. Ulrike, totalement muette d'émotion, prend dans ses mains la petite peluche qu'elle avait offerte à Émilie. Nadja joue toute la journée avec une panoplie de poupées et de peluches. « Émilie était prêteuse... », dit Corinne.

12

Instruction à charge et à décharge

L'arrivée de Charles Libman dope *Le Courrier cauchois.* Notamment J.-L.N. Dans l'édition du 5 novembre, on trouve sur une pleine page cinq colonnes surmontées d'un titre gras : « Libérez Deperrois ! » Malgré les guillemets censés souligner la revendication de la famille Deperrois, le lecteur a le sentiment que l'hebdomadaire cauchois reprend le slogan à son compte. « Dans l'affaire de la petite Émilie, deux documents ont été portés à notre connaissance et, en les recoupant, on s'aperçoit qu'ils font apparaître des faiblesses dans le dossier. (...) Déjà les langues commencent à se délier et on parle d'une pétition pour réclamer la libération de Jean-Marc Deperrois car on estime que les charges retenues contre lui ne sont pas suffisantes pour le garder en prison et que, dans ces conditions, la présomption d'innocence devrait jouer en sa faveur. » En illustration, Anne-Marie Deperrois est présentée devant la photocopieuse de l'entreprise I.T.I. que Jean-Marc Deperrois dirige toujours de sa cellule. Une photo tente aussi de démontrer que les voisins de la mairie, les Madeleine, n'ont pas une très bonne vue sur l'habitation des Tocqueville. Les gendarmes et le juge doivent ou se marrer ou fulminer quand ils lisent le compte rendu de l'enquête « policière » de ces Rouletabille de pacotille.

Charles Libman vient voir Deperrois en prison le jour de la Sainte-Sylvie. Une simple coïncidence. Benoît Marin-Curtoud publie une interview du « ténor » le 7 novembre dans la Presse havraise. Me Libman, « le verbe précis, la parole passionnée, le regard toujours en alerte », n'est pas bavard sur le dossier sinon pour dire « qu'il y aura des rebondissements ». C'est vague. En revanche, Me Libman se livre à un cours magistral sur la détention provisoire, la présomption d'innocence et le secret de l'instruction. Ces généralités, passionnantes intellectuellement, doivent laisser les lecteurs sur leur faim.

Je suis en contact téléphonique avec l'avocat des Tanay, le bâtonnier Roger Merle, qui habite, hélas, loin, à Toulouse. Je lui faxe les papiers de la presse régionale. L'interview de Charles Libman l'incite à intervenir. Il télécopie un communiqué à B.M.-C. La menace d'une toujours possible libération de Deperrois par la chambre d'accusation plane sur les Tanay. Selon Roger Merle, c'est peu probable mais toujours possible, faute de preuves ou d'aveux. Si *Liberté-Dimanche* était quotidien, je me chargerais du papier. Je suis obligé de dégager, discrètement, en touche. Le 9 novembre, une interview de Merle sort donc dans la Presse havraise. L'article commence ainsi : « Qualifié par certains de meilleur pénaliste français, Roger Merle, dont le *Traité de droit pénal* publié en 1967 fait toujours autorité dans les tribunaux, est surnommé par ses étudiants toulousains Aznavour pour son physique avantageux. » Roger Merle ne souhaite pas réagir aux réactions de l'entourage de l'élu gruchetain : « Jean-Marc Deperrois se défend, c'est normal. Je n'ai rien à dire pour le moment sur le sujet. La justice tranchera. »

Son opinion sur l'affaire : « Je suis choqué qu'au fur et à mesure, dans la presse, on finisse par oublier la victime. On parle désormais de l'affaire de la Josacine et il est de moins en moins fait allusion à la petite Émilie. Pour moi, Émilie est au centre de l'affaire, parce qu'elle est la victime. Mon opinion personnelle, je l'exprimerai en son temps, lorsque l'instruction sera terminée. Je suis tenu par le secret de l'instruction. Je suis partisan de ce secret et je le respecte. Mes clients et moi, nous faisons confiance à la justice. Les magistrats et les gendarmes du Havre font une enquête scrupuleuse et discrète. Je leur rends hommage. » Sur la détention provisoire de Deperrois : « J'observe qu'il existe dans le dossier de nombreuses présomptions de culpabilité contre la personne mise en examen, et qu'il y a des vérifications en cours. Je m'en remets donc à la sagesse de la chambre d'accusation de Rouen qui se réunira demain pour statuer sur la remise en liberté ou non de Jean-Marc

Deperrois. » Sur d'éventuelles autres pistes : « Il y a actuellement près de 800 pièces dans le dossier. On a cherché systématiquement dans toutes les directions. L'instruction a été faite à charge et à décharge, sans opinion préconçue. Je ne pense pas que l'on puisse reprocher une omission aux enquêteurs. » Sur l'état d'esprit de ses clients : « Ils sont de plus en plus perturbés par la mort de leur petite fille. Ils ne s'en remettent pas. Il n'ont aucun parti pris contre quiconque. Ils suivent attentivement l'instruction et attendent son résultat. »

Les Tanay sont perpétuellement hantés par la peur qu'Émilie ne soit oubliée. Les propos de leur avocat publiés par la presse locale les aident à vivre moins mal quelques jours. Ils voudraient faire quelque chose de plus durable pour servir la mémoire d'Émilie. Quoi ? Un livre ? Un film ? Je rencontre Jean Gaumy, photographe chez Magnum et cinéaste, pour lui demander son avis sur un éventuel projet de film. Gaumy est pas mal secoué par cette suggestion. Il demande quelques jours de réflexion mais pense que Daniel Karlin serait mieux placé que lui pour réaliser ce genre de film. Je songe aussi à Raymond Depardon. Gaumy me conseille de dire aux Tanay de bien réfléchir aux conséquences d'un tel film. La meilleure des réalisations peut être récupérée, manipulée et leur échapper. Comme pour le reste, l'important est de ne pas se précipiter.

La chambre d'accusation de la cour d'appel de Rouen rejette la deuxième demande de mise en liberté le 10 novembre. Charles Libman n'est pas surpris par la décision, « compte tenu du climat de l'audience et de sa rapidité ». Le lendemain, Rémy Lebel signe un papier dans la Presse havraise : « C'est un Jean-Marc Deperrois amaigri et teint pâle qui est arrivé jeudi vers 14 h 30 au palais de justice de Rouen, menottes aux poings et encadré par trois gendarmes. Il n'a pas prononcé un mot en passant devant les journalistes. » Le célèbre avocat parisien est là. « On peut s'attendre à un rebondissement sérieux s'il est établi que les témoignages de deux personnes sont faux », a-t-il affirmé en présence de François Lasne. Le deuxième avocat de la défense est de plus en plus éclipsé par l'aura médiatique du « ténor parisien ». Une citation de Lasne ferme malgré tout l'article : « Le ministère public a estimé que l'étau se resserre. » Une formule assez énigmatique. Les avocats de la défense demandent une contre-expertise du cyanure. Me Libman assure que les expertises comportent des « zones d'ombre ». Il fait allusion au fait que les chimistes n'ont pas pu retrouver en laboratoire ni la couleur brunâtre ni l'aspect coagulé du sirop empoisonné. À l'évidence, Charles Libman accepte de défendre Deperrois.

Patrice Lefebvre, dans *Le Courrier cauchois* du 19 novembre, cite une « source judiciaire » : « Si la chambre d'accusation a décidé le maintien en détention, c'est qu'elle pense qu'il y a suffisamment de motifs. On ne met pas impunément des gens en prison. » La défense, du moins François Lasne, réfléchit sur les moyens de pression à mettre ou non en œuvre. Malgré les plaidoyers lancés par sa famille, Deperrois reste en prison. Selon Lasne, l'éventuelle pétition qui a été évoquée les jours précédents « ne serait pas une bonne chose ». Roger Merle, « bâtonnier qui fait autorité au barreau de Toulouse », commente : « Si on n'avait pas trouvé des lots de cyanure présentant des impuretés semblables à celles de la Josacine, J.-M. Deperrois serait dans une meilleure situation. Mais les analyses confirment ce que l'on pense de lui et c'est une présomption de plus », avant de rappeler qu'il « ne faut pas oublier la petite Émilie qui est la victime innocente ».

Soulagement à Saint-Jean. Corinne me montre un long courrier qu'elle a envoyé à son avocat. Comme si elle voulait me prouver encore et encore que, même si elle n'a pas fait de tentative de suicide, même si elle n'a pas été hospitalisée pour dépression, même si elle continue à travailler, sa vie intérieure est brisée. Je n'ai pas besoin de lire sa lettre pour en être convaincu. Elle parle à son avocat de la « présence » d'Émilie quand elle respire le parfum qui imprègne toujours les habits de la petite. C'est en voyant Nadja déambuler dans leur maison que j'ai compris qu'Émilie est toujours « là ». Il y a des lieux tabous qu'il ne faut pas déranger. Denis définit clairement les règles du jeu à Nadja. Il y a dans l'entrée une maison de Playmobil et une petite armoire de poupée intouchables. Les objets sont tels qu'ils étaient lorsque Émilie a quitté pour la dernière fois les lieux. Cinq mois après le drame, les petits chaussons sont toujours posés dans l'entrée. Sur son bureau sont empilés proprement toutes sortes de livres, de dessins. Et puis tous ces dessins collés aux murs, aux portes, ces livres dans la bibliothèque, ces photos... Ils font faire retirages et agrandissements des meilleures photos d'Émilie. Je crains que Denis et Corinne ne s'enferment dans un musée. Corinne veut s'occuper d'enfants en détresse parce que Émilie voulait faire ce métier. Ils vont voir le curé parce que Émilie était croyante. Quand vont-ils vivre leur propre vie ? En quoi trahiraient-ils Émilie s'ils continuaient leur chemin ? Que dire, que faire ? Je me sens désarmé, impuissant, inutile.

Église de Saint-Jean. 20 novembre. Une messe est dite en mémoire d'Émilie. Bien qu'irrémédiablement athée, j'y assiste parce que ce moment semble important pour les parents d'Émilie. Il faut faire le maximum pour soulager leur peine et leur solitude. Le curé remercie Jésus de bien veiller sur Émilie là où elle est. Ce Dieu ferait mieux de veiller sur les enfants vivants.

« Une troisième mort suspecte dans le village. » C'est la une de *Détective* du 24 novembre. L'« enquête » d'Eric Barrier est abracadabrante. C'est la suite de la « femme aux bonbons ». Le rédacteur tisse une histoire de secte, de folie, de suicide, d'empoisonnement, qui serait trop longue à décortiquer. Saint-Jean, pour Barrier, devient « le village de la peur ». En bref, la femme aux bonbons, dépressive, se serait accrochée avec tous les gens du village. Barrier s'explique : « Les parents d'Émilie n'échappent pas à la règle et ont un jour une violente dispute avec elle. Les Tanay, élus au conseil municipal de Saint-Jean-de-la-Neuville, ne partagent pas ses opinions politiques. En mars 1993, à l'occasion des élections législatives, un vif incident les oppose. Querelle de clocher ? Simple bagarre ? Non. Pour cette femme, c'est plus grave. Et peu à peu, la haine s'installe en elle. » Il suffit de dire que les Tanay n'ont jamais été élus municipaux, ni à Saint-Jean ni ailleurs. Dans un encadré, Charles Libman est interviewé. En conclusion, le ténor annonce ses intentions : « Si nous relevons des anomalies dans l'enquête, nous en avertirons le public par le seul intermédiaire qu'il nous reste : la presse. C'est la dernière solution qu'a la défense pour faire entendre sa voix. » De telles déclarations étalées dans *Détective* sonnent comme une grave menace.

Corinne monologue tout le temps sur Émilie. L'approche des fêtes de fin d'année s'annonce mal. Corinne est née un 26 décembre. Ils fêtaient anniversaire et Noël en même temps « aux chandelles », comme Émilie le voulait toujours. Cette année, pour échapper au vide, ils fêtent l'anniversaire le 26 novembre... Pastiche de fête pour faire semblant de vivre. Nous buvons pas mal et dansons gauchement. Corinne hurle que depuis le départ d'Émilie son bébé s'appelle J & B. Elle serre dans ses bras une bouteille de whisky. Descente aux enfers.

13

Noël approche

Avant de passer à l'année suivante, Jean-Marc Deperrois décide de porter plainte et de se porter partie civile pour faux témoignage. « Deperrois contre-attaque », annonce la une du *Havre libre* le 14 décembre. « Il estime en effet qu'un témoignage, qui affirme l'avoir vu le 29 mai (soit un peu moins de deux semaines avant la mort de la petite Émilie), des gants en plastique à la main, " l'air hagard et le teint blême, inquiet ", entrer dans le domicile des Tocqueville, est mensonger (...). À la sortie du bureau du juge Christophe Tissot, Jean-Marc Deperrois a pu discuter quelques instants avec les journalistes présents. Il est apparu très déterminé, décontracté, les cheveux coupés ras et les mains libres. » Selon Benoît Marin-Curtoud, Deperrois a annoncé aux confrères qu'il a des choses très intéressantes à déclarer mais qu'il ne leur dit rien pour l'instant. Passionnant. Deperrois a également dit que le juge Tissot refusait d'instruire pour le moment sa plainte pour faux témoignage. Le juge n'a fait aucun commentaire. Plus sérieusement, le juge Balayn attend toujours que Deperrois lui fournisse des explications sur son emploi du temps du 29 mai. Il a été entendu pendant trois heures et demie. Le débat se focalise sur le jour de la Fête des mères. La défense maintient que Deperrois n'était pas à Gruchet mais à Bolbec, à la kermesse de l'école, entre 13 h 45 et 17 h 30, où pas moins d'une cinquantaine de personnes l'auraient vu vendre des tickets. Un témoin, Jean-Pierre Aubéry, l'atteste. « Un contre-feu allumé par la défense », laisse-t-on entendre dans les « couloirs du palais de justice », d'après *Le Courrier cauchois* du 17 décembre. Libman et Lasne préparent une nouvelle demande de mise en liberté.

Noël approche. La une de *Détective* le rappelle judicieusement le 22 décembre. À nouveau, un cri de colère des parents de Jean-Marc Deperrois à la une : « Un innocent est en prison et l'assassin d'Émilie va passer Noël en famille ! » Un encadré tambourine : « Jean et Yvette Deperrois s'apprêtent à vivre le Noël le plus triste de leur vie. Car en ce soir de fête, leur fils Jean-Marc sera en prison. Accusé d'un crime horrible, un crime qu'il nie. » Émilie Rotzinger interviewe les parents Deperrois. Le cyanure ? « Les analyses ont démontré que le produit qu'il utilisait n'était pas du même type que celui qui a été versé dans la Josacine de la petite Émilie. » Les Madeleine, voisins des Tocqueville ? « Il s'agit de faux témoins. Cela a été démontré. Ces gens n'ont rien pu voir de là où ils se trouvaient. C'est une chose certaine puisque le juge Balayn lui-même l'a vérifié. Peut-être qu'en accusant notre fils, ces gens essaient de couvrir quelqu'un... » La Josacine ? « Ce qui est sûr, c'est que contrairement à ce que croient les gendarmes, le flacon de Josacine était déjà empoisonné quand il est arrivé chez Mme Tocqueville. Le cyanure y a été introduit soit au cours de la fabrication du médicament, soit chez les parents de la petite Émilie, M. et Mme Tanay... » Que sous-entendent les points de « suspicion » de *Détective* ? L'enquête tirera-t-elle les mêmes conclusions ?

Le 23 décembre, le juge Balayn rejette la troisième demande de mise en liberté déposée par François Lasne.

1995

LA SOUFFRANCE

1

Les grandes plumes

Inutile de souhaiter une bonne année aux Tanay. Ils viennent d'apprendre qu'une femme a brûlé des affaires de bébé d'Émilie qu'ils lui avaient données. Cette stupide femme pensait que ces habits porteraient malheur à son enfant. Avec ces gens bornés, malveillants, superstitieux, nous nageons dans du Maupassant. C'est incroyable ce qui se greffe autour de la mort d'Émilie. Et ce n'est pas fini si l'on s'attarde sur tous les procès verbaux que lisent Corinne et Denis. C'est comme s'ils passaient un village au scanner, comme s'ils lisaient directement dans les noires pensées des gens qui les entourent. Il y a ces rumeurs qui affirment que Denis n'était pas le père d'Émilie, que Corinne a le sida, et autres pourritures qui pourraient, selon les mauvaises langues, tourner les soupçons vers eux. Corinne va chez le coiffeur. Elle se fait faire la coupe d'Émilie.

Je vais quelquefois sur la tombe d'Émilie. Je ne sais pas trop pourquoi. Je me sens ridicule devant ce petit rectangle recouvert de cailloux blancs. Il y a des fleurs, un tout petit sapin apporté par ses parents pour Noël et plusieurs petits bonshommes, cadeaux des enfants du village.

J'achète une nouvelle revue, *Faits divers*. Elle est écrite par de « grandes plumes » (Michèle Cotta, Dominique Jamet, Jean-Michel Caradec'h, Paul Lefèvre, Michel Boujut, Dan Franck... Curieuse salade !) et a le culot de se réclamer de Gide, de Flaubert, de Balzac... Dans le numéro 1, daté janvier-février, il y a un hit-parade des faits divers de l'année. Émilie arrive en seconde position après le massacre dans la secte du Temple solaire et avant l'assassinat de Yann Piat... Deux pages sont consacrées à Émilie. Une resucée de *Détective*. Bravo la grande plume ! Philippe Boggio reprend l'idée que Denis ne pense pas que Deperrois soit l'assassin ! Pour donner une idée de ses talents d'enquêteur, disons seulement que Boggio assure que Sylvie Tocqueville est mère d'une fille alors qu'elle a deux garçons. Il a découvert une pharmacie à Saint-Jean qui n'a jamais existé et il n'a même pas l'air de savoir que Charles Libman défend Deperrois. Je leur écris une lettre salée... et ne l'envoie pas. Inutile de provoquer des réactions en chaîne.

La chambre d'accusation de la cour d'appel de Rouen rejette la troisième demande de mise en liberté de Deperrois le 12 janvier. Dans la Presse havraise du 14 janvier, le juge Balayn indique que l'enquête se poursuit toujours selon le même schéma, en s'affinant de plus en plus. La contre-expertise demandée par la défense et souhaitée par le procureur n'est pas encore ordonnée faute de n'avoir pas trouvé un laboratoire utilisant une méthodologie et un matériel aussi performants que celui de la gendarmerie. L'article se termine par quelques phrases qui vont, en principe, faire gamberger dans les chaumières. « On apprenait d'autre part, dit le papier non signé, que l'enquête en cours avait récemment déterminé que la société parisienne qui avait fourni un lot de cyanure à M. Deperrois n'en avait pas vendu de similaires à d'autres personnes dans la région. Le plus proche se trouverait à 200 km de Gruchet-le-Valasse. »

2

Le rapport de synthèse

Dans son édition du 6 février, *Libération* accroche une photo d'Émilie à la une. Le cliché est signé Sygma / Yves Forestier. Quelqu'un de la famille Tanay ? Un ami ? Je ne crois pas. Un long article s'étale à l'intérieur. Nous le lisons avec appréhension. C'est à peu près ce que j'aurais écrit à ce stade de l'enquête. Dans le papier de Michel Henry figurent des éléments précis qui pèsent lourd dans la balance. La base de son enquête repose sur un rapport de synthèse émanant de la section de recherche de la gendarmerie de Rouen. Curieux. Ce genre de document ne vole pas de ses propres ailes. D'où vient-il ?

Comme nous le savions, le nom de Deperrois est apparu au cours de l'audition des Tocqueville. Jusqu'alors, les journaux parlaient d'une dénonciation venant d'un « corbeau ». Ce n'est pas tout à fait la même chose. Pour la première fois aussi apparaît clairement le fait que Deperrois n'a jamais utilisé de cyanure dans son activité professionnelle. Un « détail » qui change beaucoup de choses. « Pour l'accusation, l'affaire est claire : Deperrois a empoisonné et s'est trompé de cible. Pourquoi, sinon, aurait-il eu subitement besoin de cyanure, lui qui n'en a, selon les enquêteurs, jamais utilisé en sept ans d'activité, et alors que son ami lui proposait un autre produit ? » écrit Michel Henry. L'article reprend également les conclusions de l'Institut de recherche criminelle de la gendarmerie nationale (I.R.C.G.N.) de Rosny-sous-Bois. Le 13 octobre 1994, l'expert constate que le cyanure contenu dans la Josacine empoisonnée recèle des impuretés (strontium et potassium) en quantités et en rapports voisins avec un des lots saisis chez Prolabo, et de manière moindre, avec un deuxième lot. Michel Henry note cependant que « ces similitudes n'offrent qu'un indice. Elles ne permettent pas d'établir qu'il s'agit bien du cyanure détenu par Deperrois. » Cela n'empêche pas les gendarmes d'écrire, le 18 octobre : « Aucun élément concret permettant d'accréditer une autre hypothèse que celle de Deperrois Jean-Marc n'a été recueilli. » C'est le premier article qui se fonde sur des informations qui remplissent nos conversations depuis l'été 94.

La revue de presse du jour se poursuit avec *Le Parisien / Aujourd'hui.* « Selon un document interne de la gendarmerie... » introduit l'article de Gérard Davet. Décidément, les rapports de la gendarmerie sont de sortie ! Destiné au juge et adressé aux parties qui en font la demande, ce document n'a pas vocation de communiqué de presse. Un gros tampon rouge mentionne clairement « reproduction interdite ». Davet précise que cette pièce d'instruction rédigée par le capitaine Martinez, datée du 18 octobre, la même dont parle *Libération*, est cotée « 394 / 2 ». Davet a une lecture assez partielle du document. Morceaux choisis : « ... Bien qu'à l'heure actuelle aucun élément formel et ne pouvant donner lieu à discussion ou négation n'ait été recueilli à l'encontre de Deperrois Jean-Marc. » Il cite la conclusion : « Dans les hypothèses précitées, celle de Deperrois reste la plus plausible. » *Le Parisien / Aujourd'hui* en conclut que ces bouts de phrases « dénotent pour le moins une certaine impuissance des enquêteurs à dénicher des preuves tangibles ». Charles Libman a le mot de la fin : « L'inexistence de preuves devrait logiquement entraîner la libération de Deperrois. » Notre lanterne commence à bien s'éclairer.

Daté toujours du 6 février, *France-Soir* y va de son couplet. Dans le « dossier du jour » signé Judith Allais, on retrouve le désormais célèbre rapport de Martinez... Là aussi, l'audition de Deperrois prévue demain sert de prétexte à l'article. Judith Allais reprend mot pour mot les arguments de Me Libman : « En clair, Jean-Marc Deperrois est coupable par défaut, aucun autre suspect ne présentant un profil aussi plausible. Au village, tout le monde le connaît. Son visage rond et ses yeux doux le rendent si sympathique... Lui, un assassin ? Franchement, c'est n'importe quoi ! » Alors qui ? Dans un encadré, Judith Allais lance : « Curieux, cet autre mort empoisonné. » Quel autre mort ? La fable inventée par la Presse havraise a la peau dure. *France-Soir* révèle le terrible destin de la « femme en noir » dépeinte par *Détective*. « Le 6 octobre, elle se pend dans sa chambre avec la ceinture de son peignoir. » Cette femme avait été placée en maison de repos. « Mentalement très perturbée », ne fait-elle pas l'assassin idéal ? « Une femme au psychisme si tourmenté est capable de n'importe quoi, arguënt certains. » La piste d'une femme dépressive a été suivie. Elle n'était pas une tueuse en série.

Après les différentes versions de *Libé*, *Aujourd'hui* et *France-Soir*, la Presse havraise revient sur le fameux rapport de gendarmerie, un futur best-seller. B.M.-C. reprend les grandes lignes de la défense : « Trop de fragilités, trop d'incohérences... La thèse selon laquelle l'accusation voudrait, en maintenant en prison Jean-Marc Deperrois, faire " craquer " le principal suspect, fait de plus en plus surface. »

Le Courrier cauchois clôt une semaine agitée avec un sondage express réalisé à Gruchet par le maire Claude Laplace. Selon lui, « le doute s'est installé de façon majoritaire dans les esprits ». Anne-Marie Deperrois, de son côté, « regrette que la présomption d'innocence n'ait jamais joué dans ce dossier et que l'on bafoue les droits de l'homme ». Anne-Marie Deperrois se félicite de bénéficier de la « gentillesse exceptionnelle » de la population locale et signale que son mari a reçu plus de 400 lettres de soutien en prison.

Nous ne lisons pas systématiquement tous les articles sur l'affaire. Seulement ceux qui nous tombent sous le nez ou ceux qui nous sont apportés par diverses personnes. Cet échantillon suffit amplement à alimenter notre colère.

3

Le voile se lève

Après l'agitation des derniers jours, Jean-Marc Williatte, patron de *Liberté-Le Havre-Dimanche*, a peur que l'on ne se fasse clouer au poteau. Régulièrement, je mets Williatte au courant des progrès de l'enquête. Je lui dis juste ce qu'il faut pour le tenir en haleine et le convaincre de me donner le feu vert si un jour le besoin se faisait sentir. Le message de Williatte est clair. Le respect de la parole donnée, ma volonté de ne pas nuire à l'enquête, de ne pas jeter de l'huile sur le feu, etc., c'est très bien. Cela dit, il faut se rendre compte que nous ne travaillons pas pour les bonnes œuvres de la justice mais pour vendre un journal. Et pour se vendre, un journal à besoin de publier des articles si possible retentissants. Selon Williatte, il serait peut-être temps de montrer ce que nous savons faire. Depuis le début, *Liberté-Dimanche* joue le jeu en acceptant les consignes de silence de la justice et des Tanay qui, partie civile, sont pourtant autorisés à s'exprimer librement. Il serait temps de passer à la vitesse supérieure. Malaise.

J'appelle *Libération* pour parler à Michel Henry. Je le félicite pour son article. Silence au bout du fil. Il ne sait pas si c'est du lard ou du cochon. Je lui explique ma situation. Il ne comprend pas trop ce que je lui veux. Il a l'impression d'avoir écrit un papier qui souligne justement la faiblesse de l'accusation. Je lui parle des stupidités de la presse locale et de certains parisiens, des mensonges, des rumeurs qui circulent sur place. Michel Henry doit me prendre pour un cinglé intégral. Après pas mal d'hésitations, nous l'invitons au Havre. Il ne refuse pas. Depuis le temps que les journalistes courent après les Tanay, il ne va pas faire la fine bouche. En raccrochant, nous nous demandons si nous n'avons pas fait une erreur. Denis et Corinne sont inquiets. Que faut-il lui dire ? Peut-on lui faire confiance ? Questions auxquelles je ne peux pas répondre moi-même. Ce que nous savons, c'est que nous avons observé durant des mois les quotidiens nationaux. Seuls *Libé* et *Le Monde* se tiennent bien. *Libé* a gagné d'une tête en publiant son dernier papier. Cela aurait pu tomber sur n'importe quel autre journal ou magazine. Rendez-vous est pris pour le 9 février à la rédaction havraise de *Liberté-Dimanche. Liberté* et *Libération*, un beau ménage. Pourquoi ne pas inviter *Le Monde* en même temps ? D'une, les Tanay ne veulent pas que leur maison devienne un hall de gare pour journalistes. De deux, moins il y aura de monde dans la confidence, moins il y aura de risque de dérapage, donc moins de stress.

Michel Henry n'a pas la dégaine d'un journaliste parisien branché. C'est plutôt rassurant. Nous l'emmenons déjeuner dans un restaurant pas trop fréquenté. Denis et Corinne parlent longuement d'Émilie et de leur calvaire avec la presse. Souvent, ils me lancent des regards interrogateurs. Comme pour dire : « N'allons-nous pas trop loin ? En fait, nous ne connaissons pas du tout ce gars-là. Et s'il était de mèche avec Charles Libman ? Rappelle-toi.

Le rapport de synthèse du capitaine Martinez, qui lui a donné, sinon Charles Libman ? » Michel Henry ne veut rien dire sur ses sources. C'est agaçant mais sécurisant à la fois. S'il est correct jusqu'au bout, il ne dira pas partout qu'il a rencontré les Tanay. En raccompagnant Michel Henry à la gare, je réfléchis tout haut sur l'opportunité d'écrire quelque chose ou non dans mon journal. Michel pense que ce ne serait pas une mauvaise idée. Williatte me conseille de franchir le pas.

Une partie de l'abcès se crève le 12 février. Une page sur « L'affaire Émilie » sort dans les deux éditions de *Liberté-Dimanche*, au Havre et à Rouen. Pas simple. Je régurgite et colle plusieurs mois d'infos disjointes saisies ici ou là. C'est parti. La petite bombe produit vite des effets en série. Des bons et des mauvais. Dans les bons, il faut compter le soulagement, momentané, de Denis et de Corinne qui peuvent enfin faire entendre, à travers moi, leur douleur et leur colère. Les plateaux de la balance justicière reprennent peu à peu leur place. Le combat ne se jouait pas à armes égales.

« Le voile se lève », dit mon titre. Pleine page. Sur cinq colonnes, le corps de l'article. Sur trois colonnes, un encadré intitulé « Entre polémique et courage ». L'ouverture se fait sur la confrontation entre Deperrois et son principal témoin à décharge qui agitait la presse la semaine précédente. La montagne a accouché d'une souris. Jean-Pierre Aubéry, le témoin, n'a pas une très bonne mémoire. Il affirme avoir été sans cesse au côté de Deperrois le 29 mai, jour de la kermesse de l'école Sainte-Geneviève de Bolbec, jour où les époux Madeleine disent avoir vu Deperrois s'introduire en douce chez les Tocqueville, à Gruchet. Finalement, le témoin admet que Deperrois s'est absenté plus d'un quart d'heure. Un temps largement suffisant pour aller de Bolbec à Gruchet et revenir. Les Madeleine ont été intrigués par Deperrois parce qu'il portait des gants en latex, « comme ceux des chirurgiens ». Le témoignage des Madeleine est convainquant. Ils n'ont aucune animosité envers Deperrois et ils ont tout fait pour éviter de témoigner. Les enquêteurs les ont entendus par hasard. Les Madeleine avaient été écartés des premiers interrogatoires parce qu'ils étaient absents de chez eux le 11 juin. Lasne et Libman portent plainte contre eux pour faux témoignage ? Soit. Cela ne les impressionne pas. Ils maintiennent leurs déclarations. Ces gens ont été longs à la détente mais ils semblent décidés à tenir bon maintenant.

Dans tous les magazines, les Tocqueville apparaissent comme un couple uni. Deperrois est présenté aussi comme l'ami de Jean-Michel Tocqueville. Une amitié qui dure depuis leur passage chez les scouts, dans la patrouille des Sangliers. En vérité, Tocqueville hait Deperrois. En apprenant que Deperrois était, est, amoureux fou de Sylvie Tocqueville, élément clé de l'enquête, que leur dernier batifolage date de la veille du décès d'Émilie, les gens vont enfin comprendre aussi que la « liaison d'un soir » avouée à Jean-Michel Tocqueville est l'arbre qui cache la forêt.

Suit un chapitre sur l'arrestation de Deperrois grâce à l'écoute d'une conversation téléphonique qu'il a eue avec Alain Bodson, directeur de la société Bodson S.A. qui fabrique du matériel optique et vidéo à Nanterre. Bodson demande subitement à Deperrois s'il n'a pas eu d'ennui « avec le produit ». Le magnétophone des enquêteurs enregistre... Placé en garde à vue le 26 juillet, Deperrois commence par nier l'utilisation de cyanure dans son entreprise. Il apprend que deux témoins confirment son achat d'un kilo de cyanure. Il craque, dit qu'il s'en est servi pour des essais professionnels sur les métaux. Le cyanure a été acheté d'une façon rocambolesque. Bodson, peu convaincu de l'utilité du cyanure, conseille un autre produit à Deperrois. En vain. Il sert alors d'intermédiaire auprès du fournisseur Prolabo. Deperrois ne veut pas de facture et va chercher le cyanure lui-même chez Bodson S.A. Coût modique : 123 francs. Une facture toujours impayée. Après la mort d'Émilie, Deperrois « pris de panique » jette effectivement son cyanure dans la Seine et les métaux prétendument testés dans une benne à ferraille de la zone industrielle de Port-Jérôme. En sept ans d'activité, Deperrois n'a jamais utilisé de cyanure. Ses collaborateurs, un ingénieur, un comptable et une femme de ménage, ne sont pas au courant de la présence du cyanure dans l'entreprise. Étrange, tant du point de vue professionnel que du point de vue sécurité. Que serait-il arrivé si quelqu'un avait touché ou respiré le produit par mégarde ? Ce secret est tout à fait contraire aux usages dans le secteur.

Nous savons que Deperrois est présent à la mairie de Gruchet le 11 juin. Il semble avoir les moyens de s'introduire dans le logement mitoyen des Tocqueville. Il sait que son rival est souffrant. Jean-Michel Tocqueville, hypocondriaque, souffre à ce moment-là de mycose aux pieds et se soigne avec des antibiotiques. Deperrois voit la Josacine sur la table des Tocqueville, pense qu'il s'agit du remède de son rival et verse le poison. Pour certains, c'est idiot. Deperrois doit savoir que cet antibiotique est destiné aux enfants. Aujourd'hui oui, mais avant ? Faisons un sondage rapide dans la rue. Posons la question à des gens sans leur laisser le temps de réfléchir. Même des parents attentifs hésiteront avant de répondre. En plus, Deperrois n'est pas vraiment dépeint comme un « papa poule ». Enfin, Bellon le faisait remarquer dans un communiqué, les adultes consomment principalement la Josacine en comprimés ou en sachets mais aussi, 20 % d'entre eux, en flacons de 500 mg. En clair, la Josacine 500 n'est pas exclusivement un médicament pédiatrique. Un apprenti assassin un peu bousculé n'a pas le temps de s'arrêter sur toutes ces considérations. Aveuglé par une folie meurtrière, il va droit à son but, sans discernement.

Dans la bagarre, je commets une erreur. J'oublie de parler de la crise de tachycardie que Tocqueville a eue la veille de la mort d'Émilie. Cela me revient une fois la page bouclée. Trop tard. Je ne sais que cela. Le Samu est venu. Sylvie Tocqueville en a parlé à tout le monde à la mairie de Gruchet, notamment à Jean-Marc Deperrois, le matin du 11 juin. Un élément très important. L'information aurait-elle été prise par Deperrois comme une opportunité bonne à saisir ? Dans certaines conditions, le cyanure, produit très volatil, peut être l'arme idéale pour un crime parfait. J'avais tellement de notes à trier que celle-ci m'est bêtement passée sous le nez.

Michel Henry le disait dans *Libération*. L'expert de l'Institut de recherche criminelle de la gendarmerie nationale de Rosny-sous-Bois a découvert que le cyanure trouvé dans la Josacine recèle les mêmes impuretés (strontium et potassium) en quantités et rapports voisins avec un des lots saisis chez Prolabo. Deperrois est la seule personne dans toute la région à avoir acheté du cyanure à Prolabo.

Deperrois ne fait aucun aveu. Le dossier est pratiquement bouclé. Seul reste encore en suspens l'aspect scientifique. Le juge compte boucler le dossier fin juin. En additionnant un éventuel pourvoi en cassation qui prendrait quatre ou cinq mois, Deperrois pourrait être présenté aux assises fin 96 ou début 97.

Dans mon encadré, notant la polémique lancée par Charles Libman à propos de la détention provisoire, je signale que la chambre d'accusation de la cour d'appel de Rouen a refusé plusieurs fois les demandes de mise en liberté de Deperrois. Cette chambre est composée par trois hauts magistrats qui ont du métier. La thèse de l'acharnement du juge Balayn contre un innocent ne tient pas longtemps. Je termine par un bref exposé sur les moyens d'investigation mis en œuvre depuis le 11 juin : écoutes téléphoniques, auditions, expertises scientifiques... Une enquête menée jour et nuit en ne négligeant aucune piste. J'insiste sur le fait que les Tanay ont été les premiers à subir le forcing musclé des gendarmes. Une précision qui devrait faire taire pendant un moment les langues de vipère. Le ton est assez agressif. Difficile de la jouer cool. Pour mettre un peu d'eau dans mon vin, je souligne que l'instruction n'est pas close. Jean-Marc Deperrois est donc toujours présumé innocent. Ses avocat ont seulement pas mal de pain sur la planche pour riposter à l'accusation. Il est rare en effet que quelqu'un ait autant de présomptions contre lui...

Quatre photos accompagnent l'article. Émilie est au cœur de la page. J'indique, comme en août dernier, que le cliché est gracieusement prêté par les Tanay. Le détail n'est pas de trop.

Le premier choc est passé. Il faut gérer les effets secondaires. Denis et Corinne ont passé un moment à mes côtés pendant que je travaillais sur ma page. Dans mon dos, la mauvaise humeur de certains collègues grondait. Pourquoi cette agressivité ? Certains pensent que je travaille sous le contrôle des Tanay. Ridicule. J'ai vérifié toutes mes infos avant de me lancer. Les Tanay n'ont pas changé un mot de mon article. Ou plutôt si, un seul. Corinne a rectifié le nombre des mois qui se sont écoulés depuis le drame. Mon chapeau annonçait sept mois au lieu de huit. Elle connaît le poids du temps. J'ai ressenti la présence des Tanay comme un accompagnement. Cela n'avait rien d'une pression. Pour une fois qu'un journal allait dire autre chose que des ragots...

L'entreprise était périlleuse. Tension pour l'écriture.

Tension pour la relecture. Tension pour la mise en page. Contrairement aux confrères qui n'ont qu'à se soucier de la rédaction de leur papier, les journalistes de *Liberté-Le Havre-Dimanche* doivent aussi jouer aux ouvriers du Livre et aux correcteurs. Mon texte avait été écrit d'un bloc dans la nuit de vendredi à samedi. À la demande de Williatte, je l'ai décortiqué et cassé en plusieurs morceaux pour réunir deux parties homogènes dont l'une est devenue un encadré. Allier enquête, syntaxe, raccourcis clavier, marcottage sur un sujet aussi éprouvant n'est pas une mince affaire. Williatte assurait la coordination avec la rédaction rouennaise où nous n'avons aucun allié, pour des raisons historiques internes. Chacun relisait l'article de son côté, corrigeait, gommait les formules trop brutales. Williatte avait l'air satisfait et confiant. Il sait que je ne bidonne pas. Depuis plusieurs jours, Williatte m'appelle « Edwy », boutade qui fait référence à un illustre confrère. Cela m'agace complètement bien que ce soit *a priori* un compliment.

Il faudra comprendre pourquoi cette affaire déchaîne autant de passions, autant de saletés contre les Tanay. En principe, l'opinion se range du côté des victimes. Surtout quand il y a mort d'enfant. Là, non. Depuis le début, l'équipe des pages havraises de *Liberté-Dimanche* a pris Corinne et Denis en grippe. Pourquoi ? Aucune idée. Des confrères de l'extérieur ont trouvé mon article très « réquisitoire » ! Dans un papier sorti le 13 février, B.M.-C. reconnaît que mon enquête est « fort bien documentée » mais continue à pinailler. En conclusion, il lance dans *Le Havre libre* : « À noter aussi : ce n'est pas à la presse de juger si tel ou tel est coupable d'un empoisonnement mais à la justice. »

La palme revient à Radio France-Rouen. Son rédacteur en chef, Antoine de Galzain, se fend d'une longue lettre méchamment ironique. Galzain s'excuse d'avoir trop bien lu notre article d'août dernier (où nous mouchions « les rédactions en mal de sujets juteux » après leur scoop sur la détention de Deperrois). « Je sais, et vous me l'avez amplement confirmé, qu'il faut se garder de tirer des conclusions hâtives, mais permettez-moi une exception : pour des raisons qui vous regardent, vous avez cru utile de vous poser en procureur du travail de vos confrères. Ne vous étonnez pas qu'ils en sourient quelques mois plus tard », dit Galzain avant de souhaiter me rencontrer « au gré de nos tribulations passionnantes ». Galzain me soupçonne d'avoir cherché à faire du « juteux ». S'il savait ! Pour le reste, quelque chose me dit que je n'ai pas fini de jouer au « procureur ».

Le 15 février, B.M.-C. signe un article dans *Le Havre libre* : « L'étau se resserre autour de Jean-Marc Deperrois. » Changement de ton dans le chapeau : « Les analyses complémentaires du cyanure sont arrivées lundi au Havre et semblent accuser un peu plus Jean-Marc Deperrois. En marge de l'affaire, on apprend que l'avocat havrais François Lasne se dessaisit du dossier. » Raison invoquée : « Une mésentente d'ordre professionnel risquant de porter préjudice aux intérêts de la défense. »

Le Courrier cauchois embraye sur mon article : « Des zones d'ombre qui s'éclaircissent. » Patrice Lefebvre, dans l'édition du 18 février, assure que « le magistrat instructeur en charge du dossier conduit son instruction avec une infinie précaution, sans précipitation, pour affiner toutes les hypothèses résultant des différents éléments des enquêtes des gendarmes ». Un discours que les lecteurs du *Cauchois* n'ont pas toujours l'habitude d'entendre. Je sens que les compléments d'analyse vont embrouiller les débats d'ici peu. Analyses du cyanure, analyses de l'eau ayant servi à introduire le poison dans la Josacine, contre-expertises, compléments d'analyses... Les lecteurs vont y perdre leur latin.

Des connaissances m'interpellent pour me demander des précisions ou me rappeler que le cyanure est très répandu dans les établissements pétrochimiques de la région. En effet, mais chez Hœscht (où Jean-Michel Tocqueville travaille), on utilise du cyanure de potassium. Chez Oril (où un des premiers suspects travaille), il s'agit bien de cyanure de sodium mais pas avec les mêmes impuretés. Bref, par le type de cyanure utilisé, par le mobile, par l'emploi du temps, par ses mensonges, par son attitude, par son profil psychologique, des indices sérieux de culpabilité pèsent sur Deperrois. Même si quelqu'un possédait ce type de cyanure à Marseille ou même au Havre, il faudrait encore que cette personne vienne à Gruchet à l'heure et au jour précis avec un mobile cohérent pour qu'elle soit suspectée. Seul Deperrois réunit toutes les caractéristiques.

4

Témoins de Jéhovah

19 février. Émilie aurait eu dix ans aujourd'hui.

Je suis étonné de ne pas recevoir plus de courrier ou de coups de téléphone après mon article. Où est le comité de soutien à Deperrois dont parlait *Le Courrier cauchois* ? N'y avait-il pas aussi beaucoup de corbeaux dans la région, selon la rumeur ? Je ne reçois qu'une lettre signée « J.M. Tocqueville ». Une lettre étrange, bourrée de fautes. Je pense qu'il doit en fait s'agir de la mère de Jean-Michel

Tocqueville. Après plusieurs tentatives infructueuses, elle me joint par téléphone. Elle m'accuse de mentir quand je parle de la haine de son fils vis-à-vis de Deperrois, « parce qu'il a été élevé en bon catholique et qu'il sait pardonner ». Par lettre recommandée, elle se fait maintenant passer pour son fils afin d'obtenir un « droit de réponse » qu'il ne souhaite visiblement pas lui-même. Cette femme ne peut ignorer que son bon catholique de fils a fricoté pendant des années avec les Témoins de Jéhovah. Pas très orthodoxe. Sylvie Tocqueville trempait complètement dans cette secte. Je ne peux pas m'empêcher d'imaginer que cette appartenance aux jéhovistes est un des éléments de la tragédie. Bien entendu, dans ce milieu, on ne divorce pas pour un oui ou pour un non. Deperrois le savait. Mariée, Sylvie Tocqueville était inaccessible. Veuve, tous les espoirs étaient permis. Quel panier de crabes ! Je ne me délecte pas avec ce lisier humain. Malheureusement, nous sommes bien obligés de tremper dedans. La mort d'Émilie est directement liée à ces saletés. Pour bien comprendre ce meurtre, il faut décortiquer tous les mécanismes qui ont pu aboutir à l'horreur.

Un ami ethnologue pense qu'il faudrait faire de cette mixture catho-Jéhovah-cauchoise un livre ou un film. Dans mon article, il y a deux lignes importantes pour comprendre l'ambiance locale. Celles de la légende placée sous la photo d'Émilie où je dis que la lecture du dossier fait penser à une cruelle nouvelle de Maupassant sur la nature humaine en pays de Caux. Deux lignes que mon patron ne voulait pas passer parce qu'il craignait que la clientèle ne se sente visée. Justement. Je crois que ces lignes sont reçues cinq sur cinq.

Denis et Corinne me font le récit des éléments du dossier pénal. Lecture toujours édifiante mais harassante. Je découvre dans le même temps la chambre d'Émilie que

Denis vient de finir d'aménager à l'étage. Non, je ne déraille pas. Nous sommes bien le 26 février 1995. Denis a bossé comme un dingue pour réaliser la promesse qu'il avait faite à Émilie avant qu'elle ne leur soit enlevée. Leur chambre et le bureau sont installés également au premier. Aucune cloison ne sépare les pièces. De leur lit, on voit ce qu'ils appellent « la chambre d'Émilie » avec ses jouets, ses cahiers bien ordonnés sur une petite table. Émilie peut revenir. Ses parents l'attendent. Je reste seul près d'une heure, installé sur le bureau, à trois mètres du petit lit définitivement vide. Il y a de nouvelles photos de la petite partout. Une me marque particulièrement. On y voit Émilie et Corinne en train de dormir dans un lit, serrées l'une contre l'autre. Je réalise à quel point la présence caressante d'un enfant est un bonheur fragile. « Vivez heureux aujourd'hui, demain il sera trop tard », dit la ballade.

Du fait des soubresauts de l'instruction et de la consternante attitude des médias, leur travail de deuil est complètement en panne. Seule évolution, leur répondeur téléphonique ne dit plus « Bonjour, vous êtes bien chez nous trois », sur un fond de musique sinistre.

Corinne et Denis débarquent sans crier gare à la rédaction de *Liberté-Dimanche*. Corinne est au bord de la crise d'asthme, excédée. Un contrôle de police vient de les stopper pour un pneu lisse, un défaut de vignette et de contrôle technique. Elle enrage : « Qu'ils sont cons ! Je leur ai dit qu'ils feraient mieux d'arrêter les assassins plutôt que de s'occuper des bagnoles.... » Le malheur de Denis et de Corinne les rend étrangers aux petites mesquineries du monde de tous les jours. Ils vont avoir du mal à reprendre pied dans la société. L'injustice qu'ils ont subie les met au-dessus des lois et des réalités quotidiennes. Ils pensent qu'ils n'ont plus besoin de suivre les règles communes. Que peut-il leur arriver de plus grave ? Une fois, Denis riait d'avoir grillé la priorité à deux flics en moto. Comme s'il cherchait absolument à en découdre avec l'ordre. Cet ordre, jusqu'alors respecté, qui n'a pas su empêcher qu'on leur vole leur enfant.

Charles Libman aime la presse, mais seulement quand elle le caresse dans le sens du poil. Je reçois une citation à comparaître devant la 17e chambre du tribunal correctionnel de Paris. Deperrois / Libman m'attaquent pour diffamation... Ils réclament 500 000 francs de dommages et intérêts pour mon article du 12 février. Pas moins. Une dépêche A.F.-P. venant de Paris, le 9 mars, précise : « Selon Me Libman, cet article contenait de fausses informations et mettait M. Deperrois à l'index comme coupable de l'empoisonnement de la jeune Émilie. » Je ne suis pas le premier, ni le dernier, journaliste a connaître ces péripéties. Selon Jean-Marc Williatte, Rémi Parment, le big boss de la rédaction rouennaise de *Liberté*, a tout pour se taire. Il a eu dernièrement un problème similaire pour avoir repompé, sans prendre la peine de vérifier quoi que ce soit, un papier qui attaquait une personne qui s'est rebiffée. J'ai l'avantage d'être d'équerre sur la qualité de mes infos.

Malgré cela, j'apprends que Rémi Parment rechigne à me régler les heures supplémentaires dues à mon enquête. Il veut attendre le résultat du procès pour me payer ! Même s'il me réglait dans la seconde mes 1 500 francs, maigre forfait loin de la réalité, la coupe est pleine. Je serais donc le seul de toute la profession à travailler bénévolement quand d'autres sont payés grassement, notes de frais non comprises, pour dire n'importe quoi. Au départ, je pensais travailler sans compter sur cette affaire, par amitié pour les Tanay et surtout pour me démarquer des rapaces qui s'engraissent grâce aux souffrances de leurs semblables. Pour moi, l'argent touché pour ce travail était forcément sale. On m'a alors reproché mon « copinage », ma partialité. Jean-Marc Williatte m'a proposé une « prime » sans que je lui demande quoi que ce soit. Dans un sens, cela donnait du crédit à mon travail, ça le « professionnalisait ». Reconnaissance salariale et patati et patata. Maintenant, je ne lâche pas le morceau. Pour 1 500 malheureux francs (qu'il veut marchander piteusement à 1 200 francs), Parment est en train d'allumer la mèche d'une bombe à retardement.

Sur le terrain judiciaire, l'enquête se poursuit. Une nouvelle reconstitution a lieu à Gruchet. Tout le quartier autour de la mairie est quadrillé par la gendarmerie. Me Libman accompagne son client. Le témoignage des Madeleine est toujours dans la balance. À cause du silence des enquêteurs, la presse en est réduite à broder. « Jean-Marc Deperrois n'a sans doute pas changé son argumentation, selon laquelle il lui fallait du cyanure pour son travail. Mais il n'est même pas certain que cette question fût abordée ; pas plus que celle de l'état de santé, avant les faits incriminés, de la victime potentielle du poison », commente la Presse havraise du 23 mars. Je n'assiste pas, même de loin, à la reconstitution. Inutile et ridicule. Je n'ai pas du tout l'intention de devenir un spécialiste des faits divers, un rat de palais de justice, de commissariat ou de gendarmerie. Je me sens malgré tout aspiré par cette enquête. Pour le pire et pour le pire.

Corinne me fait lire les notes qu'elle tient depuis la mort d'Émilie. Je ne sais pas quoi en penser. Il y a beaucoup de lettres qu'elle continue d'écrire à Émilie. Cela fait parfois un peu « Petite maison dans la prairie » comme elle le dit elle-même. Elle veut que j'écrive un chapitre « contre la presse ». Cela ne changerait rien. D'autres s'y sont essayé. Avec quel résultat ? Les Tanay partent bientôt pour Toulouse lire la suite du « dossier d'Émilie ». Ils me parlent de leurs cauchemars. Le plus affreux revient souvent. Dès qu'ils ont les yeux fermés, ils voient le petit corps d'Émilie pourrir dans son cercueil.

J'apprends que Jean-Michel Tocqueville, grand consommateur de médicaments en tous genres, a déjà été soigné à la Josacine. Roger Merle a levé le lièvre en demandant à lire le dossier Sécurité sociale de Tocqueville.

Une nouvelle reconstitution agite la place de la mairie de Gruchet le 21 mars. « Les enquêteurs n'ont laissé filtrer aucune information mais tout laisse à penser que le juge Balayn, magistrat instructeur, voulait par ces nouvelles investigations vérifier les dires d'un voisin des époux Tocqueville », commente la Presse havraise du lendemain. Me Libman affirme que la reconstitution fait ressortir « des éléments matériels invraisemblables et une contradiction à décharge de M. Deperrois ». Le *Cauchois* du 25 mars précise : « Pour le parquet du Havre, cette reconstitution n'avait pour but que de vérifier des points de détail, comme l'emplacement des témoins ou d'un véhicule. »

La quatrième demande de mise en liberté de Deperrois est rejetée le 18 avril par le juge Balayn. La presse régionale n'en parle que le 29. Dans ses déclarations, Charles Libman s'appuie sur le « doute qui subsiste à la suite du rapport sur les résultats d'analyse complémentaire de cyanure ». Le *Cauchois* note qu'on aurait retrouvé « sur des pinces et sur un certain nombre d'éléments matériels des traces du cyanure utilisé par Jean-Marc Deperrois pour ses expériences professionnelles. C'est pour l'avocat parisien un élément supplémentaire pour déposer une nouvelle demande de mise en liberté de son client en attendant les résultats des contre-expertises des lots de cyanure attendus à la fin du mois de mai ». Le 3 mai, la chambre d'accusation confirme le rejet de la demande de mise en liberté. La presse régionale signale que Deperrois, « très affecté par un certain nombre d'articles de presse diffamatoires » et par « la publicité faite autour de cette affaire », n'a pas souhaité assister cette fois à l'audience. Se demande-t-il parfois si les Tanay sont affectés ?

Dans *Le Courrier cauchois* du 6 mai, Marie-José Trinité-Confiant, « correspondante de Me Charles Libman », avocate rouennaise, estime que les résultats d'analyse « démontrent la véracité de la déclaration de Jean-Marc Deperrois selon laquelle il utilisait bien du cyanure pour ses expériences professionnelles dans son entreprise d'imagerie ». Comme le rappelle Patrice Lefebvre : « Pourtant il avait nié qu'il possédait du cyanure. »

5

17e chambre correctionnelle

Prévu en avril, mon procès pour diffamation se déroule le 5 mai. La 17e chambre correctionnelle veut m'entendre sur mes sources. Je vais à Paris en train. Williatte prend sa voiture. Nous devions partir ensemble mais mon patron vient d'apprendre mon adhésion au Syndicat national des journalistes (S.N.J.). Il me joue la grande scène de l'acte final : « Vous me plantez un couteau dans le dos. »

L'audience commence. C'est la première fois que je croise l'avocat de Deperrois. Le spectacle est pénible. Charles Libman et mon avocat, Patrick Ben Bouali, s'empoignent pendant une éternité sur la question de la compétence du tribunal. Me Libman veut que l'affaire soit jugée à Paris sur son territoire. Beaucoup de gens s'étonnent de ce procès parisien pour un journal normand. Charles Libman a déniché un exemplaire de *Liberté-Dimanche* au Relais H de la gare Saint-Lazare. Il produit un ticket de caisse. Cela suffit pour faire de Paris un lieu où la diffamation est recevable. Mon avocat conteste. En vain. Une querelle tactique totalement hors de propos pour moi compte tenu de la gravité du fond de l'affaire. Il s'agit bien du meurtre d'une fillette et non pas d'une vulgaire « affaire » minable comme celles en vogue actuellement. La stratégie de mon avocat est supposée fine sur le papier mais triple zéro en pratique. Je n'arrive pas à endosser le rôle qu'il me taille à coups de serpe. Tout le monde joue la comédie. Libman se plaît dans l'habit du grand serviteur de la justice. Ben Bouali assure que mon article n'est qu'une synthèse d'articles déjà parus et de dépêches A.F.-P.

Je me sens entre le marteau et l'enclume. Cette synthèse bidon, quelle trouvaille ! Je n'ai bien sûr lu aucune dépêche A.F.-P. depuis le début. Jean-Marc Williatte est juste allé à la Presse havraise faire des photocopies de leurs archives pour étoffer le dossier de Ben Bouali. Point. Quant aux articles parus, s'il avait fallu que je m'en inspire...

Il aurait été si facile de refuser d'emblée de s'expliquer sur l'origine de mes sources. « Je n'ai rien à vous dire. Point. »

Je suis sans doute trop naïf mais je ne peux pas me glisser dans cette parodie où chaque partie raconte mensonge sur mensonge. Le président du tribunal m'interroge sur mes sources. Malaise. Ben Bouali veut que je la joue au flambeur, que je roule des mécaniques. Pas vraiment mon rayon. À la barre, je me tasse comme si j'avais les colonnes du palais de justice sur les épaules. Ben Bouali veut aussi que je parle des déclarations faites ici ou là. Où ? Forcément, je m'empêtre, je m'enfonce lamentablement. Je ne sais absolument pas mentir et je n'ai surtout aucune envie de participer à cette mascarade. J'enrage d'être pris comme un bleu. Je suis otage d'une stratégie incontrôlable voulue et payée par ma direction. Impossible de sortir de là. Denis et Corinne ont tenu à être présents. Ils assistent à ma déroute. Je les sens nerveux. Ce n'est pas très bon qu'ils soient venus. Denis me sent mal pris. Je m'attends qu'il débarque à la barre. La confusion serait ainsi totale.

Mes confrères entassés dans leur box se marrent bien devant ce triste tableau. Dans le rôle du journaliste péquenot un peu ahuri, je suis parfait. Ben Bouali me demande de faire des réponses courtes, non polémiques. Pour un peu, je me verrais dans la peau de Meursault, l'Étranger de Camus. Ce procès n'est pas le mien. Tout le monde a l'air d'être parfaitement à l'aise. Sauf moi. J'ai du mal à admettre que je suis l'objet de ce remue-ménage. Je suis l'observé en restant observateur, l'accusé en restant accusateur. Charles Libman est écœurant. Il passe son temps à se vautrer avec les journalistes acquis à sa cause et à tenir sa conférence de presse en pleine salle d'audience, distribuant papiers, photocopies... Me Libman est en colère. Malgré sa demande, Deperrois n'a pas été extrait de sa cellule comme prévu pour assister à l'audience.

Patrick Ben Bouali sort de sa serviette un document de dernière minute. Une lettre de Marc Gaubert, procureur de la République au Havre, qu'avec la permission du tribunal il confie avec une feinte courtoisie à Charles Libman. Rebondissement amusant. Me Libman lit ce courrier à haute voix en poussant des cris d'indignation. En gros, c'est lui que Marc Gaubert accuse d'avoir médiatisé l'affaire. Me Libman ne manque pas de faire le parallèle entre l'absence de son client au tribunal et cette lettre. Charles Libman s'approche alors de moi et me fixe d'un air mauvais. Il me traite de menteur. Je déteste me retrouver sur le banc des accusés alors que quelques-uns de mes confrères ont traîné les Tanay dans la boue en toute impunité. Seul Roger Merle a prédit la tourmente que je traverse. Je ne l'ai pas assez pris au sérieux.

La mère et la femme de Deperrois sont également présentes dans la salle. Charles Libman ne manque pas de le signaler à la presse. Les deux femmes sont hystériques et s'agitent sur leur banc. À la sortie du tribunal, elles me font une espèce de haie d'honneur avec leur avocat et se mettent à « m'applaudir » en maugréant. Denis et Corinne ne peuvent réprimer un rictus amer avant de dire : « Eh oui, nous sommes là. » Me Libman prend subitement à partie Denis en lui lançant texto : « Ça vous amuse, cette affaire ? » Incompréhensible. Le sang de Denis entre en complète ébullition. Denis fonce, retenu par mon avocat et par moi. Denis s'arrête. Comment l'avocat de Deperrois ose-t-il dire une pareille horreur en direction des Tanay ? Nous quittons le secteur aussi vite que possible. Malheureusement, en arrivant sur le trottoir, nous retombons nez à nez avec les deux femmes Deperrois qui, ravagées, menacent Corinne d'une paire de gifles ! Les gendarmes en faction interviennent. Corinne hurle : « Votre mari est un assassin ! » Effet garanti sur les badauds. Je déteste le soleil éclatant qui inonde tout Paris, sauf nous. En quittant le tribunal, je monte avec les Tanay dans leur vieille 205. Williatte rentre seul. Denis conduit sans savoir où il va. Nous roulons dans Paris à l'aveuglette sans trop nous inquiéter de la direction à prendre. Au hasard de notre déambulation aléatoire, nous passons devant *Le Pont traversé*, la librairie créée par Marcel Béalu. Pas le temps de faire du shopping littéraire.

Une dépêche de l'A.F.-P. du 5 mai résume bien l'atmosphère lourdingue du tribunal. Elle affirme que mon enquête est complètement bidon, pas sérieuse, tendancieuse et péremptoire, embrayant à fond sur les arguments de Charles Libman. Si au moins ce journaliste avait essayé de me parler à la sortie, j'aurais pu arrondir les angles. Non, le bagout de Me Libman lui suffit amplement pour aligner un petit tire-au-flanc de journaliste qui se contente, « selon son propre aveu, de reprendre les articles publiés par ses confrères ». L'affaire est mise en délibéré jusqu'au 2 juin.

Le 11 juin approche. Cette date va rester maudite pour tous ceux qui sont dans l'œil du cyclone. En prévision de cette date « anniversaire », les gendarmes passent à Saint-Jean. Après le clash de Paris, les enquêteurs craignent les réactions des Tanay. On leur conseille de prendre le large quelque temps. Rien à craindre. Denis et Corinne ont le sens de la parole donnée et des nerfs en acier trempé.

Je perds le procès contre Deperrois. Mon avocat est satisfait. Charles Libman n'obtient « que » 28 000 francs sur les 515 000 francs demandés. Le tribunal a reçu cinq sur cinq la défense de Patrick Ben Bouali et déclare que je n'ai procédé à aucune enquête personnelle, que je me suis borné à un simple collage de dépêches de l'A.F.-P., que ce procédé pernicieux est exclusif de toute bonne foi, etc. Malgré le nombre de journalistes présents, aucun canard n'a donné d'info sur mon procès.

6

Le Petit Prince

Dans une lettre à Blaise Cendrars (Denoël, 1995), Henry Miller, ange et voyou, disait qu'il goûtait à la vraie vie en jardinant et en jouant avec ses enfants, loin de l'écriture. « Heureux le père... » Je crois aussi que le jardin et la compagnie des enfants s'approche plus de la « vraie » vie que n'importe quoi d'autre. Ce que dit Miller souligne, si nécessaire, le grand vide de la vie de Corinne et de Denis. Leur jardin est à l'abandon. À quoi bon faire pousser les fleurs, tondre le gazon quand la petite Émilie n'est plus là pour faire des bouquets et des roulades dans l'herbe ?

La mort, la vie. J'apprends que Corinne est enceinte. Une sacrée nouvelle. Le bébé est attendu en février, « le mois d'Émilie », si tout se passe bien.

Article de deux pages dans la Presse havraise du 28 juillet. Signées Benoît Marin-Curtoud, ces pages ne disent même pas que les contre-expertises sont arrivées depuis le début de la semaine. C'est la seule actualité de la semaine qui pouvait justifier ce « dossier ». Pour les Tanay, « cette nouvelle ne serait-elle pas du goût de Me Libman ? ». Lequel est dépeint par B.M.-C. comme « un pénaliste aiguisé doté d'un talent d'orateur confirmé, élève du maître absolu en la matière, l'avocat Floriot ». On sent que chaque ligne du papier de B.M.-C. a été pesée, mesurée, dosée pour éviter un nouveau procès. L'avocat du groupe Hersant, Patrick Ben Bouali, a dû relire le papier avant sa parution. C'est un vague panorama synthétique du dossier. Je remarque que les éléments de mon maudit papier ne sont plus pris en compte. Je sursaute en lisant qu'après Émilie ils ne pourront plus avoir d'enfants. D'où sort-il cette bourde ? Cette rumeur circule depuis que des malotrus ont fait un raid sauvage dans leur domicile. Sur une table était posée la lettre d'un médecin concernant la santé fragile de Corinne. B.M.-C. a présenté les thèses face à face : le pour le contre. On se croirait en campagne électorale avec un temps de parole égal pour tous les candidats.

Corinne et Denis reçoivent le résultat des contre-expertises. Elles confirment les premières. « Deperrois est poursuivi pour empoisonnement avec préméditation », insiste Corinne. L'expert a rendu très tardivement son rapport, le 10 juillet, au juge Balayn. Je suis impressionné par la précision de l'analyse chimique. La moindre trace est détectée, jusqu'aux impuretés de l'eau qui a servi à préparer le poison. Les parties ont jusqu'au 20 septembre pour se manifester. Après, direction les assises. Bientôt, il ne sera plus question de salir Denis et Corinne. Depuis quand les victimes seraient-elles montrées du doigt à la place des coupables ?

Un dimanche d'été. Nous mangeons du taboulé et de la pizza dans le jardin des Tanay, à l'abri d'un pommier. Comme prévu, et comme ils le font depuis plusieurs années, Denis et Corinne accueillent le petit Julien confié par le Secours catholique, un copain de soleil d'Émilie. Soudain, Nadja tombe avec chaise, table, assiette pleine et couverts sur le gazon pentu. Rires. Denis lâche amèrement : « On était pourtant bien ici. » Corinne noircit des pages. Elle espère qu'aucun journaliste ou écrivain de quatre sous ne sortira de bouquin débile. « Avec quelle matière le feraient-ils ? » Il est impossible d'empêcher les mauvais livres de sortir. Il y en aura.

Les Tanay envisagent d'aller travailler avec une association d'aide aux enfants défavorisés, loin de cette région. De l'air. De l'air. Ils veulent mettre une dalle sur la tombe d'Émilie avant de partir. Denis veut y mettre une photo où l'on voit Émilie en danseuse. Corinne pense y faire graver quelques lignes du *Petit Prince* de Saint-Ex. Ils sont décidés à le faire vite, avant le procès, pour éviter que les langues fourchues ne les soupçonnent d'avoir touché de l'argent grâce à la mort de leur fille. Malheureusement, c'est tout à fait ainsi que cela se passera.

Le bébé pousse dans le ventre de Corinne. La grossesse ne sera pas simple. Le gynécologue qui suit Corinne trouve qu'elle a vieilli cinq fois plus vite en un an. À l'échographie, le petit cœur bat bien. Corinne et Denis me demandent d'être le parrain du bébé. Je ne peux que bafouiller : « Pourquoi pas ? » Je n'ai jamais connu de moments aussi constamment bouleversants que ceux passés avec Corinne et Denis.

Conférence de rédaction passionnante un samedi soir comme un autre à *Liberté-Le Havre-Dimanche*. À l'énoncé des titres de France-Info, quelqu'un s'écroule de rire en apprenant qu'une mère dépressive a pendu ses deux enfants de 3 et 5 ans. Remplaçons les pauvres mômes par deux clébards galeux et la même personne fond en larmes.

7

Salauds de pauvres

Sous le titre « Mais qui a tué la petite Émilie ? », *L'Express* du 27 juillet remet le couvert avec le rapport de synthèse du capitaine Martinez. Sur le ton de celui à qui on ne raconte pas de calembredaines, Henri Haget se moque gentiment de l'affaire qui se trame au cœur du pays de Caux, « la patrie des pommiers, de Guy de Maupassant et des bouches cousues ». Briefé par Charles Libman, Haget ne croit pas une seconde à la thèse de l'accusation. « On soupçonne Jean-Marc Deperrois essentiellement d'avoir commis un geste malheureux. Tout du moins, d'avoir voulu empoisonner le mari, malade, de sa maîtresse et de s'être trompé de flacon. Du travail d'amateur, en quelque sorte. Dans la vie de tous les jours, Deperrois est pourtant le parfait contraire d'un zigoto. » C'est donc un feuilleton policier du temps des Buttes-Chaumont, avec des vieux paysans, des habitations rustiques, des voisins sous le choc et des gendarmes en Estafette ? « Un classique, oui ! ricane Charles Libman, l'avocat de Deperrois. Un classique de la littérature, du cinéma... Un classique de fiction ! » Les Tanay n'ont pas le cœur d'applaudir ce sinistre polar.

Clash sur clash au boulot. Je téléphone à la rédaction rouennaise pour qu'ils me faxent l'article du *Paris-Normandie-Rouen* concernant les contre-expertises. Marc Parrad, responsable de la rédaction en l'absence de Parment, m'insulte brutalement : « Que comptez-vous faire de cet article ? Je n'accepterai pas que vous refassiez une compilation de la presse comme vous l'avez déjà fait en février ! Vous n'êtes qu'un plagiaire, un mauvais journaliste comme l'A.F.-P. l'a justement dit et vous avez coûté assez cher comme ça au journal... » Et tout un tombereau de stupidités de cet acabit. Je n'en crois pas mes oreilles. Ce type a dû louper un épisode...

Corinne me téléphone, en pleurs. Elle découvre avec quatre jours de retard l'article de B.M.-C. dans la Presse havraise. Les meilleures résolutions ne tiennent pas longtemps. On se dit : « Il faut être fort. Le plus dur reste à venir. Il faut garder des forces pour le procès. » Et puis tout craque subitement. Je lui conseille de penser au bébé qui pousse dans son ventre. Coup sur coup, l'article de B.M.-C. et celui de *L'Express* viennent rompre brutalement la période relativement calme que nous avons connue quelques mois. Elle veut que j'envoie à Roger Merle l'œuvre de Marin-Curtoud. Roger Merle pensait avoir donné une interview convaincante à B.M.-C. Voilà le résultat. De quoi renforcer sa juste méfiance envers les journalistes. Si besoin est. Je relis la prose de B.M.-C. Quand on sait que chaque mot a dû être pesé par la rédaction, puis par l'avocat du journal. Denis est présenté comme ayant été chômeur au moment des faits. C'est faux. Denis a été curieusement licencié juste après l'incarcération du suspect numéro un... Bref, à l'opposé de ce père « chômeur », Deperrois est dépeint comme un notable entrepreneur et sportif qui vomit du sang en prison tellement il est malheureux. Les méchants pauvres face au gentil P.-D.G. Ils n'ont pas honte ces salauds de pauvres ? À cause d'eux, un patron dynamique est en taule et une entreprise est en difficulté.

Je parle avec Roger Merle un moment au téléphone. Il vient de recevoir le rejet d'une demande formulée par Sylvie Tocqueville. Elle est allée faire la retape dans son quartier pour trouver des témoignages qui innocenteraient Deperrois. Comme dit Merle, elle ne pourra plus dire après qu'elle n'est pas amoureuse de Deperrois. C'est déjà ça d'acquis. Merle sait que Corinne ne va pas bien. Il ne voit pas pourquoi elle se met dans des états pareils. Pour lui, le dossier comporte une évidence incontournable : il n'y a aucune preuve directe contre Deperrois, seulement de fortes présomptions. La défense doit faire son travail. De son bureau toulousain, protégé du tumulte local, Merle sous-estime la pression qui asphyxie les Tanay. Ils sont en première ligne et, quand ils lisent que le cyanure aurait pu être mis lors de la préparation de la Josacine, ils se mettent en rogne. Il y a de quoi ! Les sous-entendus des scribouillards tuent l'âme. Certains mots sont aussi dangereux que des balles.

Le temps va être bien long jusqu'aux assises. Merle parle maintenant de début 97.

8

Carte blanche

Denis et Corinne débarquent sans crier gare au Havre. Le frigo est totalement vide. Ils sortent de leur voiture deux boîtes de cassoulet de Castelnaudary. « De quoi faire hurler notre avocat toulousain », plaisante Corinne. Ils sont heureux du choix de leur conseil. Corinne se souvient qu'on leur soufflait des noms comme Collard, Lombard, Vergès... « Pas question », intervient Denis. Roger Merle a été conseillé par un ami des Tanay. Merle n'est pas un avocat médiatique. Les Tanay lui font totalement confiance. Lors de leur passage à Toulouse, Merle leur a montré sa ville, la vitrine d'un bouquiniste, la chapelle où il prie pour Émilie, la rue de la Pomme qui lui fait penser à la Normandie, à Émilie...

Toute la soirée, les Tanay sont sous l'emprise d'un gros flash-back. Toutes les étapes écoulées depuis juin 94 sont passées en revue. La préparation du sirop, la kermesse de l'école, la garde à vue, le funérarium, les obsèques filmées en caméra cachée par des enquêteurs en civil, l'exhumation, les suspects, les rapports psychologiques et psychiatriques de Deperrois, les entretiens avec la justice et les enquêteurs, les séances de spiritisme où ils se sont rendus quelquefois pour tenter de communiquer désespérément avec Émilie... Jamais un tel flot de souvenirs ne s'est échappé d'un coup de leur mémoire. Il y a des choses mille fois entendues, mille fois ruminées inlassablement et des choses nouvelles qui se greffent tant bien que mal. Énième essai pour tenter de comprendre l'incompréhensible. Corinne se demande pourquoi Sylvie Tocqueville s'est curieusement fait passer pour la mère d'Émilie au funérarium. Selon Corinne, la Tocqueville disait : « Pardonne-moi, Émilie. » Corinne et Denis ne finissent pas de se reprocher d'avoir laissé Émilie dans la famille Tocqueville cet abominable 11 juin 94. « Émilie se faisait une telle joie de participer à la fête médiévale de Gruchet », lâche Corinne. À moins d'être devin, qui aurait pu savoir qu'Émilie tomberait au cœur d'une telle tragédie ? Aucune mise en garde préventive n'aurait pu protéger Émilie de ce malheur. On peut ordonner à une petite fille de ne pas suivre n'importe qui dans la rue, de ne pas accepter de bonbons de la part d'un inconnu, de ne pas se laisser tripoter par un adulte. Personne ne penserait à dire à une enfant de ne pas prendre le sirop qui est destiné à la soigner.

Les récits sur le passage au funérarium me figent d'effroi. Il m'est impossible d'imaginer Denis et Corinne dans ce lieu. Impossible d'admettre leurs paroles, leurs appels sans effet adressés à leur petite allongée raide et froide. Corinne voudra réveiller Émilie pour la ramener chez elle. Mais Émilie ne jouait pas à la malade ou à l'endormie. Corinne caressera sa fille, l'embrassera autant qu'elle pourra jusqu'à ce qu'un employé lui demande de ne pas trop toucher à la tête. Émilie n'est plus Émilie. Émilie est partie. Son petit corps est la proie des embaumeurs, des légistes, métiers de l'insoutenable. Dans cette zone frontière entre la vie et le néant, le corps d'Émilie est devenu propriété de la justice. Rien n'effacera ces moments insupportables de la mémoire des Tanay. Rien.

Je ne peux regarder les dernières photos et lire les dernières paroles d'Émilie dans les journaux sans éprouver un profond vertige. La puce a dit « C'est pas bon » en avalant son sirop. Dès cet instant, plus personne ne pouvait la sauver. L'irréparable est insupportable.

Appel de Corinne de très bonne heure, le 2 août, pour me signaler que la femme de Deperrois a « carte blanche » sur Radio France-Normandie-Rouen. « Mme Deperrois nous a reçus chez elle dans sa belle maison à la lisière d'un bois », annonce le journaliste. Malgré nos éternelles conversations, Corinne pique sans cesse des colères. Elle doit s'attendre à tout, côté défense. Leur but va être d'installer le doute dans les têtes, de brouiller les pistes. C'est leur job. Il va falloir s'y faire. Corinne me fait écouter l'enregistrement d'un flash. La Deperrois se lance dans un grand plaidoyer sur la détention provisoire en disant qu'elle n'a pas la preuve que nous vivons en démocratie. Tiens donc ! Elle estime que les affaires difficiles devraient être traitées collégialement pour ne pas être soumises à l'appréciation d'un seul juge, etc. Les ficelles sont un peu grosses. Anne-Marie Deperrois n'est évidemment que le porte-parole de Me Libman. Elle bafouille un peu. Elle ne sait pas encore son texte par cœur, mais ça viendra.

Le soir, un nouveau flash tombe pour sortir des généralités et revenir sur la Josacine. La Deperrois embrouille son monde avec une histoire d'étuve qui serait nécessaire, selon certaines analyses, pour conserver l'aspect du sirop empoisonné. Elle affirme que son mari ne possède pas d'étuve et qu'il n'est pas magicien. Bref que le contre-rapport d'expertise est bien favorable à son mari. Etc. La Deperrois est grandiose. On pourrait croire qu'elle est prix Nobel de chimie. Je me mets à la place de l'auditeur moyen qui entend ça en épluchant des pommes de terre. Les Tanay explosent. Ils doivent vraiment cesser d'écouter Radio Libman. Une fois encore, je suis sidéré par la légèreté de mes très chers confrères. C'est dans de tels moments que l'on se dit qu'il ne faudrait pas grand-chose pour tomber dans les débordements de l'affaire Grégory. Les garde-fous sont fragiles. Faute d'interlocuteurs valables, les médias prennent ce qu'ils ont sous la main. Corinne soupire : « Malheur à celui qui prête l'oreille aux thèses de l'accusation mais tous les coups sont permis pour la défense. »

La télé donne des images du drame qui s'est déroulé à Redon il y a quelques jours. Une fillette, Karine, a été violée et tuée. L'assassin est rapidement arrêté. Le jour des obsèques de la gamine, tous les commerçants ont fermé boutique. Cela ne fera pas revenir la petite mais le geste de solidarité est là. Cette attitude me fait penser à l'hostilité que subissent Denis et Corinne dans certains commerces de Bolbec depuis la mort d'Émilie. J'imagine leur solitude et leur désespoir quand, bien que victimes, ils sont parfois désignés comme coupables. Dans *Charlie-Hebdo* daté du 2 août, Olivier Cyran signale que le père de Karine lui a téléphoné le 25 juillet. Il est « furax contre les médias qui n'ont que le mot " dignité " à la bouche, alors qu'ils bavent de gourmandise devant l'horreur ». Il témoigne : « On n'en peut plus, de la presse. Dès le premier jour, plein de journaux nous ont contactés pour nous soutirer des anecdotes sur notre fille et, surtout, pour avoir sa photo. Il y en avait tellement que je ne me souviens même plus des noms... Nous avons refusé, systématiquement. Et aujourd'hui je tombe sur une photo de Karine à la une du *Parisien* et reprise en pages intérieures... Comment est-ce qu'ils se la sont procurée? C'est une photo d'un gala de danse à Redon (...). Ils savaient bien, au *Parisien*, qu'on ne voulait pas que cette photo paraisse. C'est dégueulasse. Il n'y a plus qu'en vous que j'ai confiance. Il faut dénoncer ces charognards. » Cyran a appelé *Le Parisien* pour en savoir plus. Le journaliste est un peu morveux. Il assure sans rougir que le père de Karine était d'accord pour la publication de la photo si cela servait à l'enquête. Vérification auprès de la gendarmerie de Redon. Un gendarme précise : « Tout ce que je peux dire, c'est que les parents de Karine ne voulaient pas qu'on donne sa photo d'identité, et nous nous sommes tenus à leur souhait. Plein de journalistes sont venus pour en avoir une, mais on a refusé. Il y en a deux qui nous l'ont demandée en disant qu'ils avaient l'accord des parents. Nous avons appelé M. Fournel pour vérifier, et en fait c'était faux. Les journalistes avaient inventé ça pour extorquer la photo... »

Comme le résume très bien Cyran : « Il faut croire que la presse est plus soucieuse que les gendarmes des besoins de l'enquête. » Ces « journalistes » ont bien de la chance de tomber sur des gens brisés et dignes.

9

Émilie jolie

Fin août. Retour de vacances. Le premier coup de fil est un appel de Corinne. Elle a mal supporté notre absence. « Le téléphone sonnait peu quand vous n'étiez pas là. » Leur immense solitude me glace le sang.

Pendant nos congés, le coin a été bien agité. Je suis vite remis dans le bain. La cinquième demande de mise en liberté de Deperrois est rejetée le 24 août par la chambre d'accusation de la cour d'appel de Rouen. Charles Libman demande la publicité de l'audience. Demande écartée. L'occasion pour l'avocat de refaire un show du style : « Lorsque les magistrats souhaitent un bon déroulement de l'information, ils refusent la présence des journalistes. La justice me fait peur. Cela peut arriver demain à n'importe qui. » Histoire d'embrouiller les esprits sous couvert de débat sur la détention provisoire.

Mention spéciale pour Radio France-Normandie-Rouen. La station a l'extrême délicatesse de programmer la chanson « Émilie jolie » juste avant le journal qui annonce la décision de justice. Bravo. Et que l'on ne me parle pas de hasard.

Les Tanay ont fort à faire avec les pièces du dossier. Au passage, ils glanent des éléments qui en disent long sur le profil du clan Deperrois. Corinne a retenu quelques écoutes téléphoniques où la mère et un fils Deperrois échangent des propos douteux : « Au lieu de s'occuper de ses Arabes et de parader avec ses cravates à pois, Gaubert ferait mieux de s'occuper de la justice. » « Martinez, tu écris ça avec un Z ou avec un S ? Avec un Z c'est plus exotique (rires). »

Dans une déposition, la femme de Deperrois signale par ailleurs qu'elle a trouvé que son mari avait un comportement bizarre le lendemain de la mort d'Émilie. Il allait sans cesse chez Sylvie Tocqueville. Elle lui demandait : « C'est pour avoir des nouvelles de la petite ou pour voir l'autre que tu vas là-bas ? » Elle appelait sa rivale Sylvie Tocqueville « la Tocq » ou « 0 % de matière grise ».

Séance vécue par Corinne dans un commerce bolbécais. Une femme lui rapporte les ragots qui circulent : « On dit que vous avez le sida, que vous avez des yeux de droguée, qu'Émilie était sous-alimentée et que vous l'enfermiez dans un placard... » Je ne comprends pas. La Presse havraise assure pourtant dans son dernier papier que l'affaire est oubliée dans la région... Des clientes ont également vu Denis marcher dans une rue où la femme de Deperrois se trouvait au même moment. Tout ce beau petit monde veut savoir ce qu'il s'est passé. Rien. Les vautours aimeraient que Denis écorche sur place la bonne femme. Les braves gens pousseraient bien sûr des cris horrifiés mais ils n'en perdraient pas une miette. Enfin, nous apprenons que Jean-Michel Tocqueville répand des propos troublants autour de lui. Il considère que s'il est toujours en vie, c'est parce qu'on lui a greffé le cœur d'Émilie... Une formule choc qui en dit long.

Le bébé, dont les Tanay ne veulent pas connaître le sexe, se porte bien. Le cap des quatre mois critiques est passé sans encombre. Au moins une bonne nouvelle. Je pense souvent aux enfants mêlés à l'histoire. Nous avons entendu dire que les enfants Tocqueville se font mettre en quarantaine à l'école parce que leur mère s'est écartée du droit chemin. Les mômes ne se font pas de cadeaux entre eux. Il y a aussi les fils Deperrois qui, même s'ils sont plus âgés, se retrouvent avec un père assassin présumé d'une enfant.

Le départ tant attendu pour aller respirer un air meilleur approche. Les Tanay me font une procuration pour que je puisse récupérer leur courrier recommandé à la poste de Bolbec en leur absence. En allant signer les papiers avec Denis, nous frôlons l'incident. À peine remontés en voiture, nous apercevons la femme de Deperrois. À quelques secondes près, nous étions face à face. Cette péripétie est une chose que ni leur avocat, ni le procureur, ni le juge, ni les gendarmes ne peuvent piger complètement. Pendant des mois, Corinne et Denis ont été amenés à croiser tous les protagonistes du drame. Tout cela en serrant les dents, sans pouvoir répliquer aux provocations et aux regards méprisants.

Corinne peint une fresque au rez-de-chaussée sur le mur de l'ancien bureau d'Émilie. Elles devaient la faire ensemble. La scène représente une petite fille qui tend les bras vers un ciel bleu étoilé. Elle est entourée du Petit Prince, de monsieur Écureuil, d'un escargot et de Biscotte Mulotte.

Denis informe la gendarmerie de leur départ imminent. Il se souvient trop de la « traque » du 21 juin 94. Se rendant chez leur avocat à Toulouse, ils avaient été interceptés à Orly par des gendarmes qui refusaient de leur dire pourquoi on les attendait au Havre. Denis et Corinne prirent tout de même leur avion. La salle d'attente de l'aéroport était envahie par la presse partie à leur recherche grâce à des indiscrétions. Traque sur traque. Des petits malins faisaient lancer de faux appels par haut-parleurs pour les attirer dans des pièges. Le personnel d'Air Inter sera obligé de faire évacuer deux journalistes qui s'étaient glissés dans l'avion. À l'arrivée à Toulouse, d'autres gendarmes les attendaient. Un procédé digne d'un scénario antiterroriste. Après avoir entrevu Roger Merle, on leur expliqua enfin de quoi il était question. Il fallait savoir si Émilie avait subi des violences sexuelles. Il fallait l'exhumer. Le retour ne fut pas plus calme. Une hôtesse fera passer les Tanay par la sortie réservée aux pilotes et aux stewards pour éviter la meute fidèle au poste.

10

Jour indélébile

Les « témoignages » des habitants de Saint-Jean sont passés à la moulinette par les Tanay. La palme revient à celui qui assure que Corinne a jeté un sac de cyanure dans un champ de maïs. Comme au bon temps, le type a rédigé une belle lettre de dénonciation mais insiste pour que les enquêteurs n'ébruitent pas sa démarche. Le champ est fouillé de fond en comble par une armée de képis pour rien. Le courrier est versé au dossier. Ce n'est pas perdu pour tout le monde...

Corinne maudit certaines dates, certaines heures. Les 11 en particulier mais aussi les 22 h 30, heure inscrite sur l'acte de décès d'Émilie (elle a été foudroyée à 20 h 15). Cette heure, ce jour indélébile inscrits sur le livret de famille, symbole de tant de bonheur avant le drame. Que dire des Sainte-Émilie, des Toussaints, des Fêtes des mères, des Fêtes des pères, des Noëls ? Elle rappelle notre soirée du 25 novembre dernier. Dans une lettre à Émilie qui n'arrivera nulle part, Corinne dit : « Le premier verre levé fut pour toi, à la grande absente de la soirée. Cela ressemblait à une prière commune. » Après la lettre, Émilie a eu son cadeau à Noël. Ses parents lui ont déposé un paquet sur sa couette : une cassette du *Petit Prince*. Pour la première fois, Émilie n'a pas eu la joie d'ouvrir son cadeau. Le sapin dans le salon, à quoi sert-il ? Et celui posé sur la tombe où Corinne s'effondre régulièrement ? Émilie ne sautera plus non plus de son lit pour fêter l'anniversaire de sa mère le 26 décembre. On ne lui fêtera pas le sien le 19 février. En entrant pour la première fois dans la maison, Roger Merle a vu juste en disant : « Émilie n'est plus là mais c'est comme si elle y était encore. » Il a fait le tour des pièces en regardant chaque objet. Il est allé dans le jardin, jusqu'à la balançoire, glaner les derniers signes laissés par Émilie.

L'horloge du temps est en panne. Les Tanay vivent en superposant aujourd'hui, hier et même avant-hier dans le même tempo. Tout se vit dans l'instant. Demain est un espace temps qui reste mal défini. Pour ne pas dire inconnu. Par contagion, cette situation déteint sur ma petite famille. Nous vivons de plus en plus à leur rythme. Nous vivons hors du temps commun. Cela occasionne des aller et retour désordonnés entre le présent et le passé. La chronologie des événements s'organise en fonction de leurs découvertes dans le dossier, de leurs souvenirs, bons ou mauvais, des échos entendus ici ou là.

Comment y voir clair quand on est assommé par le chagrin et par une enquête policière brutale qui se plaît à embrouiller les suspects pour les confondre ? Par exemple, les véritables raisons de la mort d'Émilie ne seront dites aux Tanay que pendant leur garde à vue, le 17 juin. Ce jour-là, deuxième perquisition à Saint-Jean. Même chose chez les Tocqueville. Corinne comprend qu'elle est en garde à vue vers 19 heures. Ils y sont depuis 8 h 30. Un gendarme lui lit ses droits. Elle rentre à 23 heures. Denis revient vers 2 heures du matin. Un de leurs proches amis, ex-toxico et séropositif, ne sort qu'à 6 heures. Les Tocqueville sont longuement entendus. Les échanges verbaux sont interdits. Tout le monde se croise entre deux portes. Tout le reste de la famille, de l'entourage, du voisinage est interrogé. Chacun s'égare, « entre leur bêtise et leur rancœur », écrit Corinne dans une nouvelle lettre à Émilie. « Ils m'en veulent à moi en particulier. Distante, agressive, exigeante, fière et j'en passe et des moins agréables encore. Voilà comment ils jugent ta maman. Eux, les bons chrétiens ! » Corinne dit quelques mots du test A.D.N. qu'ils ont dû subir pour prouver qu'Émilie était bien leur enfant à eux deux. Selon la mère et la sœur de Denis, ce n'était pas le cas ! Corinne assure n'avoir eu qu'un homme dans sa vie : Denis. « Si vieillot que cela puisse paraître. » Des témoins l'ont décrite comme une femme fatale.

Personne ne peut s'imaginer à quel point Corinne et Denis veulent comprendre ce qu'il s'est passé. Pour y arriver, ils lisent tous les rapports. Les plus douloureux comme les plus ennuyeux. « Pour Émilie, nous sommes obligés », dit simplement Denis. Dans le genre illisible, les rapports d'expertise sont les pires. C'est parfois instructif. La contre-expertise révèle que le taux de cyanure de sodium retrouvé dans le flacon de Josacine est évalué à 3,49 grammes. L'étude comparative des scellés n° 1 et n° 8 a permis de mettre en évidence les impuretés similaires au cyanure acheté par Deperrois. L'expert indique également que « le liquide ayant servi à préparer la solution de cyanure de sodium versée dans le flacon objet du scellé n° 8 fut très certainement de l'eau de ville ». En tout, 28 000 flacons de Josacine 500 ont été saisis. 770 flacons ont été analysés, soit 2,7 % selon l'application de la norme française. Aucun de ces flacons ne contenait de cyanure.

Le rejet de la quatrième demande de remise en liberté de Deperrois précise en outre : « Les vérifications effectuées dans l'entreprise Prolabo, fournisseur de Deperrois, ont fait apparaître que les deux lots de cyanure provenant de ce fournisseur et présentant des impuretés semblables à celles retrouvées dans le cyanure ayant contaminé le flacon de Josacine étaient en réalité issus du même lot de matière première codifié B 062 et qu'ils avaient été conditionnés uniquement en quantités d'un kilogramme. L'enquête a permis d'établir que Prolabo n'avait livré que J.-M. Deperrois en Seine-Maritime sur la base de ces deux lots contenant des impuretés. Par ailleurs, il a été mis en évidence qu'un flacon d'acétone saisi chez J.-M. Deperrois contenait des résidus de sodium, produit qui ne se trouve pas dans l'acétone alors que par contre le cyanure se dégrade et disparaît rapidement. »

Nous prenons le temps qu'il faut. Denis et Corrine lisent et relisent chaque phrase. Il n'y a pas besoin d'être grand chimiste pour en comprendre certaines.

Les Tanay sont partis. Je relève leur courrier et les messages du répondeur téléphonique. Une drôle d'impression s'empare de moi. Toutes ces photos d'Émilie dans la maison vide donnent le tournis. On en trouve vraiment dans toutes les pièces. Sans la présence de Corinne et de Denis, sans l'attention suscitée par les conversations, les mouvements habituels, on ne peut que se cogner à chacune d'elles dans le salon, la cuisine, les chambres, le bureau. Émilie bébé, en danseuse, au bain, au lit, en vacances, en bateau, en médaillon, en grand format, avec son père, avec sa mère, avec ses copains, cheveux courts, cheveux longs... On mettrait ces photos bout à bout chronologiquement, on obtiendrait le film bouleversant d'une courte vie fauchée par un monstre. La photo de Roger Merle que j'ai repiquée sur un livre trône à côté d'une photo d'Émilie. « Émilie aurait aimé ce vieux bonhomme sympathique », dit souvent Corinne. Il aurait mieux valu que personne ici ne connaisse jamais Roger Merle. Sur les étagères du bureau sont posées les cartes de M.J.C. et de bibliothèque d'Émilie. Une affiche de Robert Charlebois dédicacée pour Émilie est encadrée.

Parmi les messages laissés sur le répondeur, celui d'un confrère. D'une voix lugubre de circonstance : « ... affaire qui vous a durement touchés..., si vous vouliez parler pour faire avancer le dossier d'instruction... » L'idiot leur demande sans rougir de se confier à lui. La justice n'attend pas ce genre de zigoto pour avancer. Heureusement.

Jean-Marc Williatte m'apprend que j'ai été amnistié. Je ne savais même pas que j'avais une tache sur mon casier judiciaire ! Le procès en diffamation déclenché par Deperrois / Libman en avait fait une. Merci, Chirac ! En fait, je m'en moque totalement. Un tel « casier » ne me gêne pas.

Le Courrier cauchois du 9 septembre publie une page complète d'élucubrations introduites par un J.-L.N. qui se demande si la vérité « finira par se découvrir un jour... ». Anne-Marie Deperrois énumère huit contradictions qu'elle aurait relevées dans les résultats des analyses. Prudemment, *Le Courrier cauchois* précise qu'il laisse à la femme de Deperrois l'entière responsabilité de ses affirmations. Passons.

Je termine la lecture du livre de Roger Merle, *Les Grandes Affaires criminelles de Toulouse* (Privat, 1995), une chronique des crimes toulousains depuis le temps des Romains. Entre deux affaires horribles, mais passionnantes du point de vue enquête policière, je note quelques passages qui pourraient s'appliquer aux heures que nous vivons.

(p. 78) « Il [Voltaire] se mit en devoir d'ameuter et de retourner l'opinion publique. Rien de plus facile à faire de nos jours grâce à la complaisance de la presse et de la télévision... »

(p. 112) « En ce temps-là la presse n'oubliait pas les victimes et ne cherchait pas d'excuses aux criminels. »

(p. 143) « Dans ce " royaume aride du baiser ", décrit par le Languedocien Henri Bataille, la passion amoureuse se love parfois dans un nœud de vipères. »

11

Une litanie annonciatrice

Je reste en contact régulier avec les Tanay. Malgré ma discrétion, ils ont eu vent de l'article du *Cauchois*. Corinne me demande de l'envoyer à Merle. Bien sûr, il trouve normal que les Deperrois tentent de provoquer une bataille d'experts.

Corinne m'apprend que la défense veut consulter ses propres experts chimistes. Le dossier serait ainsi bouclé en novembre et non pas le 20 septembre comme annoncé. Je n'ai pas fini de croiser des gens qui me disent encore : « Tout ça, c'est pas clair », « Pourquoi le dossier n'est pas encore bouclé ? », « Le juge traîne en longueur ». Ce que la « vox populi » m'ennuie.

Les Tanay font parfois quelques rapides passages dans la région. Ils sont passés vite fait à Bolbec voir un notaire pour régler des histoires de famille. Les parents de Denis habitent dans le lieu dit le Fond-de-misère. Tout un programme. Le détour leur permet de passer un moment sur la tombe d'Émilie. À Saint-Jean, Corinne relève un message qui l'attend depuis quelques jours sur son répondeur. Le médecin qui suit sa grossesse cherche à la joindre d'urgence. Le test TR21 qu'il a prescrit est positif... Impossible à croire. Corinne risque de mettre au monde un bébé mongolien. Elle doit subir une amniocentèse. Résultats dans une quinzaine de jours. Quinze jours d'angoisse. Comment une telle cruauté peut-elle s'acharner sur eux ?

Dans le cimetière de Saint-Jean, la pierre tombale est posée sur la tombe d'Émilie. Du « beau travail » pour le plus horrible monument qui soit. Sur le marbre, selon le souhait de Corinne, est gravé un extrait du *Petit Prince* de Saint-Ex.

« Quand tu regarderas le ciel, la nuit, puisque j'habiterai dans l'une d'elles, puisque je rirai dans l'une d'elles, alors ce sera pour toi comme si riaient toutes les étoiles. »

Il pleut des cordes à Saint-Jean. Le toit de la maison Tanay n'est pas fini. Les chambres prennent l'eau par trois petits trous. La pluie tombe goutte à goutte sur une photo d'Émilie placée sur une commode. J'éponge l'eau et dépose une gamelle sous la fuite. En regardant s'il n'y a pas d'infiltrations près du bureau d'Émilie je remarque une pile de cahiers d'école, bien rangés comme si la puce allait venir faire ses devoirs dans la demi-heure. J'ouvre son cahier de texte au hasard. Je tombe sur une page terrible :

« Pour le samedi 11 juin

Conjuguer au passé composé être content »

J'entends Émilie égrener sa conjugaison comme une litanie annonciatrice.

« J'ai été contente
Tu as été content
Il ou elle a été content (e)
Nous avons été contents
Vous avez été contents
Ils ou elles ont été content (e) s. »

Sa toute dernière conjugaison aura été pour dire : « J'ai été contente. » Comme une forme d'adieu. Comme si elle disait : « Merci pour tout, salut. »

Les gens qui ne sont jamais entrés dans la chambre d'Émilie depuis sa mort ne peuvent pas savoir de quoi je parle. Toutes ces peluches, ces poupées, ces livres, ces dessins, ces « Je t'aime, maman » ou « Je t'aime, papa » écrits partout... Je regarde dans la bibliothèque en quête d'un livre. En soulevant les chaussons de danse usés d'Émilie, les photos et toutes sortes d'objets, on arrive à lire les tranches. Il y a là quelques-uns des auteurs que j'aime : Camus, Prévert... J'aperçois le *Nadja* de Breton. Je saisis *Ailleurs* de Henry Michaux. À l'intérieur, je trouve une photo d'Émilie endormie, « ailleurs ».

12

Mise à pied

La grand-mère de Jean-Marc Deperrois est morte. Pour assister à l'enterrement, Deperrois sort de sa cellule, entouré de gendarmes. Il semble que quelqu'un de son entourage ait trouvé malin de prévenir la presse. Une équipe de France 3 s'installe dans le cimetière avec d'autres photographes et journalistes. Scandale. Les avocats de Deperrois protestent parce que Deperrois n'a pu assister

« libre » à la cérémonie. Ils estiment que la décision de Balayn est « inhumaine ». *Le Havre libre* du 12 octobre et *Le Courrier cauchois* du 14 commentent brièvement les incidents : « À la fin de l'office religieux, des journalistes et des photographes présents ont été violemment pris à partie par les membres de la famille avant de gagner le cimetière. » Le 15, *Liberté-Dimanche* publie sans problème une photo de Deperrois, sans menottes, à la porte de l'église. Mieux que tout le monde ! Non seulement « nous » faisons un article (non signé) mais « nous » publions un cliché du photographe maison, Jean-Pierre Mauger.

De sa retraite, par téléphone, Denis veut des détails sur cette histoire d'enterrement. Je ne sais plus si je dois leur parler des articles qui paraissent dans la presse locale. Quand je ne le fais pas, il y a toujours quelqu'un de bien intentionné pour le leur envoyer. Quand je le fais, ça les ronge pendant une semaine. Dans le même temps, j'apprends que Corinne attend un garçon en parfaite santé. En vérité, il s'agit de deux bonnes nouvelles. Le médecin a demandé un test de dépistage de la trisomie 21 pour être certain que Corinne ne mettrait pas au monde un enfant handicapé. Le bébé s'appellera Maxime. Un nom qu'ils avaient choisi avec Émilie qui espérait bien avoir un petit frère.

Dans un coin de page du *Courrier cauchois* du 14 octobre, je trouve un encadré : « L'affaire Devarieux classée sans suite. » L'affaire de la fameuse seconde mort mystérieuse de Saint-Jean, la prétendue affaire de la « dame aux bonbons » dite encore « dame en noir » s'arrête là. C'est pas trop tôt. L'autopsie pratiquée sur le vieil homme, âgé de quatre-vingt-six ans, a démontré « que la mort devait être attribuée à une défaillance cardiorespiratoire, en relation avec une compensation par fausse route alimentaire ». Le vieillard peut reposer en paix. Le *Cauchois* rappelle que

« les parents de la petite Émilie étaient intervenus en février dernier lors d'une réunion du conseil municipal de Saint-Jean-de-la-Neuville pour dire que, bien qu'habitant en bordure du même chemin, les deux familles ne se connaissaient pas et que, par conséquent, il n'y avait à leurs yeux aucun lien entre les deux affaires. Pour autant, leur démarche a-t-elle été bien comprise ? ». J'aime les interrogations de ce J.-L.N.

Nous recevons du courrier de Corinne. La lettre commence sur une carte postale qui représente une montagne dissimulée sous des nuages. En bas de la photo, il y a une légende comme sur beaucoup de cartes touristiques. Celle-là dit : « Qui peut tout supporter peut tout oser. » Corinne pense que cela illustre parfaitement leurs épreuves passées et à venir : « Il faut bien être réalistes ! » Corinne et Denis dégustent les spécialités catalanes et font de grandes randonnées. Tant mieux. On voit qu'ils se sentent encore un peu coupables de vivre quelques instants de paix. « Nous avons le droit d'être NOUS et de rire entre les verres qui s'entrechoquent », explique Corinne pour se justifier. Ils vont voir Roger Merle le 14 novembre. Leur avocat, le « bâtonnier », comme dit Corinne, commence à trouver le temps long et pense que la clôture du dossier s'éternise. Denis m'annonce, fin octobre, que les experts demandés par Me Libman n'ont rien trouvé dans leur contre-expertise. Je suppose que dans le cas contraire cela aurait donné un sacré tintamarre médiatique. Le dossier doit mettre quelques jours pour arriver sur le bureau du procureur. Les parties ont ensuite vingt jours pour se manifester avant que l'affaire ne soit envoyée devant la chambre d'accusation.

Je retrouve Denis, fin novembre, à Saint-Jean, niché sur son muret au bout de la maison, une cigarette à la main.

Leur brève escapade est terminée. Je m'attends à l'annonce d'un nouveau drame tellement il fait mauvaise figure. Non. Ce n'est « que » de la fatigue, de l'agacement et un léger laisser-aller. Le retour en Normandie est brutal. Comme prévu, les familles des Tanay réagissent mal à l'arrivée de Maxime. Une tante meugle : « On dit que vous avez vite remplacé Émilie, ça ne plaît pas à tout le monde. » La méchanceté et la bêtise de ces gens me surprendront toujours. Maxime se porte bien. C'est le principal. Il donne de bons coups de pied dans le ventre de sa mère. Plus tard, il bottera le cul des bouseux. Par bonheur, Denis ne reste pas oisif très longtemps. Il trouve du travail dans le B.T.P. Il intègre le bureau d'études d'une entreprise importante.

Le Courrier cauchois du 9 décembre annonce que la sixième demande de mise en liberté de Deperrois est refusée par le juge Balayn. Couplet de Marie-José Trinité-Confiant, l'avocate régionale de Deperrois, sur la pauvre famille Deperrois : « C'est très difficile moralement pour lui et sa famille, surtout ses enfants qui vivent extrêmement mal cette situation. » Eh bien voyons. Qui se souciera un jour du malheur de la famille Tanay ? Le 20 décembre, France 3 fait un sujet sur le rejet par la chambre d'accusation de la demande de mise en liberté de Deperrois. Anne-Marie Deperrois proteste devant les caméras. Elle affirme que « les juges savent pourtant que le cyanure trouvé dans la Josacine ne provient pas de chez Prolabo » ! Où est-elle allée chercher cette farce ? Charles Libman prétend que, dans la mesure où l'instruction est terminée, la libération de Deperrois ne ferait pas obstacle à la manifestation de la vérité... Deperrois lui-même y va de son couplet et dit qu'il compte sur un non-lieu. Et Deperrois de bécoter sa famille et la poignée d'amis venus lui apporter leur soutien. La journaliste conclut en insistant sur le fait que Deperrois va passer les fêtes de fin d'année en prison. De quoi faire pleurer les chaumières.

Dans son édition du 24 décembre, *Liberté-Dimanche* nous offre une belle photo de Deperrois, à la sortie de la chambre d'accusation, « réconforté par sa femme et ses parents ». Mon cadeau de Noël ? Non. Mon « cadeau », je le reçois le 28 décembre au siège rouennais de *Liberté-Dimanche* où mon directeur me convoque. Je prends dans le nez une sanction disciplinaire à cause de la grève du 12 décembre contre le plan Juppé. Rémi Parment me met à pied six jours pour avoir « sali l'image de marque du journal en défilant avec des affiches S.N.J.-*Liberté-Le Havre-Dimanche* ». C'est du moins la raison officielle. Pour Parment, il n'est pas compatible d'être journaliste et citoyen. Pour le même prix, Parment remet sur le tapis le fameux article de février 95 sur l'affaire Deperrois. Je ne suis pas déçu du voyage. Je crois pourtant me souvenir des félicitations que le même Parment était venu m'adresser au Havre après la parution de mon enquête.

Des félicitations vite oubliées après la plainte de l'assassin présumé.

1996

LA COLÈRE

1

Appeler un chat, un chat

Jean-Marc Deperrois refait la une de la Presse havraise le 10 janvier. Le juge Balayn a transmis le dossier au procureur. Enfin. La route des assises est ouverte. Benoît Marin-Curtoud donne la parole à Charles Libman : « Au cours de cette instruction, tout n'a pas été fait mais nous n'avons pas demandé d'actes supplémentaires dernièrement car ils motivaient à chaque fois une prolongation de la détention. Dans cette affaire, il devrait y avoir un non-lieu, mais les magistrats semblent déjà avoir une conviction alors que mon client proteste de son innocence depuis le début. » Corinne est chagrinée de voir que la nouvelle tombe pendant ma mise à pied. Mise à pied ou pas, je suis certain que dorénavant on m'empêchera d'écrire la moindre ligne sur cette affaire dans *Liberté-Dimanche*. Laissons mes collègues jouer tout seuls aux paparazzi dans les cimetières. Denis remarque qu'il commence à se faire aborder dans la rue par de vagues connaissances qui lui apportent leur soutien. Ces gens espèrent que « l'autre va payer ».

Le Courrier cauchois frappe à nouveau le 3 février. « Exclusif », dit un bandeau. « Depuis sa prison, Jean-Marc Deperrois écrit au *Courrier cauchois* pour réclamer justice. » En fait de « lettre ouverte », c'est surtout la prose de J.-L.N. qu'on lit de nouveau. Quatre colonnes sur cinq sont de sa plume. J.-L.N. n'a visiblement pas digéré non plus mon papier du 10 février 95. Il me traite de « journaliste pressé » pour m'être fait remonter les bretelles par le tribunal. Pour J.-L.N., parler de procès pour Deperrois, c'est « aller trop vite en besogne ». J.-L.N. s'emporte : « Avant d'envoyer Deperrois aux assises, encore faudra-t-il indiquer de manière plus précise les motifs de son inculpation ! On a beau dire que le dossier comporte 1 836 pièces et qu'il a été instruit à charge et à décharge d'une manière équitable, il n'en demeure pas moins que son contenu exact devra être dévoilé, ne serait-ce que pour gommer la mauvaise impression laissée par la mise en cause permanente de Deperrois alors que la présomption d'innocence doit jouer en sa faveur tant qu'il n'est pas reconnu coupable. » Bientôt, J.-L.N. va dire aux juges ce qu'ils doivent faire !

Denis tombe sur la prose du *Cauchois*. Il espère qu'aucun imbécile n'aura l'idée d'en parler à Corinne. Elle se prépare à entrer en maternité. En ce moment, ils ont franchement autre chose à faire que d'être parasités par cette prose. La lettre de Deperrois, datée du 24 janvier, du moins les extraits publiés par le *Cauchois*, ne manque pas de toupet. Deperrois affirme par exemple que « le cyanure trouvé dans la Josacine ne provient pas de chez Prolabo car la chimie et la physique des réactions sont opposées ». Pour J.-L.N. c'est assurément « une révélation dont il faudra bien tenir compte puisqu'elle est susceptible de tout remettre en cause ». Plus loin, Deperrois revient aussi sur mon article et règle ses comptes avec les journalistes « qui ne cessent de lui faire un procès d'intention à partir de rumeurs, calomnies et autres insinuations malveillantes ». Il reproche à la presse de céder à certaines influences en distillant des informations « sournoises et tendancieuses ». J.-L.N. se fait l'interprète de l'assassin présumé en disant que Deperrois tient grief aux journalistes de ne pas avoir

« accordé au jugement qui lui a été favorable la même importance que l'article de presse qui a été condamné ». De ce fait, reprenant la formule de Mitterrand, Deperrois accuse la presse d'avoir « livré aux chiens l'honneur d'un homme ». Deperrois n'a pas peur du ridicule. Il le prouve dans un autre extrait où il se compare à un martyr chinois : « Peut-être comprendrez-vous que, dans cet univers, ce n'est pas l'homme de la place Tienanmen devant le char, mais l'homme écrasé par le char. Et pourtant l'homme est innocent et il porte dans le cœur une douleur ineffable. » Maintenant, Deperrois parle de lui à la troisième personne ! Deperrois fait injure aux rebelles chinois en se comparant à eux. Deperrois fait injure à la mémoire d'Émilie et à la douleur des Tanay. Bientôt, il faudra appeler un chat un chat. Et le souhait de J.-L.N., « aussi est-il grand temps que la justice passe pour mettre bon ordre dans cette pénible affaire », sera exaucé.

2

Maxime-Denis-Roger

5 février 1996. Maxime arrive dans ce monde vorace à 13 heures. Il ressemble à un petit lutin avec son bonnet enfoncé jusqu'aux oreilles. Malgré la joie, il est clair qu'il ne s'agit pas d'une naissance ordinaire. Dès l'entrée de la maternité, le visiteur est toisé de la tête aux pieds. La consigne est stricte : personne ne passe pour la chambre 2402. J'annonce que je suis le parrain du bébé. Une infirmière va vérifier et s'excuse pour l'accueil un peu sec. C'est le contraire qui m'aurait choqué. Une photo de Corinne à la maternité, voilà qui ferait bien sur une page

de *Match.* Malgré la discrétion observée par tous, des coups de fil bizarres arrivent au standard de l'hôpital.

L'ombre de la menace trisomique est loin. Maxime est très mignon. Une petite peau d'ange et une bouille qui, immanquablement, rappelle Émilie à ses parents. Corinne me dit le plaisir qu'aurait eu Émilie en voyant son petit frère. Sur la table de chevet, une photo de la petite et sa montre sont posées. Un médecin pense qu'Émilie a dû veiller sur sa maman. Roger Merle vient de leur écrire quelque chose de semblable. La fête est loin d'être totale. Difficile de ne pas enrager contre tous ces gens portés sur la calomnie, la médisance et le besoin de nuire. Ceux qui prétendent que Corinne et Denis sont divorcés parce qu'ils ne voient plus Corinne chez elle depuis quelque temps. Ceux qui disent que Corinne et Denis ont profité de l'héritage du père de Denis pour acheter une pierre tombale à Émilie. La liste des nuisibles est longue dans la famille, les connaissances, etc. Les Tanay veulent inventer une famille à Maxime. Le bambin a déjà gagné deux grands-parents, quelques oncles et tantes cooptés.

Quinze jours après la naissance de Maxime-Denis-Roger, tout va bien. Corinne pique finalement une grosse colère en découvrant la « lettre ouverte » de Deperrois publiée par le *Cauchois.* Corinne se demande ce que peut bien faire Michel Henry. Pourquoi ne les appelle-t-il pas ? Pourquoi n'appelle-t-il pas le bâtonnier ? J'appelle Michel à *Libération* dans la foulée.

Après quelques périodes d'hésitation ponctuées de moments d'impatience, les Tanay accueillent Michel Henry dans leur maison le 7 mars. L'opération n'est pas évidente mais Corinne et Denis ont un besoin fou d'être écoutés. Simplement écoutés. Un jour, ils sont effrayés par l'éventualité d'un dérapage, d'un malentendu. Le lendemain, ils pestent si les choses ne vont pas assez vite à leur goût. Nous vivons sur des montagnes russes depuis des mois. Il faut avoir le cœur bien accroché. Enfin. Michel est là, comme prévu. Denis le trouve parfois long à réagir. Je le rassure en lui disant que c'est plutôt bon signe. Méfions-nous des journalistes pressés.

En traversant Bolbec, Michel est effrayé par ma description de la ville. Dans une des lettres de Jacques Prevel que Henri Thomas m'a confiées fin 89, le poète bolbécais se dit « cloué dans ce sale bled ». C'était en avril 1950. Prevel se mourait de tuberculose. Aujourd'hui, toute la ville semble contaminée par une maladie contagieuse indomptable. Ville estropiée par la chute de l'industrie textile, par l'alcool. Ville marquée par des histoires de sorcellerie qui ont fait le régal de feu l'abbé Alexandre, « le Horsain », des médecins, des vétérinaires et des charlatans. Ville blette, ratatinée. Je sais de quoi je parle. J'ai habité, travaillé, milité dans cette cité maudite pendant des années. Cette ville et ses environs ne pouvaient qu'être le théâtre d'un drame sans nom.

J'ai caché la naissance de Maxime à Michel pour qu'il ait la surprise. Effet réussi.

Bien sûr, le repas et la soirée sont remplis d'épisodes liés à l'affaire. Michel apprend que des « confrères » ont pénétré chez les Tanay pour voler des photos et chez le pédiatre d'Émilie pour piquer son dossier médical qui, heureusement, avait été mis à l'abri par le médecin. Michel demande des éclaircissements sur la « courte liaison » entre Sylvie Tocqueville et Deperrois ainsi que sur le couple Tocqueville. Certes, Jean-Michel Tocqueville a eu des aventures hors de son couple mais il ne désire pas quitter sa femme, une jéhoviste peu attirée par la rigolade. C'est en découvrant subitement son épouse sous un jour nouveau, avec des allures affriolantes, des jupes courtes (tenues peu en vogue dans la secte) que Tocqueville comprit le danger qui le menaçait. Sylvie Tocqueville a quitté les Témoins de Jéhovah peu de temps avant le drame. Prise de remords, elle a avoué son adultère par lettre à son « ministre ». Ces détails sont dans le dossier. Ils sont hélas maintenant aussi dans nos conversations. Ils salissent nos bouches, nos oreilles et nos cerveaux épuisés.

3

Un témoin bascule

Le 6 avril, *Le Courrier cauchois* titre : « Une nouvelle demande de mise en liberté rejetée par le juge. » Pour argumenter leur demande, les avocats de Deperrois s'appuient sur une histoire de délais dépassés : « Selon Me Trinité-Confiant, les textes du Code de procédure pénale sont très précis et doivent être appliqués même par le parquet qui a un mois pour rendre son réquisitoire sur le dossier déposé par le juge Balayn. Or le dossier a été transmis en janvier et nous n'avons toujours pas connaissance des réquisitions du parquet. C'est un problème de fond sur un délai tout à fait anormal qui doit être sanctionné. » Le juge ne fait aucun commentaire. Le même jour, B.M.-C. annonce dans la Presse havraise que, « de source bien informée », on apprend que les réquisitions du ministère public ont été transmises au juge d'instruction.

Après la décision de la chambre d'accusation de Rouen, *Le Courrier cauchois* annonce le 13 avril : « Jean-Marc Deperrois reste en prison. Le parquet a retenu, après lecture des 1 836 procès-verbaux qui constituent les huit tomes du dossier de l'instruction, la thèse de l'accusation, à savoir l'empoisonnement avec préméditation. » À nouveau Me Libman proteste contre le huis clos qui empêche la publicité des débats. Me Libman et Me Trinité-Confiant regrettent la décision en rappelant que, « le 18 mars dernier à Paris, dans l'affaire du terroriste Carlos, l'audience de la chambre d'accusation avait été publique ». Charles Libman ironise. « Jean-Marc Deperrois n'a pas les moyens suffisants pour introduire son dossier d'instruction sur le réseau Internet », en référence au président du conseil général de Belfort qui a annoncé qu'il diffuserait des éléments de l'instruction qui le concerne sur le réseau informatique. Anne-Marie Deperrois monte aussi au créneau : « Il faut arrêter cette mascarade de la chambre d'accusation. La justice a un coupable sur la seule intime conviction d'un juge. Mon mari paie cher son incartade et le fait d'avoir menti sur le cyanure qu'il possédait et qu'il a jeté en Seine. Les enquêteurs m'ont dit que j'étais naïve, mais je ne crois pas à sa culpabilité. » Jean et Yvette Deperrois, « les parents de l'ancien adjoint au maire de Gruchet-le-Valasse », comme les présente *Le Courrier cauchois*, se confient aussi à leur hebdomadaire chéri. « Si notre fils était coupable nous ne le défendrions pas. Comment voulez-vous qu'il ait pu introduire du cyanure dans le flacon de Josacine, un médicament qu'il donnait à ses enfants ? C'est impensable », dit l'une. « Le juge s'est forgé une intuition, c'est révoltant. Il a le droit de vie et de mort sur un individu, de détruire des familles sans que l'on puisse faire quelque chose. J'étais patriote, je croyais en la justice et dans la gendarmerie, mais quand je vois comment les enquêteurs procèdent, je me demande si je suis encore français. On nous cache beaucoup de choses et on n'a pas accès au moindre dossier. Nous irons aux assises, il faut être lucide, mais là, le juge et les gendarmes seront obligés de tout dire, de prouver – ce qui n'a jamais été établi – que le cyanure de la Josacine était celui utilisé par mon fils », dit l'autre.

Dans le même temps, les Tanay reçoivent l'ordonnance de transmission de pièces rédigée par Balayn pour le procureur. Corinne m'appelle aussitôt. Elle est en pleurs. Elle a l'impression de revivre chaque minute qui s'est écoulée depuis la mort d'Émilie. Je me sens complètement nul et inutile au bout de mon téléphone. Denis travaille. Je suggère à Corinne d'attendre son retour pour pousser plus loin la lecture de ce document tant attendu. L'impatience est la plus forte. Comme pour alourdir encore le climat, Radio France-Normandie déraille. Comme *Détective* et *Le Parisien*, Antoine de Galzain soutient encore que Denis ne croit pas à la culpabilité de Deperrois. Ce qui fait bondir les Tanay. Corinne me répète, comme pour se rassurer elle-même, à quel point le juge Balayn a été pointilleux. Roger Merle leur dit souvent tout le bien qu'il pense de ce juge.

Liberté-Dimanche sort un papier bateau le 14 avril. Plus creux qu'une coquille vide. Ils ont décidé de se passer de mes services définitivement sur le sujet. D'ici à ce qu'ils se passent de mes services tout court...

« Surprise » dans *Le Figaro* du 15 avril qui titre : « Josacine empoisonnée : un témoin bascule. L'ami d'enfance du suspect revient sur ses déclarations deux ans après le drame. » En fait, ce n'est pas du tout une surprise. *Le Figaro* n'est pas à un artifice près pour vendre sa copie. Nous savons depuis des mois que Jean-Michel Tocqueville a très vite compris qu'il était la cible de Deperrois. Dans Bolbec, il raconte à qui veut l'entendre qu'on lui a greffé le cœur d'Émilie, qu'il a maintenant neuf ans et est en très bonne santé grâce à une petite fille. Le public sait depuis mon article que Tocqueville cultive une haine féroce contre Deperrois. La conviction des enquêteurs sur ce point est arrêtée depuis longtemps. L'envoyée spéciale, Françoise Lemoine, commence ainsi : « Nouveau coup de théâtre dans l'affaire de la Josacine. » Elle donne la parole à Jean-Michel Tocqueville : « J'étais visé. Cela ne fait aucun doute. En mars 1994, nous avions eu un différend. Jean-Marc Deperrois me harcelait pour que je quitte ma femme, incapable, selon lui, de se décider. Quand je partais le matin, à 5 heures, il était devant ma porte. Le soir, il mettait des mots sur mon pare-brise. En avril, il achetait du cyanure. Je me suis renseigné : une entreprise thermique n'utilise pas ce poison. Beaucoup de charges pèsent contre lui. Jean-Marc Deperrois n'est pas innocent. » Tocqueville se souvient de l'empressement de Deperrois à venir les soutenir après la mort d'Émilie. J'admire le souci du détail des « envoyés spéciaux » pour faire plus authentique, plus « terrain ». Malheureusement, souvent ils se plantent. Lemoine met Gruchet à « trente kilomètres » de Bolbec alors que les deux bleds se touchent. Un détail sans importance ? Pas du tout. Le témoignage des Madeleine, les voisins de la mairie qui ont vu Deperrois entrer chez les Tocqueville le 29 mai 94, ne tiendrait plus avec un tel kilométrage. Comment Deperrois aurait-il pu faire le trajet Bolbec-Gruchet, aller et retour, en quelques minutes ? Pour défendre son fils, Yvette Deperrois affirme : « Quand mon fils a quelque chose à dire, il ne s'en prive pas. Il aurait plus tendance à donner des coups de poing que d'avoir recours à un acte aussi sournois. Le poison est une arme de femme. » Nous y sommes. Cherchez la femme... Dans un encadré, Lemoine tente de dresser un portrait des Tanay : « Denis, 36 ans, un grand gaillard à moustache, maçon de formation, manie la truelle selon ses humeurs et au rythme des rentrées financières. Sur le gazon défraîchi, une balançoire oscille au gré du vent. Dans le séjour, une grande photo de la petite fille. Corinne, 35 ans, travaille à la mairie du Havre. »

Les journaux télévisés emboîtent le pas au *Figaro*. Les journalistes de TF1 essaient de faire parler Denis lors du tournage. Il refuse de se laisser filmer. L'équipe repart en disant que le sujet va faire l'ouverture du 20 heures. Difficile à croire. L'actualité plutôt chaude du Sud-Liban est, en principe, prioritaire. Eh bien, non. Après un habile tour de passe-passe, P.P.D.A. explique que tous les correspondants à l'étranger ne sont pas en place pour commenter les événements du Liban. Mon œil ! Il ouvre donc bel et bien son journal avec « l'affaire de la Josacine empoisonnée ». Audimat chéri. Interviews. Me Libman ne comprend pas le revirement « miraculeux » de Tocqueville après la fermeture du dossier. Anne-Marie Deperrois prétend rester sur le terrain « scientifique ». La femme de Deperrois et Sylvie Tocqueville parlent d'une même voix pour dire qu'on a retrouvé dans le flacon des impuretés étrangères au cyanure de Prolabo. Et pour cause ! Il s'agit des particules qui se baladent notamment dans l'eau des sanitaires de l'entreprise de Deperrois... Des impuretés « parfaitement compatibles » avec celles trouvées dans le flacon de Josacine. Pendant le reportage, les caméras de TF1, toujours aussi sordide, s'attardent lourdement sur la tombe d'Émilie.

En venant sonner à la porte les Tanay, l'équipe de TF1 sait, par une enquête de voisinage (chers voisins...), que Maxime est là. La nouvelle de l'arrivée de Maxime s'est répandue dans toute la région dans une version incroyable. Selon les mauvaises langues qui pullulent ici, Maxime aurait été adopté par les Tanay. Puisque bébé blanc, il pourrait donc être, selon les goûts, roumain, ukrainien... La longue absence des Tanay de Saint-Jean s'explique par le fait qu'ils sont allés à l'étranger pour chercher, pour ne pas dire acheter, le petit ! Les gens n'ont pas vu Corinne enceinte et pensent (merci, la Presse havraise) qu'elle est stérile. C.Q.F.D. Certaines personnes du coin ont le culot de leur demander si Maxime est bien à eux. Une brave Bolbécaise, celle qui avait déjà entendu dire que Corinne avait le sida et qu'Émilie faisait des séjours punitifs dans un placard, a posé tout de go la question.

La Presse havraise colle au train du *Figaro*. Le 16 avril, elle sort un papier non signé pour commenter les propos de Jean-Michel Tocqueville : « Une déclaration assez surprenante pour certains observateurs de la part de cet ami d'enfance du principal mis en cause. Jean-Michel Tocqueville avait en effet par le passé toujours défendu en public Jean-Marc Deperrois depuis le début de l'affaire. Toutefois dans les milieux proches de l'enquête, la teneur des propos de Jean-Michel Tocqueville était connue depuis longtemps. Et nous avions dans nos colonnes à de nombreuses reprises souligné cette thèse qui constitue l'ossature du dossier d'accusation. » Après tout ce qu'ils ont raconté comme baratin sur « l'ami d'enfance » ! L'ennemi d'enfance, devrait-on dire. Les souvenirs de scouts des deux hommes ne sont pas très tendres. La patrouille des Sangliers avait sérieusement du plomb dans l'aile.

Corinne et Denis ont lu l'ordonnance de transmission de pièces au procureur rédigée par le juge d'instruction Christian Balayn. Une quarantaine de feuillets serrés retranscrivent, jour après jour, les grandes étapes de l'enquête menée par trente-cinq gendarmes répartis en groupes distincts pour travailler sur chacune des hypothèses envisagées. On retrouve la journée fatale, les analyses et les contre-expertises traduites (enfin) en langage clair, les conditions d'achat « rocambolesques » du cyanure, les dépositions des Madeleine, l'état des ventes de cyanure de Prolabo en France, la liaison avec Sylvie Tocqueville, le profil psychologique de Deperrois... De quoi mettre les points sur tous les i.

Ils ont noté que Prolabo fournissait cinquante-six clients en cyanure dans toute la France. Deperrois est bien le seul client en Seine-Maritime.

Le passage sur l'espionnite des Madeleine vaut aussi son pesant d'or. C'est Big Brother revu par Super Dupont. Les Madeleine ont mis en place un véritable réseau de surveillance. À chaque mouvement suspect chez les Tocqueville, les Madeleine font semblant de sortir leur voiture pour aller voir de plus près. Au besoin, la femme, qui semble avoir beaucoup de pratique en matière d'espionnage, utilise le contre-jour de sa fenêtre comme miroir afin de mater même dans les angles morts. Le mari fait des rondes hygiéniques autour du pâté de maisons. Tous ces stratagèmes ont permis de voir Deperrois lorsqu'il a fait coulisser la porte-fenêtre des Tocqueville. Celle-ci émet un grincement caractéristique bien connu des Madeleine. Au signal, tout le monde à son poste ! Ainsi, le 29 mai 1994, ils voient venir Deperrois muni de gants en latex beige ou crème, « comme ceux des chirurgiens », avec un élastique au poignet. Au départ, ils pensent avoir affaire à un cambrioleur. Puis, reconnaissant l'élu, ils croient qu'il apporte une plante à sa maîtresse et qu'il ne veut pas se salir les mains ! Ils voient aussi Deperrois essayer d'ouvrir la voiture de Jean-Michel Tocqueville. À un moment de l'enquête, le père Madeleine veut prévenir les enquêteurs ou le « juge » *(sic)* Gaubert. Il va alors à la Poste de Saint-Romain-de-Colbosc, un bled sur la route du Havre, d'où il compte téléphoner discrètement avec une carte. Pas de bol, il y croise une connaissance. Retour au bercail. Les Madeleine précisent bien que si les gendarmes n'étaient pas venus approfondir leur enquête ils n'auraient rien dit ! Ces gens, par leur curiosité maladive, ont été témoins de scènes pour le moins suspectes et ils choisissent de se taire quand il s'agit de faire avancer l'enquête. Que Me Libman ne dise pas après ça que les Madeleine en veulent à Deperrois. Ils auraient bien sûr préféré qu'on ne leur demande rien.

Nous sommes surpris par le silence de Michel Henry. Je l'appelle. Il n'a pas lu *Le Figaro* et n'est pas au courant du ramdam. Je lui résume. Il arrive par le prochain train. Deperrois se pourvoit en cassation après le refus de sa mise en liberté. Il va encore y avoir du soufre dans l'air.

4

Interview exclusive

Michel Henry arrive au Havre le 16 avril, en milieu d'après-midi. Nous partons pour Saint-Jean. Deux journalistes viennent de quitter Corinne. Le premier se présente comme journaliste de l'A.F.-P., un pigiste en fait. Le second gars ne se présente pas. Corinne, seule et nerveuse, se débat comme elle peut. Corinne croit sans doute les impressionner en leur faisant la morale. Ce qu'elle ne sait pas encore suffisamment, c'est que ces types ne sont pas fabriqués dans le même moule qu'elle. Même dans l'embrasure d'une porte, même en se prenant une pluie d'injures, ils récoltent toujours leur nécessaire. Au besoin, ils en rajoutent. En fonction de leurs besoins, ils diront que Corinne est une bonne mère qui se bat dignement pour la mémoire de son enfant, ou que Corinne est une saleté de gauchiste en révolte contre la terre entière. L'un d'eux essaie de l'appâter en lui disant qu'il est l'auteur des dépêches publiées par *L'Humanité*, « un journal que vous lisez ». Pas de bol, Corinne n'est pas au P.C.F. comme il semble le croire. Réponse de Corinne : « Non, pas du tout. Je ne lis pas ce journal. Je n'y ai vu que quelques petits articles et ils n'étaient pas très objectifs. »

Au bout d'une quinzaine de minutes, Corinne comprend

que le second type travaille pour *Détective*. A.F.-P. / *Détective*, un charmant couple. L'union sacrée pour profiter à plein rendement de cette Cadillac du fait divers que représente pour eux cette affaire. Pendant l'été 94, le pigiste de l'A.F.-P. s'était déjà pointé avec un confrère du *Parisien* qui avait sorti illico un papier abracadabrant. Celui qui affirme que Denis mène lui-même son enquête, son ordinateur en bandoulière...

Tous les moyens sont bons pour extorquer quelques mots à Corinne. Ils tentent le coup de charme. L'un dit qu'il est heureux de trouver chez la mère d'Émilie une femme intelligente qui parle bien, que ses articles dans *Cité* sont bons. Ils savent qu'elle a des problèmes d'emploi et lui proposent de l'aider à retrouver du boulot. Si elle veut, elle pourrait même travailler pour *Détective*, un journal sérieux fait par des professionnels, une institution très honorable créée il y a fort longtemps par le grand écrivain Joseph Kessel !

Les gars tirent aussi la « corde sensible ». Ils affirment que le public pense qu'elle est une « mère indifférente » parce qu'on ne l'a pas vue pleurer à la télé. Le bon peuple réclame du sang et des larmes ! Pourquoi lui refuser ?

Corinne ne devrait pas les revoir de sitôt. Elle leur a promis un magistral coup de pied au cul de la part de Denis s'ils remettent le nez chez elle.

Malgré quelques réticences, je vais à Gruchet avec Michel Henry pour voir Jean-Michel Tocqueville. Simple formalité pour avoir la conscience tranquille. Il est tard. Il ne veut pas nous parler. Dans le fond, on s'en moque complètement. Nous savons déjà tout ce qu'il pense de Deperrois depuis longtemps. Ne connaissant pas le dossier, les « confrères » qui l'interrogent ne posent pas les bonnes questions et Tocqueville ne fait que bégayer ce qu'il a dit au *Figaro*.

Corinne reçoit subitement un déluge d'appels téléphoniques qui réagissent à une dépêche de l'A.F.-P... Tiens, tiens. Les rédactions pensent visiblement que c'est le feu vert tant attendu pour enfin recueillir les déclarations des Tanay. À reculons, je vais aux nouvelles à l'A.F.-P. Je parle alternativement avec deux copains journalistes de l'agence au Havre et à Rouen. D'emblée, je leur conseille d'écarter leur gugus de Saint-Jean s'ils tiennent à ce que l'image de marque de l'A.F.-P. ne soit pas irrécupérable dans le secteur. C'est incroyable que l'A.F.-P. puisse servir de cheval de Troie pour *Détective* ou *Le Parisien* ! Les Tanay menacent de porter plainte. Les copains de l'A.F.-P. veulent calmer le jeu et affirment aux Tanay que l'A.F.-P. n'a rien à voir avec ces journaux. Après leurs déboires successifs, les Tanay ont bien du mal à le croire.

On m'assure que la dépêche n'est pas méchante. Corinne y déclarerait que la démarche de Tocqueville est son premier soulagement depuis la mort d'Émilie, que Tocqueville a très bien agi et avec beaucoup de courage. Reparti pour Paris, Michel Henry vient aux nouvelles. Il a reçu la dépêche le 17 avril, à 15 h 03. Il était loin de se douter que cela vient du type dont nous parlions la veille. Il m'apprend que les « déclarations » de Corinne sont présentées comme une « interview exclusive » à l'A.F.-P. ! Denis est furieux parce que la formule « interview exclusive » est reprise dans la Presse havraise. Je passe un temps fou au téléphone entre l'A.F.-P. et Corinne pour tenter d'enrayer la crise. L'A.F.-P. doit présenter ses excuses aux Tanay.

Le malentendu semble réglé à midi. À 13 heures, coup de fil de Corinne. Appel au secours. « Une voiture de France 3-Normandie est stationnée devant la maison. Qu'est-ce que je dois faire ? – Tu fais ce que tu veux mais si tu sors, même pour les jeter, ça leur fera toujours quelques secondes de son et d'images. On ne connaît pas leurs intentions. Ils sont peut-être du genre mordant. » Encore les effets de cette fameuse dépêche A.F.-P. Corinne se réfugie dans sa chambre avec Maxime. Elle déambule comme une voleuse dans sa propre maison. Elle craque vers 16 heures. La bagnole de France 3 n'a pas bougé d'un pouce. Corinne essaie de me joindre. Je suis absent. Denis est bloqué au boulot. Le type de France 3-Normandie se pointe à nouveau à la porte. Corinne ouvre. Elle explique ses déboires avec l'A.F.-P. et sa ferme intention de ne plus se faire piéger. Le gars est un « gentil ». Quel journaliste se présenterait en disant qu'il est méchant et fourbe ? Le cameraman s'apprête à filmer. Son collègue le stoppe, assurant qu'il ne travaille pas en trompant les gens. Le « gentil » propose à Corinne de faire un démenti sur la pseudo-interview de l'A.F.-P. Pas bête. Corinne ne marche pas. Elle leur demande de la laisser tranquille et d'attendre Denis. Les gars repartent à 19 heures, bredouilles. Rentré chez lui, Denis les assaisonne. Le journaliste prétend tout savoir du dossier. Denis le prend mal. Quel journaliste peut se targuer de connaître le dossier ?

À Toulouse, Roger Merle n'est pas surpris par les derniers dérapages. Il en a vu d'autres. Il espère seulement que Corinne comprendra maintenant qu'on peut être courtoise tout en fermant sa porte au nez des indésirables.

5

Le client est roi

Je me lève de bonne heure pour aller acheter *Libération* du 19 avril. Comme me l'a annoncé Michel Henry, une affichette est apposée sur la vitrine du marchand de journaux comme, en principe, dans toutes les boutiques de la région : « Josacine, le rapport inédit du juge. » J'imagine que les Tanay sont sur des braises à Saint-Jean. Nous espérons que ce reportage ne va pas déclencher de nouveaux assauts. Corinne me demande de venir jouer au gorille au cas où. L'article de *Libé* est annoncé en haut de une : « Les certitudes du juge Balayn. » Le dessin de Michel Galvin qui illustre le papier est sobre. Curieusement, une nouvelle fois, la fillette représentée porte des couettes comme Émilie. Pure coïncidence. En titre : « Josacine, le rapport qui accuse Deperrois – *Libération* a eu accès à l'ordonnance du juge sur l'empoisonnement d'Émilie. » Sur deux pages, Michel reprend la chronologie des événements. Il a un sérieux avantage sur moi. Il peut citer le document d'où il tire ses sources aujourd'hui. Les lecteurs de mon enquête devaient me croire sur parole. Au passage, Michel, sans doute plus méthodique que moi, n'oublie pas de mentionner la crise de tachycardie de Jean-Michel Tocqueville, la veille du décès d'Émilie. En conclusion, Michel mouche *Le Figaro* : « On a pu croire à un rebondissement. Erreur : même si, publiquement, Jean-Michel Tocqueville soutenait l'innocence de l'accusé, il avait, depuis longtemps, fait état de ses doutes aux enquêteurs, comme *Liberté-Le Havre-Dimanche* l'avait révélé le 12 février 1995. »

Les Tanay sont soulagés. L'article de Michel leur convient. Comme d'habitude, Corinne a peur d'avoir fait quelque chose qui pourrait déplaire à Roger Merle. L'intérêt que nos chers confrères peuvent porter à cette enquête est totalement imprévisible. Tant de paramètres sont en jeu. L'actualité est chargée entre la situation dramatique du Sud-Liban et la réunion du G7 sur le danger nucléaire dans les pays de l'Est. Je me souviens de l'interview exclusive (et excellente) du sous-commandant Marcos publiée dans *Charlie-Hebdo*, fin décembre 95. Depuis des mois, des dizaines de journalistes « sérieux » cherchaient à contacter Marcos. Tout le monde faisait chou blanc. Et puis voilà que Cyran et Wolinski sont reçus à bras ouverts par le chef zapatiste au Mexique. Marcos parle et dessine pour *Charlie*, cet insupportable petit canard déchaîné. Un comble. Aucun écho dans la « grande » presse. Comme le disait avec humour quelqu'un de l'équipe de *Charlie*, notre interview du sous-commandant Marcos a fait moins de bruit qu'une crevaison sur le Paris-Dakar. C'est tout dire. Quand *Le Figaro* croit tenir un scoop, tout le monde se précipite et TF1 ouvre son 20 heures avec. Là, malgré la qualité des infos, il n'est pas du tout certain que cela passionne les foules.

Le même jour, *Le Courrier cauchois* donne une interview de Sylvie Tocqueville qui va à contresens de son mari. Quel micmac ! « Les convictions contradictoires des époux Tocqueville », titre le *Cauchois*. « Je n'ai pas changé d'avis. Je ne crois pas en l'hypothèse selon laquelle Jean-Marc Deperrois ait pu verser du cyanure dans le flacon de Josacine. Il ne peut pas être coupable d'un tel geste. D'ailleurs, il n'y a aucune preuve. Je demande au coupable de se dénoncer car quelqu'un d'autre est à sa place en prison », réplique Sylvie Tocqueville, par voie de presse, aux propos de son mari. Celui-ci maintient ses déclarations : « Je ne supporte plus qu'on dise que l'enquête a été mal faite. C'est faux, tout le monde a été entendu. C'est ma déposition qui a été à l'origine de la mise sur écoute de Jean-Marc Deperrois en racontant son harcèlement pour que je quitte mon épouse. Il était fou d'elle. Il a pu commettre un geste irréfléchi. » Me Libman, lui, s'interroge sur « l'événement qui a pu motiver ou qui est à l'origine de ces déclarations » après la fermeture du dossier.

Je passe à la rédaction de *Liberté-Le Havre-Dimanche* pour récupérer des journaux et mon courrier. En principe, il y a peu de risques de croiser du monde le dimanche. Pas de bol. Un type est collé sur un écran pour réaliser un faire-part de mariage. Il se présente : Benoît Marin-Curtoud. Amusant. C'est la première fois que je croise ce gars. B.M.-C. a fait un papier, le 20 avril, dans la Presse havraise sur « Le malaise suspect de Jean-Michel Tocqueville ». « Alors que les grandes manœuvres commencent de part et d'autre pour préparer l'opinion publique – et donc les jurés potentiels – à un éventuel renvoi devant les assises de Jean-Marc Deperrois, une information troublante vient d'atterrir sur le bureau du juge d'instruction. Elle provient de Jean-Michel Tocqueville. » Le cocu le plus célèbre de France, comme il se nomme lui-même lors des reality-shows improvisés, prévient : « Je n'ai pas du tout envie d'instruire ce dossier par voie de presse mais j'ai été exaspéré par les dernières demandes de mise en liberté et par le fait qu'on me présentait toujours comme un défenseur de Jean-Marc Deperrois. » Tocqueville a tout de même bien joué la comédie en déclamant ses mensonges en chœur avec sa femme devant les journalistes ! Quelques jours après la mort d'Émilie, les Tocqueville avaient littéralement transformé leur salon en salle de presse. Les époux s'étaient même réparti les titres pour bien faire. Jean-Michel Tocqueville ajoute : « J'ai fait deux crises de tachycardie en 1994. La première en mars, je pense qu'elle était liée au stress que je vivais à ce moment-là, et la seconde, très importante, dans la nuit du 10 au 11 juin 1994, la nuit d'avant la mort de la petite Émilie. Depuis je n'ai plus eu de malaise. » Il raconte sa seconde crise : « J'ai pris mes médicaments vers minuit (un antibiotique pour des problèmes dermatologiques et des somnifères). Presque aussitôt, j'ai ressenti un début de paralysie. C'était une crise très importante, pas du tout comme celle que j'avais subie en mars. Le Samu est venu et a diagnostiqué une tachycardie. J'ai vu récemment un ami médecin. Il m'a dit être étonné de cette crise, d'autant que je n'en ai pas eu depuis et que je ne me suis pas soigné. Avec le recul, cette deuxième crise me paraît suspecte. Je n'ai pas le droit d'aller plus loin, il est trop tard, il n'y a pas de preuves. » B.M.-C. termine : « Jean-Michel Tocqueville s'interroge : Une main criminelle a-t-elle tenté de l'empoisonner avant la tragique soirée du 11 juin ? Nul n'en saura rien car au lendemain du drame, “ sur les conseils d'un gendarme ”, précise Jean-Michel Tocqueville, “ on a tout jeté. Le sucre, la farine, les médicaments ”. C'était alors le début de l'enquête et la thèse d'un accident malheureux était dans tous les esprits. »

Je fais quelques photocopies pour Roger Merle. Mon confrère veut connaître mon opinion sur les enquêtes réalisées par la Presse havraise. Sur ce point, j'ai pu le renseigner en toute franchise : « C'est pas terrible. » Il m'annonce qu'il a en sa possession, depuis quelques mois, un « rapport de synthèse » ainsi que d'autres pièces. Et pourquoi n'utilise-t-il pas ces documents capitaux ? Parce qu'il considère que « nous » avons fait le tour de la question, moi, en février 95, et lui avec sa double page l'été dernier... Il me parle de l'écho qu'a eu l'article du *Figaro* dans sa rédaction. Il s'est fait engueuler pour avoir été « doublé » par Françoise Lemoine et TF1. S'ils suivaient un minimum l'histoire, ses patrons sauraient que les « révélations » de Tocqueville n'en sont pas. Mais un patron ne connaît que la logique du porte-monnaie. Le lecteur veut du « coup de théâtre » ? O.K. Le client est roi. Nous abordons l'histoire de la « dame aux bonbons ». Cet article délirant pondu dans la Presse havraise par Em.B. a semble-t-il été poussé par un rédacteur en chef, qui, bien que sachant cette hypothèse totalement farfelue, voulait faire « bander » les lecteurs. Ce n'est pas tous les jours qu'un canard de province peut surfer sur une affaire comme celle de Deperrois. Il s'agit de ne pas rater l'aubaine.

6

Albert Londres

Les Tanay n'ont pas eu de contact avec Jean-Michel Tocqueville après ses déclarations au *Figaro*. Nous pensions qu'il pourrait essayer de leur parler après avoir lu « l'interview exclusive » de Corinne à l'A.F.-P. reprise par la Presse havraise et *Le Courrier cauchois*. Rien.

Liberté-Dimanche n'a fait aucun commentaire sur les derniers événements. Pourtant avec les papiers du *Figaro*, de *Libé* et même de la Presse havraise, il y avait de quoi faire au moins une brève. Michel Henry m'annonce qu'une dépêche de l'A.F.-P. est tombée le 21 avril, à 23 heures. Me Libman y conteste les « révélations » de Tocqueville. Le grand avocat semble dire qu'il ne veut pas parler sur le fond pour éviter que le procès ne se fasse par médias interposés. Cocasse.

Le conflit entre les Tanay et l'A.F.-P. normande n'est pas éteint. Les excuses écrites attendues par les Tanay n'arrivent pas. Nous avons l'impression que la version de Corinne n'est pas prise au sérieux. Selon le pigiste, Corinne ment. Elle les a volontairement fait entrer chez elle en connaissance de cause. C'est faux. On me rétorque : « C'est une parole contre une autre. » Il est impossible que Corinne fasse entrer une bande de voyeurs. Du seuil de la porte, le gars a essayé de parler de la vaisselle au nom d'Émilie posée sur une étagère, des dessins d'enfants qui tapissent les murs... « C'est intéressant pour vos papiers d'ambiance bien gras ? » lui a lancé Corinne. Je veux bien qu'elle soit naïve par moments, trop tolérante, mais ce n'est pas demain la veille qu'elle fera entrer *Détective* chez elle ! Je passe un temps fou au téléphone avec les uns et les autres. Je me retrouve piégé dans un rôle ingrat. Je ne suis ni l'avocat des Tanay ni celui de l'A.F.-P.

La Presse havraise du 23 avril commente la déclaration de Deperrois que Charles Libman a balancée à l'A.F.-P. Deperrois rejette les déclarations de Jean-Michel Tocqueville. « Un témoin vient d'exposer (...) ses impressions, ses convictions à mon égard sans apporter la moindre preuve (...) si ce n'est en faisant référence aux enquêteurs dont il éprouve le besoin d'assurer la défense. (...) Construction de l'imagination, le dossier a été étalé sur la place publique en violation manifeste de ma présomption d'innocence et du secret de l'instruction. » Ce n'est bien sûr pas le genre de son avocat de plaider sur la place publique.

Le personnel de *Liberté-Le Havre-Dimanche* est en réunion exceptionnelle le même jour pour parler de « la réorganisation du journal ». Un grand moment, semble-t-il, ponctué d'un hommage ému à Robert Hersant, R.H. ou Bob pour les initiés, récemment décédé. Je n'y assiste pas. Un sixième sens me dit que ça sent le roussi. Gagné. Je suis licencié « économique » avec ma collègue Carole, amie des Tanay elle aussi. Les deux journalistes syndiqués passent d'un coup à la trappe. Bien entendu, aucun reclassement n'est proposé dans le groupe où des places vont se libérer. Voilà la signification de la menace proférée par Williatte il y a quelques mois : « Je vous prenais pour quelqu'un de responsable. Vos activités ne vont pas tarder à nuire à votre famille. » Chantage honteux clamé devant témoins. *Charlie-Hebdo* aide à avaler la pilule. La couverture du 24 avril frappe fort : « Un gross patron de presse est mort. Représailles : 100 otages seront fusillés. » Deux journalistes ont été, de fait, alignés au Havre. Je ne suis pas le seul dans le coin à avoir fait le rapprochement.

La revue *Politis* du 25 avril fait un dossier très intéressant sur la détention provisoire. Témoignages d'extaulards innocentés ou condamnés avec sursis à une peine couvrant leur détention. Interview d'un juge du Syndicat de la magistrature et d'Henry Leclerc pour la Ligue des droits de l'homme. Sujet ô combien brûlant d'actualité. Parallèlement, la presse parle de la réforme prochaine des cours d'assises où le condamné pourra désormais faire appel. Une nécessité indéniable attendue de tous. Il n'est pas normal qu'un petit larcin puisse être rejugé et pas un crime. Mais pourquoi cette réforme n'est-elle pas intervenue depuis longtemps ? Il aurait mieux valu que les données soient claires dès le départ pour les Tanay. Les échéances ne sont déjà pas très fiables. Si les règles changent en cours de route, leur désarroi va être total. Nous craignons qu'ils ne fassent des faux pas si leur attente, malmenée par des gesticulations médiatiques, s'allonge indéfiniment. Pour Émilie, ils veulent être forts. Jusqu'à quelles limites ?

Corinne pianote avec acharnement sur son ordinateur. Elle me confie une partie de ses écrits. C'est très émouvant mais, étonnamment, très réservé. Denis constate que Corinne est une « gueularde trop gentille ». Je suis d'accord. Elle s'excuse presque de dire du mal des gens qui la harcèlent. Je lui explique mon étonnement devant son écriture polie, sage, presque fade. Elle pourrait se déchaîner, se libérer, régler sur papier les comptes qu'elle ne peut pas envisager dans le réel. Non. En fait, elle attend que les moments de colère passent pour écrire. « Émilie a connu une maman calme, posée. Une mère qui cherchait toujours des solutions mesurées à chaque problème. Je ne veux pas changer. » Il y a une autre explication. Corinne n'exclut pas un projet d'édition. Elle dompte ses colères pour que Maxime ne soit pas submergé par la haine s'il découvre un jour les écrits de sa mère. Denis n'a pas la même approche. Il aimerait que Corinne soit plus violente lorsqu'elle dépeint leur milieu familial ou les réactions de supposés « amis ». Mais rien n'y fait. Elle épargne même les gens qui lui ont fait le plus grand mal, ceux notamment qui l'on chargée dans leurs dépositions. Pourquoi tant de clémence ? « Parce que ces gens ont eux aussi des enfants et je ne veux pas que ces gosses soient tourmentés à cause des fautes de leurs parents. »

La lecture du manuscrit de Corinne m'apprend encore un détail sordide venant de l'école Sainte-Geneviève de Bolbec, où allait Émilie et où enseigne la femme de Jean-Marc Deperrois. Après le drame, l'école ne voulait pas rendre les affaires d'Émilie sous prétexte que le dernier trimestre n'était pas payé ! Jésus, si tu existes, bouge-toi les fesses. Les marchands sont toujours dans le Temple... Le directeur clame aussi qu'il se serait bien passé de cette « publicité » pour son école !

Virée chez le bouquiniste pour fourguer toutes les revues, plaquettes, bouquins accumulés en trois ans dans mon bureau à *Liberté-Dimanche*. J'achète en échange deux livres pour ne pas me fâcher irrémédiablement avec le métier. Ne jetons pas le bébé avec l'eau du bain. Un titre concerne la merveilleuse et envoûtante Lee Miller, mannequin égérie du surréalisme devenue reporter photographe durant la libération de Paris et l'ouverture des camps de concentration. L'autre, *L'Homme qui s'évada* (10 / 18, 1975), est signé Albert Londres. On y retrouve le combat du journaliste en faveur de l'anarchiste Eugène Dieudonné, condamné injustement au bagne pour complicité supposée avec la bande à Bonnot. Sur la couverture, l'éditeur indique que ce livre trace la mission du journaliste : « Au lieu d'écrire ce qui plaît aux autorités, ce qu'attend le public, au lieu d'endormir les consciences, il a pour rôle de les réveiller. »

Nous quittons *Liberté* sans un mot, sans un au revoir. Pour un peu, on nous mettrait dans un charter pour nous expulser vers une destination secrète et redoutable. La direction du journal ne désinfecte pas notre bureau mais c'est tout comme. Selon les échos qui nous parviennent encore un peu, la parano est à son comble. La forteresse renforce sa défense. Williatte fait changer les serrures des portes d'entrée de la rédaction. Il y aurait de quoi rire ! Que craignent-ils ? Que l'on vienne poser des bombes ?

7

Papy Roger

Je reçois une lettre de licenciement datée du 10 mai. « Une date historique », plaisante Roger Koskas, mon avocat pour l'affaire que j'ai engagée devant le conseil de prud'hommes. Embauché un 1er mai, viré un 10 mai. Amusant.

Mon licenciement ne m'empêche pas de suivre le dossier Deperrois. Au contraire. Roger Merle vient le 14 mai à Saint-Jean avant d'aller plaider à la chambre d'accusation de la cour d'appel de Rouen pour le renvoi, ou non, de Deperrois devant les assises. Je suis là. Nous mangeons en attendant fébrilement son arrivée. Corinne prépare un manuscrit pour lui remettre en main propre. Dernières vérifications. Elle se souvient qu'elle lui a envoyé un jour une vidéo où devaient être enregistrés des extraits de journaux télévisés. En fait, Merle s'est retrouvé avec un bout de western... Ce souvenir nous permet de rire cinq minutes. Il faut maintenir le moral. Parfois, Corinne se surprend à chanter. Elle en est presque gênée. Denis la rassure : « Il faut chanter. Pour Maxime, nous sommes obligés de chanter. » « Papy Roger », comme le présente Corinne au bébé, arrive finalement très énervé. Il ne pensait pas mettre autant de temps. Denis et Corinne ont fait le grand ménage pour accueillir leur hôte. Lavage de carreaux, tonte de la pelouse, renouvellement des pétales de pot-pourri et accrochage de posters jusqu'à la dernière minute. Malgré cela, le père Merle regarde de travers les murs en briques et la toiture inachevée. « Il faudrait arriver à faire tout ça pour que les journalistes ne disent plus que la maison n'est pas encore finie », lance-t-il à un Denis heureux de lui apprendre que la couverture est attendue pour bientôt. L'invité ne prend pas de café – « Je suis assez énervé comme ça » – et ne fait pas honneur à la tarte à la rhubarbe préparée par Corinne.

Par téléphone, Michel Henry nous annonce que Deperrois présente une huitième demande de mise en liberté. Corinne est en colère. Toutes sortes de rumeurs circulent dans la région. Pour certains, Deperrois va être libéré demain, par exemple... Corinne s'emporte : « Je ne comprends pas la stratégie de Libman. » Roger Merle vient justement d'écrire un papier pour la *Gazette des tribunaux* sur le sujet. « Les journalistes nous interrogent souvent sur notre stratégie. Nous n'avons pas de stratégie. Un procès n'est pas un jeu d'échecs ou une partie de poker. Il n'y a aucune stratégie. Il y a tout au plus de la gymnastique. C'est tout. Pourquoi êtes-vous énervée ? Il n'y a pas de quoi. » Roger Merle rappelle une nouvelle fois, longuement, que Deperrois est présumé innocent. Mais la précaution habituelle est complétée par une petite phrase tranquillisante pour les Tanay : « Je ne serais pas venu plaider si je n'avais pas été convaincu intimement de la culpabilité du suspect n° 1. » La partie s'annonce difficile. Selon Merle, la presse parisienne n'arrive pas à croire Deperrois coupable. Son portrait ne colle pas à celui d'un assassin. « Y a-t-il un portrait-robot d'assassin ? » Merle se borne à sourire à ma remarque. Le fait que Deperrois ait été scout, sportif, notable, chef d'entreprise joue évidemment plutôt en sa faveur. Un tel type ne devrait pas avoir l'idée d'empoisonner son rival !

Installé sur le canapé, Merle, petit homme vif, jette des coups d'œil furtifs sur la pièce. Corinne installe Maxime à côté de son invité pour faire une photo. Le « maître » se prête au jeu avec gentillesse mais sans trop de zèle. Il demande si Émilie avait aussi les yeux bleus. « Non, ils étaient bruns. » Roger Merle met alors ses lunettes et regarde attentivement chaque photo exposée sur la table. En passant devant le fauteuil couvert de poupées, il demande si elles appartenaient à Émilie. « Oui, elles sont toujours là », répond Corinne. Les Tanay emmènent leur avocat à l'étage pour faire visiter la chambre qu'Émilie avait imaginée. Merle se rend compte que les fenêtres des chambres ont beaucoup de vis-à-vis. De quoi tenter les apprentis voyeurs du voisinage.

En partant, Merle dit : « Vous penserez à moi demain. »

Roger Merle téléphone de Rouen aux Tanay pour annoncer qu'il faut craindre un complément d'information. Il se peut que la justice veuille réentendre Jean-Michel Tocqueville et refaire des analyses d'eau. Merle apprend cette possibilité en parcourant le palais. Corinne a eu plus ou moins les mêmes échos en écoutant Radio France-Normandie. Il y a de fichues « fuites » par moments... Elle explose : « Y en a marre ! Il est bien gentil notre avocat avec ses belles consignes. Je veux bien dire que nous n'avons pas d'hostilité envers Deperrois, que nous avons confiance dans la justice, mais cela ne va pas durer indéfiniment. On va se mettre à douter sérieusement de la justice. »

La confirmation du complément d'information nous

arrive le 15 mai, à 22 h 30. Roger Merle prévient les Tanay. Merle et Libman se sont opposés ensemble à cette idée de complément d'enquête. Tocqueville ne sera pas entendu parce que ce n'est pas nécessaire mais les eaux de Gruchet et de Saint-Jean seront à nouveau analysées. Merle et Libman demandent que le juge Balayn soit à nouveau désigné. Les deux parties sont d'accord pour aller vite. Ils font tous les deux des déclarations à la presse. Nous verrons le résultat chez mes chers confrères.

Réveil en fanfare le 16 mai. Corinne au bout du fil. Galzain a encore frappé. Corinne, en pleurs, explique que le rédacteur en chef de Radio France-Normandie-Rouen les accuse implicitement d'avoir assassiné Émilie... J'ai du mal à rassembler mes idées. Il arrive aussi que Corinne s'emballe un peu vite. Roger Merle est déjà intervenu plusieurs fois pour la rassurer. J'attends midi pour juger par moi-même. Magnétophone branché. Je ne suis pas déçu. Un très grand moment de désinformation. On pourrait croire que *Détective* a squatté la fréquence de Radio France. Extraits choisis : « Les juges demandent que l'on analyse l'eau distribuée dans le canton de Bolbec, là où habitent tous les acteurs du drame, notamment la famille de la victime, la famille Tanay. (...) En faisant analyser l'eau du robinet les juges ouvrent une autre piste. (...) Un changement de cap que l'avocat des parents de la petite Émilie n'approuve pas, loin s'en faut. ». Galzain note au passage la « légèreté du dossier dénoncée depuis le début par Charles Libman ». Un vrai festival. Le poète Armand Robin appellerait cette diarrhée « la fausse parole ». Où Galzain, propagandiste de Me Libman, a-t-il vu que le dossier allait être rouvert ? Où a-t-il vu que les juges ouvrent une nouvelle piste ? Où a-t-il vu un changement de cap ?

Les dérapages de ce Galzain font mouche. Nous testons aussitôt les réactions à Saint-Jean. Les gens peu au courant du dossier sont désorientés. Qui croire? Les Tanay songent sérieusement à porter plainte pour diffamation. En vérité, Denis pense plus exactement à foncer sur Rouen pour casser la gueule à Galzain. Je vois la violence des Tanay grossir comme une bouteille de gaz prête à péter. Galzain, avec ses formules, est suffisamment subtil pour ne pas accuser les Tanay ouvertement. Tout son reportage conduit à ce résultat mais un tribunal jugerait que la diffamation n'est pas flagrante. Ce qu'il dit reste abstrait. Il faut aussi se méfier des provocations.

Corinne est furieuse d'être à nouveau privée de riposte. Denis, blanc de rage, fume cigarette sur cigarette. « C'est dégueulasse. Tu as été condamné alors que tu disais la vérité et personne ne dit rien à ce dingue qui raconte n'importe quoi », me répète inlassablement Corinne.

8

La cellule infecte du deuil

Maxime est enrhumé. Corinne donne pour la première fois des médicaments à son fils. Moment redoutable et redouté. Des amis passent apporter des photos de la nouvelle petite famille Tanay au complet. Flash-back dans la tête de Corinne. Les clichés lui rappellent trop la naissance d'Émilie. Pleurs.

Michel Henry ne comprend pas trop ce qui se passe dans la presse. Je lui résume le reportage de Radio France-

Normandie-Rouen. Il est soufflé : « Ils sont fous. » La Presse havraise du 16 mai titre sur le complément d'information voulu par la chambre d'accusation et martèle en donnant la parole à Me Libman : « Nous avions raison de dire que tout n'avait pas été fait dans ce dossier et que, sur le fond, des failles avaient été relevées dans l'instruction. » Plus discrètement, au détour d'une phrase, le lecteur apprend que la huitième demande de mise en liberté est rejetée. *Le Parisien / Aujourd'hui* du 17 mai reprend la thèse défendue par R.F.N.R. : « Déjà passablement embrouillée, l'affaire de la Josacine vient encore de se compliquer avec le dernier rebondissement en date. » Selon les propos de Me Libman reproduits par M.D. : « Le parquet général a requis que l'on fasse une analyse dans la commune toute proche où habite la famille Tanay, c'est-à-dire les parents de la victime, et c'est à cette demande que la chambre d'accusation a accédé. Des dissensions étaient en effet apparues au sein de la famille Tanay, mais le juge et les gendarmes ont écarté cette piste. » Et pourquoi a-t-elle été écartée ? Parce qu'elle ne menait à rien ! *Aujourd'hui* continue : « Me Libman doute cependant que de nouvelles analyses puissent prouver quoi que ce soit. " J'ai produit une lettre du président du Syndicat intercommunal de distribution d'eau. Il explique que les installations de pompage sont à 400 mètres l'une de l'autre et qu'elles ont vraisemblablement la même nappe phréatique ", annonce-t-il. » Quatre lignes du *Courrier cauchois* du 18 mai ajoutent une couche. Pour lui c'est uniquement l'eau de Saint-Jean, « où résidait Émilie », qui va être analysée.

L'A.F.-P. de Rouen perd son latin aussi dans cet imbroglio. Patrick Kamenka se demande quelle mouche à piqué R.F.N.R. Il se surprend à douter de lui et de sa dernière dépêche. « Je comprends maintenant ce que tu voulais me dire quand tu parlais des journalistes qui soutiennent

Deperrois. C'est incroyable ! Nous n'avons pas à le soutenir ou à l'attaquer. Il suffit de faire notre boulot. » Les relations avec l'A.F.-P. se raccommodent peu à peu, notamment grâce à mes déboires avec *Liberté-Dimanche* ! Patrick Kamenka, responsable S.N.J.-C.G.T. pour la région, nous apporte un soutien non négligeable dans notre action dans la perspective d'un règlement devant les prud'hommes. Les Tanay restent encore en retrait. Les fourberies du pigiste ne sont pas digérées. Mes relations avec Patrick se limitent donc au social pour le moment.

Journées agitées. Je mène en parallèle deux combats éprouvants. Celui engagé aux côtés des Tanay ne répond à aucune règle apprise dans nos luttes précédentes. Celui du chômeur en colère retrouve des chemins plus conventionnels, même si nous subissons le boycott total de la presse régionale. Tous les journalistes locaux, même les syndiqués, semblent tétanisés par ce qui se passe à *Liberté-Dimanche*. Heureusement, des soutiens affluent de toute la France. Les sections ou des militants S.N.J. et S.N.J.-C.G.T. de *Var-Matin*, du *Courrier de l'Ouest*, des *Dernières Nouvelles d'Alsace*, de France 3, du *Patriote*, du *Progrès*, de R.F.O., de *La Montagne*, de *La Nouvelle République du Centre-Ouest*, de *L'Est républicain*, du *Quotidien de la Réunion*, notamment, se bougent le train en envoyant fax et lettres de soutien. Au Havre, les premières réactions viennent de la C.G.T., des Verts, de A.C. ! et de Ras l'Front.

La tempête médiatique passée, Denis grimpe sur son toit pour terminer ses travaux. Je l'aide à monter quelques tuiles sur l'échafaudage. Corinne trouve leur couleur grise pas très jolie. Denis s'en moque. Nous imaginons ce que diraient des journalistes s'ils passaient dans le coin. Le dernier article du *Figaro* est encore dans les mémoires. Corinne et Denis le récitent en chœur. Denis se marre. « Je ne suis plus maçon, je suis couvreur. Il va falloir qu'ils révisent leurs fiches ! » On s'amuse avec ce que l'on peut. Quant aux « rentrées financières », Corinne sait qu'il y aura bien des mauvaises langues pour trouver une noire explication à l'achat des tuiles. Depuis les « rebondissements », Saint-Jean est à nouveau choyé par toutes sortes de voyeurs. Ils passent en groupe, en famille, discrètement ou non. Les uns viennent à pied du village. D'autres garent leur voiture à quelques mètres. Les plus documentés désignent du doigt, sans aucune gêne, les lieux à leur auditoire. Nous nous retenons pour ne pas aller distribuer des paires de taloches.

Malgré ce nouveau passage difficile, il est clair que les Tanay vont encore ravaler leur rage et rester irréprochables. Harcelée encore et toujours, Corinne doute parfois de leur avocat. « Pourquoi ne parle-t-il pas plus ? » « Pourquoi n'est-il pas plus présent ? » Derrière ces questions, je pense qu'elle s'adresse plus à « Papy Roger » qu'à son avocat, « Me Merle ». La demande affective est grande. Merle est devenu à la fois le défenseur et un membre de la famille bien plus proche que les membres de la vraie famille. Quand elle déprime, Corinne se sent aussi lâchée par la justice. « Elle s'en fout de nous maintenant. Elle a fait son boulot et aujourd'hui elle n'a plus besoin des Tanay. On sait que le procureur dit à des gens que nous agissons comme il faut, mais pourquoi il ne décroche jamais son téléphone pour nous le dire lui-même ? Ça nous aiderait dans les moments difficiles comme ceux que nous revivons en ce moment. » On parle souvent de l'indispensable réinsertion des délinquants. Qui se souciera de la réinsertion des victimes, de leur suivi psychologique notamment. La survie des victimes dépend trop d'elles-mêmes et d'aléatoires soutiens familiaux ou amicaux.

Pour me purger, je lis avec enthousiasme *L'Homme qui s'évada*. Parlant d'Eugène Dieudonné, Albert Londres dit en conclusion : « Un homme, après quinze ans de bagne, a besoin de ressusciter ; j'aidais à ce miracle. » Belle idée que ce métier de journaliste puisse « aider » des hommes. Très modestement, je situe ma démarche dans cette voie. Perdre un enfant enferme également des gens dans un bagne atroce, un bagne sans barreau qui inocule des souffrances pire que des fièvres. Outre la volonté de faire mon travail, mes articles n'avaient pas d'autre souci que d'aider les Tanay à « ressusciter ». Pour moi, ce sont bien les Tanay, et non pas Deperrois, qui vivent en cellule. Ils sont enfermés dans la cellule infecte du deuil. Une des pires. On ne s'en évade pas. Leur prison les suit même lorsqu'ils sont en plein soleil.

9

Crottes de crocodile et moustaches de tigre

La Presse havraise du 21 mai donne du « rebondissement » en titrant : « La Josacine en eaux troubles. » « L'affaire de la Josacine empoisonnée navigue dans des eaux de plus en plus troubles », assure B.M.-C. Les tournures de B.M.-C. peuvent prêter à confusion. Exemple : « Une solution d'eau de ville et de cyanure avait été préparée au moins douze jours avant puis versée dans le flacon préparé par Corinne Tanay. » Quand on sait que les lecteurs, plus ou moins pressés ou illettrés, ne lisent qu'un mot sur quatre en diagonale, on imagine ce que cette phrase peut vouloir dire. La répétition du mot « préparé » (avec ou sans e) pour deux opérations distinctes (l'une concernant le mélange mortel, l'autre la Josacine) peut favoriser un raccourci. On va analyser « l'eau du robinet des parents et des grands-parents d'Émilie », à Saint-Jean. O.K. Tout le monde semble croire que c'est un « rebondissement ». Agaçant. Comme si tout ce qui touche à la vie des Tanay n'avait pas été systématiquement passé au crible des enquêteurs. Les canards renforcent la thèse de Charles Libman qui assure depuis des mois que seule la piste de Deperrois a été suivie « par défaut ». Personne n'explique à quel point les Tanay ont été sur le gril entre leur garde à vue, la saisie de documents, d'effets, les écoutes téléphoniques qui ont duré longtemps après l'incarcération de Deperrois, puisqu'elles ont été suivies jusqu'en janvier 95. Pour ce qui concerne l'eau de leur robinet, personne ne dit qu'elle a déjà été analysée en temps voulu.

Roger Merle reste étonné par le complément d'information. Il pense que les suites de l'affaire Omar Raddad et les débats en cours sur la réforme des assises ont pu influer sur cette demande. La peur d'une erreur judiciaire hante les esprits. Merle rappelle que le second suspect était tout de même le père de Denis. Je sens Corinne bouillir. Il est prouvé que le père de Denis ne s'est pas procuré de cyanure, que le cyanure incriminé est bien celui commandé par Deperrois. Là où il est, personne ne pourra faire dire grand-chose à Maurice Tanay. Le vieux est maintenant mort et enterré. Au passage, Merle signale que le président du tribunal félicite les Tanay pour leur dignité.

Les laboratoires Bellon, fabricants de la Josacine, font un pourvoi en cassation. Le parquet n'accepte pas qu'ils se portent partie civile. Personne ne relève cette info.

Je suis plongé dans le livre de Roger Merle, *La Plume et la Parole* (Cujas, 1993). Certains chapitres du livre sont très utiles pour se préparer au procès. Les impressions d'audience saisies lors du procès des anesthésistes de Poitiers (où Roger Merle défendait le professeur Mériel) sont, par exemple, riches en enseignements. Manipulations en tous genres, ballet d'experts, scoops bidon, états d'âme de l'avocat entre ivresse et stress... Curieuse cérémonie que Merle compare à une corrida : « Comme le matador qui étudie le toro avant la course, l'avocat scrute les jurés qui viennent de prêter serment », ou a un combat de catch : « Le corps à corps avec les avocats de la défense est exténuant. »

Merle dissèque tous les acteurs, notamment les avocats. En tant que bâtonnier, il a eu tout le loisir d'étudier les « as » du barreau, les « sceptiques », les « vieux lions », les « tartuffes », les « sarcastiques », les « grenouilles de bénitier », les « pleurnichards », les « ingénus », les « dialecticiens » comme il les appelle lui-même. Il évoque aussi les subtils rapports de force entre les avocats, les juges et les magistrats instructeurs. Les clients, « cigales », « fourmis » ou « abeilles », sont l'objet de portraits amusants. Merle a un talent remarquable pour croquer en quelques lignes ces gens qui tombent des nues parce qu'on leur demande des comptes après un vol ou même un homicide. Il y a aussi tous ceux qui font dire des messes pour assurer le succès de leur procès. Ceux qui se sentent poursuivis par le Diable, prêts à confectionner toutes sortes de philtres à base de poils de pubis féminin, de crottes de crocodile ou de moustache de tigre en poudre pour éloigner le Malin...

Roger Merle m'écrit le 23 mai. Il a bien reçu l'enregistrement du reportage de Radio Normandie et constate froidement : « Bien entendu on a coupé à dessein ce que j'avais déclaré en présence de mon confrère Libman, et on a commenté dans un sens favorable à Deperrois le supplément d'information ordonné par la chambre d'accusation. Je pense que ces journalistes auront une déconvenue lorsque la nouvelle expertise sera déposée. Mais M. et Mme Tanay doivent continuer à ne rien dire. » Selon lui, l'histoire du complément d'information devra être évacuée d'ici fin juin.

10

À force de côtoyer le monstre

La cigarette aux lèvres, Denis tente de se rassurer : « Les expertises demandées ne vont rien donner. Elles ne servent à rien. Les charges contre Deperrois restent les mêmes. » C'est toujours Molinaro, de l'I.R.C.G.N., qui fait les analyses. Il a cinq semaines pour mener à bien son étude. Des prélèvements d'eau viennent d'être effectués chez les Tanay, chez les parents de Denis et à la pharmacie de Gruchet.

Je lis le dernier recueil de l'ami Abdellatif Laâbi, *Le Spleen de Casablanca* (La Différence, 1996). Je tombe sur un passage qui me parle immédiatement :

À force de côtoyer le monstre
l'odeur du monstre
te colle à la peau.

Chacun se frotte à ses propres monstres. Ceux qui rôdent autour de nous puent abominablement.

Un dimanche de juin à la campagne. Belle chaleur. Denis tond son gazon. Je l'aide à ramasser l'herbe. Coup de soleil et mal au dos en prime. Le jardin est toujours l'occasion de parler d'Émilie. Denis sort des herbes folles un petit chêne planté par la petite. Corinne parle des fleurs semées pour les bouquets qu'Émilie aimait offrir à sa maîtresse. Le bêlement des moutons dans le champ rappelle aussi les peurs de la fillette face à ces grosses peluches nerveuses.

Corinne reçoit parfois la visite de gamines de Saint-Jean. Passant devant la maison, elles viennent « se laver les mains ». Bravade d'enfant ou espionnage commandé ? Corinne leur propose un goûter. La plus âgée prend peur. Elle ne peut s'empêcher de demander si la crème au chocolat des tartines n'est pas empoisonnée. Une réaction qui en dit long sur les colportages en circulation dans les chaumières de Saint-Jean. Incroyable. Chaque tentative pour aller vers les autres est soldée par une nouvelle déception. Les gendarmes sont venus en fourgon pour les prélèvements d'eau. Pas très discret. Pourquoi n'allument-ils pas sirène et gyrophare pendant qu'ils y sont ? À cause d'une machine à écrire défaillante, les enquêteurs restent un bon moment dans la maison. Corinne regarde sa montre en se disant qu'il n'en faut pas plus pour raviver les ragots dans le bled.

Les Tanay se plongent dans le mémoire ampliatif préparé pour Deperrois à l'appui du pourvoi en cassation formé à l'encontre de l'arrêt rendu par la chambre d'accusation de Rouen le 10 avril. « POUR : Jean-Marc Deperrois

CONTRE : 1°) Le ministère public

2°) M. Tanay

3°) Mme Tanay

4°) Laboratoire Bellon »

Les Tanay sursautent en constatant qu'ils se retrouvent dans la position d'accusés. Le monde à l'envers. La première contestation s'adresse au procureur de la République qui n'aurait pas suivi les prescriptions de l'article 175 du

Code de procédure pénale en ne respectant pas le délai d'un mois après transmission du dossier par le juge (le 8 janvier 1996) pour adresser ses réquisitions. La détention provisoire de Deperrois se serait donc poursuivie de manière irrégulière. Suivent dix feuillets très indigestes rédigés dans un jargon somnifère. À déconseiller aux personnes affligées de digestions difficiles. Dix feuillets pour démontrer que la détention provisoire de Deperrois a dépassé une durée « raisonnable ». Le dossier soutient que le prévenu, marié, directeur d'une entreprise, ne cherchera pas à se soustraire à l'action de la justice. On assure aussi qu'il ne cherchera pas à faire pression sur Alain Bodson ou sur les Madeleine. Contre ces derniers : « On observe que M. Deperrois a déposé une plainte pour faux témoignage, ce qui démontre qu'il s'en remet à la justice sans compter, bien entendu, sur des pressions ou menaces. » L'avocat Jacques Bore fait enfin remarquer que l'âge de la victime et le retentissement médiatique de l'affaire ne sont pas des éléments qui risquent de troubler l'ordre public. En conséquence, il faut relâcher Deperrois au nom d'articles du Code de procédure pénale et de la Convention européenne de sauvegarde des droits de l'homme qui ont été violés. Les Tanay ont un pincement au cœur quand ils entendent que Deperrois veut se placer sous la protection de la Convention européenne de sauvegarde des droits de l'homme.

Appel inquiet de mon ami Olivier Tarabo. La compagnie Rosa Crux qu'il dirige a aussi des ennuis avec *France-Soir*. Quel que soit le domaine, les coups médiatiques ne finiront donc jamais ! J'en ai assez que mes amis les plus proches soient ainsi bousculés par la presse. Suite à la profanation d'une tombe par de jeunes imbéciles dans le cimetière de Toulon, *France-Soir* du 13 juin donne la parole à un cureton exorciste qui dénonce « les vrais responsables » des cultes sataniques : les groupes de « rock décadent »...

La pochette du disque de Rosa Crux est reproduite dans le journal à côté d'autres groupes. Depuis des mois, j'essaie de faire passer des articles sur les expérimentations musicales de Rosa Crux, qui n'a rien d'une secte, dans la presse « branchée » ou non. Chou blanc. Je ne m'imaginais pas que le groupe prendrait place dans la rubrique des faits divers ! J'appelle Patrick Kamenka pour qu'une dépêche A.F.-P. redresse la barre autant que possible.

Patrick ne peut venir au home-studio de Rosa Crux. En tant qu'attaché de presse (bénévole) de Rosa Crux, je lui faxe un communiqué signé de mon nom et l'interview d'Olivier se fait par téléphone. Un photographe est envoyé au studio. Il arrive... accompagné par le fameux pigiste de l'interview « exclusive » de Corinne. Surprise. Olivier connaît l'histoire. Il est sur ses gardes. Le pigiste ne m'a jamais vu. Je connais son visage pour l'avoir croisé une fois. Olivier reste discret sur les présentations. Je participe à l'interview incognito. Première question du pigiste : « Que vient faire Pascal Colé dans votre affaire ? » Il nous faut une bonne dose de sang-froid pour ne pas éclater de rire. Devant la méfiance affichée d'une musicienne du groupe, le pigiste tient à préciser qu'il vient bien travailler pour l'A.F.-P. Précision utile. Question suivante : « Comment expliquez-vous le geste des profanateurs du cimetière de Toulon ? » Olivier n'en sait fichtre rien. Comment le saurait-il ? Deux heures d'interview alors qu'il n'est en principe question que d'une simple séance photo. Dialogue impossible entre la rubrique culturelle et les « faits div. ». Imaginons ce qu'aurait donné une interview d'Antonin Artaud sur le Théâtre de la cruauté faite par un lascar des faits divers... Plus tard, dans le bureau de l'A.F.-P., Olivier Tarabo s'explique sur l'ambiance pesante que le studio a connue pendant le passage du pigiste. Comment avoir confiance dans un type qui fréquente *Détective* ? Comment avoir confiance en des types qui proposent de faire des photos dans un cimetière? Sachant que je suis à l'origine de la méfiance, le pigiste explique qu'il ne comprend pas pourquoi je m'emballe tant pour l'affaire de la Josacine. Il évoque ses rencontres avec Denis (en compagnie du *Parisien*) et Corinne (en compagnie de *Détective*). Selon lui, pas de quoi en faire un plat... Il sait que les Tanay attendent ses excuses. Les choses en restent là.

Le pigiste de l'A.F.-P. revient dans une conversation avec Patrick Kamenka. Laïus de mon camarade syndiqué pour m'expliquer le difficile-statut-de-pigiste-qui-doit-bosser-où-il-peut-pour-vivre. Je connais la musique. Bien qu'aujourd'hui chômeur jusqu'à la moelle, je ne suis pas en état d'entendre ce genre d'arguments.

Je lis un beau petit livre sur l'ami Blaise, *Pour saluer Cendrars* (Actes Sud, 1987). L'auteur, Jérôme Camilly, était journaliste à Antenne 2. Journaliste et passionné de Cendrars. Tout arrive. Heureusement. Le livre est truffé de photos de Robert Doisneau. Déclarations du journaliste Cendrars : « Il ne s'agit pas d'être objectif. Il faut prendre parti. » Et puis : « L'action seule libère. Elle dénoue tout. »

11

L'énergie du désespoir

Détective du 27 juin publie une « Lettre ouverte à J.M. Deperrois » signée « La rédaction ». Nous avions entendu dire que Charles Libman avait allumé un journal. Nous ne savions pas lequel. C'est *Détective*. Une légende photo disait que des témoins avaient vu Deperrois entrer chez les Tocqueville le jour du crime. « Nos lecteurs auront évidemment rectifié d'eux-mêmes, puisque dans tous nos précédents articles, nous signalions qu'à en croire ce même témoignage – témoignage contesté, du reste, par votre défense –, ce n'est pas le jour du crime, mais bien deux semaines plus tôt qu'on vous a vu entrer dans la maison... » Soulignant que Me Libman avait déjà eu l'occasion de rectifier ce point dans ses colonnes, la rédaction de *Détective* pousse le bouchon encore un peu plus loin. « Il n'empêche. À l'heure où vous avez besoin de toute votre énergie pour vous défendre, nous tenons à vous présenter ici publiquement des excuses, afin que l'erreur soit définitivement réparée, et l'ambiguïté levée. Sachez, monsieur Deperrois, que nous suivrons votre procès avec le même souci de vérité et de justice qui nous a toujours animés. » Ces précisions sont inutiles. Le début de la « Lettre ouverte » rappelle l'objectivité du journal : « Nous n'avons pas cessé de dire à quel point, pour ce qui est des éléments portés à notre connaissance, les charges retenues contre vous nous semblaient légères. Tout au long de l'instruction, nous avons donné la parole à vos défenseurs, à vos parents, à vos amis, à tous ceux qui croient en votre innocence. Votre affaire est même devenue pour nous un symbole, l'exemple type de ces détentions dites provisoires et qui risquent d'aboutir à une erreur judiciaire. » J'enrage de voir la bannette *Détective* posée bien en évidence chez les marchands de journaux. En faisant la queue, les gogos lisent un titre accrocheur style « Votre enfant est peut-être un fils du ciel » ou « 2 millions au bout de l'hameçon » et piochent machinalement dans le tas. Le poisson est pris.

Dans la même veine, *Ici-Paris*, le 24 juillet, consacre deux pages à l'affaire. Rubrique « Les mystères de l'été ». Ce n'est pas un scoop mais il ne faudra pas trop compter sur *Ici-Paris* pour dénouer « l'insondable énigme ». Les fins limiers ont découvert que Deperrois utilisait du cyanure à des fins professionnelles. Ils mélangent gaillardement le 11 juin 1994, jour de la fête médiévale de Gruchet et de la mort d'Émilie, avec le 29 mai 1994, date de la kermesse de l'école Sainte-Geneviève de Bolbec et jour où les Madeleine ont vu Deperrois pénétrer chez les Tocqueville muni de gants en latex. En toute logique, ce nouveau méli-mélo devrait occasionner quelques ennuis au canard de la part de Charles Libman. Après celles de *Détective*, on peut s'attendre à lire les excuses d'*Ici-Paris*. Enfin, entre autres bourdes, *Ici-Paris* prétend également que les parents d'Émilie se sont prononcés en faveur de Deperrois. Quelle misère. On peut difficilement oublier qu'il y a des milliers d'écervelés qui lisent ça à Bolbec comme partout.

Le chantier avance assez vite à Saint-Jean. Le toit et la terrasse sont finis. Denis est engagé dans des travaux herculéens pour terminer leur maison avant la fin de l'été et la mettre en location. Un seul objectif : fuir ce maudit bled. Il déménage les meubles, repeint les pièces, coule du béton, pose du carrelage et de la moquette. Seul, ou presque, jusqu'à parfois une ou deux heures du matin. Ses collègues le trouvent fatigué au boulot. Et pour cause. Parfois, il ne peut s'empêcher d'insulter un pécore qui passe sous sa fenêtre. Nerfs à vif. Je suis impressionné par l'énergie qu'il dépense. L'énergie du désespoir, comme dit ma compagne.

Difficile de savoir si le procès aura lieu en 96 ou en 97. Différentes hypothèses sont avancées. L'option 97 n'arrange pas Roger Merle qui compte partir à la retraite. Les Tanay n'envisagent absolument pas de changer d'avocat si près du but. Denis et Corinne n'en peuvent plus. Ils préviennent : « Jusqu'à présent, nous avons respecté les consignes de calme mais nous en avons marre. » Ils prévoient d'accorder une véritable interview à *Libération* en novembre si rien ne bouge d'ici là.

Corinne jette un œil sur les notes que je prends sur l'affaire. Elle découvre les conversations que j'ai pu avoir avec les uns ou les autres. Elle est très troublée par mes observations sur leurs réactions « asociales » quelques mois après le décès d'Émilie. Corinne veut toujours donner une image raisonnable, modérée. Elle n'a pas à avoir honte de leurs moments de grande colère, de grand désarroi. Qui pourrait leur en vouloir d'avoir parfois malmené le code de la route et quelques « bons » usages dans les pires moments de leur émotion ? Notre discussion réveille des souvenirs douloureux. Corinne se souvient être entrée un jour dans le bureau du juge complètement effondrée. « Faites-moi la promesse d'aller jusqu'au bout s'il m'arrivait quelque chose », lance-t-elle au juge interloqué. Balayn lui répond, surpris : « Tout d'abord, bonjour madame. Entrez. Mais vous allez où ? » Corinne répète sa supplique : « Si jamais il m'arrivait quelque chose, promettez-moi d'aller jusqu'au bout pour trouver qui est l'assassin d'Émilie. » Même si Christian Balayn a fait semblant de ne pas comprendre, il est clair que le « voyage » auquel Corinne faisait allusion n'avait rien d'une balade d'agrément. Selon Corinne, leur tête-à-tête a duré longtemps, peut-être deux heures. Qu'est-ce que le temps en pareilles circonstances ? À la fin, le juge lui a dit : « Maintenant, rentrez chez vous. Votre mari a besoin de vous. » En ressortant du tribunal, Corinne avait récupéré suffisamment de forces pour survivre une nouvelle fois.

J'ai la surprise de croiser la brigade de recherche du Havre le 18 juillet à Saint-Jean. Nouvelles expertises d'eau. Les Tanay sont informés la veille par la gendarmerie de Bolbec. Le juge Balayn demande de nouveaux prélèvements. Au fil des expertises, il semble que l'on retrouve constamment du zinc dans l'eau d'I.T.I., l'entreprise de Deperrois. L'eau d'I.T.I. serait ainsi « marquée ». Un élément qui pourrait devenir une sérieuse preuve à charge. Le juge fait faire des prélèvements chez les Tanay, chez les parents de Denis, chez I.T.I., chez Deperrois. Cela va jaser ce soir dans les chaumières. Après avoir placé leur matériel dans la cuisine, les gendarmes viennent chercher Corinne dans le salon pour qu'elle assiste à l'opération. Nadja m'accompagne. Difficile d'expliquer à une enfant pourquoi les gendarmes viennent prendre de l'eau chez des amis. Pendant que les gendarmes travaillent, Corinne se rappelle les perquisitions qui ont eu lieu chez elle et chez leurs amis. Chez eux, les gendarmes ont été méthodiques mais corrects. Corinne se souvient en revanche de l'état de la maison de leurs amis après le passage des pandores : « Comme dans un film policier. » Coussins retournés et dépouillés, W.-C. sondés de la chasse d'eau au siphon, courrier et archives éparpillés. Pour aller pisser, leur copine a dû laisser la porte des W.-C. ouverte. Le grand jeu. Leur ami traîne derrière lui une vieille histoire de drogue et de prison. Passé chargé jusqu'alors inconnu des Tanay.

Hormis la rage de dents de Maxime, l'opération se déroule bien entendu dans le calme chez les Tanay. Des scellés sont posés sur un robinet. Interdiction de tirer de l'eau par là. L'eau a besoin de stagner un certain temps dans les tuyauteries pour révéler toutes ses composantes. Denis est inquiet à cause du retard que cela pourrait occasionner. Il ne faut plus attendre le procès avant le premier trimestre 1997.

La Presse havraise annonce, le 13 août, une nouvelle demande de mise en liberté. La neuvième. L'avocate rouennaise de Deperrois, Marie-José Trinité-Confiant, fonde sa démarche sur le fait que les experts ont déposé leurs conclusions sur les analyses d'eau demandées par le parquet général de Rouen. L'article dit : « Au moment du drame, Émilie se trouvait au domicile de sa baby-sitter, Sylvie Tocqueville, que les gendarmes soupçonnent d'avoir été la maîtresse de Jean-Marc Deperrois. » Combien de fois faudra-t-il leur dire que cette femme n'est pas la baby-sitter d'Émilie ?

Les Tanay reçoivent la visite de France 3 le midi. Le journaliste veut savoir quel rapport il y a entre les Tanay et les Deperrois. Denis, qui refuse toujours d'être filmé, répond qu'il n'y en a aucun sinon la mort d'Émilie. Quel est le sens de la question ? Le journaliste pique Denis au vif en prétendant que l'on continue de dire qu'il soutient Deperrois. Ruse pour avoir du son ? Si c'est le cas, c'est gagné. Denis lâche qu'il est persuadé que Deperrois est bien l'assassin de sa fille. Un scoop. Le journaliste aurait pu demander aussi s'ils connaissaient Deperrois. Denis leur aurait dit qu'ils n'avaient aperçu qu'une fois cet individu. C'était à Bolbec, le 29 mai 1994, à la fameuse kermesse de l'école Sainte-Geneviève. Alors qu'ils sortaient de l'école, Deperrois leur a simplement dit : « Bonne fin de journée, monsieur et madame. »

Fidèle auditrice de Radio France-Rouen, Corinne entend que la radio annonce des « révélations » de Trinité-Confiant. Les résultats des analyses d'eau viennent d'arriver. La recherche porte bien sur la présence de zinc. La quantité peut varier selon la qualité des tuyauteries ou du temps de stagnation de l'eau dans les tuyaux. Faute de pouvoir certifier une stagnation identique à chaque robinet concerné, les premières analyses pouvaient être contestées. D'où la nécessité des derniers prélèvements. Ces précautions prises, on a encore retrouvé du zinc dans l'eau d'I.T.I. et... chez les parents de Denis. Comme dit Corinne, « heureusement qu'on n'en a pas trouvé chez nous ». De fait, le rapport de Molinaro stipule qu'il n'y a pas de traces de zinc chez Corinne et Denis. Un miracle. Cela n'aurait pas changé grand-chose mais on imagine le délire dans la presse !

Corinne a été témoin involontaire d'une scène typique après l'annonce de la demande de mise en liberté. Des vieilles ratatinées radotaient sur un trottoir de Bolbec. « J'ai toujours dit qu'il fallait chercher dans la famille », disait une harpie. Serrer les poings. Ravaler sa salive... Les Tanay n'ont pas fini d'en prendre plein la tête. En faisant son marché, Corinne est tombée sur un camelot qui vendait d'anciens numéros de *Détective*. Le bonhomme écoulait tous les invendus qui parlaient de l'affaire. « Êtes-vous intéressée par l'affaire de la Josacine ? » a demandé le triste à Corinne. Elle a répondu sobrement « non » avant de s'enfuir. « J'avais envie de lui mettre tous ses journaux sur la tête. » Dans son dos, elle a entendu le type lui dire : « C'est dommage, j'ai sans doute le numéro qu'il vous faut. » Une autre fois, Corinne acheta *Le Courrier cauchois* à une marchande qui ne la connaissait pas. « C'est pour l'affaire de la Josacine ? » lui a demandé la commerçante avant de poursuivre : « Pour moi, c'est les parents. » Anecdotes amères parmi d'autres.

Au Mexique, le sous-commandant Marcos appelle à « la résistance contre la stupidité ». On pourrait lui proposer d'organiser la prochaine « Rencontre intergalactique » en pays de Caux. Il y a pas mal de boulot en perspective !

Cette brève et insignifiante revue de presse ne saurait effacer la véritable nouvelle de l'été pour nous : Roger Merle n'assurera pas la défense des Tanay aux assises. Il sera en retraite. Le doute planait. C'est maintenant une certitude. Un sale coup. Pour le remplacer, il a choisi un autre avocat toulousain, Laurent de Caunes. Corinne et Denis digèrent mal. « Papy Roger » tente de les tranquilliser en assurant qu'il restera en contact avec eux.

12

Interminables méandres

Les Tanay ont les yeux rivés sur le calendrier. Ils comptent les jours, envisagent toutes les possibilités en fonction des éléments que nous avons. Naturellement, le calvaire des gamines violées et tuées en Belgique est au cœur de nos conversations. « C'est la première fois que nous pleurons en écoutant le récit d'un fait divers. C'est la première fois que nous comprenons ce que peuvent ressentir des parents à qui on a volé leur enfant. » La comparaison s'arrête là. Si les familles des victimes belges ont pu aussi connaître rumeurs et médisances, les images que nous avons vues à la télévision montrent que la solidarité, sous des aspects spectaculaires même assez stupéfiants, a repris le dessus autour d'eux. Nous sommes loin du compte ici. Dans le même temps, l'affaire des « sans-papiers » de l'église Saint-Bernard traumatise Denis. Le sinistre Debré prétend qu'il fallait du courage dans cette affaire. Attaquer au merlin des grévistes de la faim épuisés, des femmes et des enfants (dont le dernier n'a qu'une semaine à peine) est en effet très courageux. « Dans quel monde avons-nous fait naître Maxime ? » se lamente Denis aux prises avec un désespoir où tout s'emmêle. Corinne le surprend en train de chanter une macabre comptine à Maxime : « Promenons-nous dans les bois pendant que Deperrois n'y est pas »... Denis a beaucoup maigri. Le mal le ronge. Il se demande parfois s'il va avoir la force d'attendre le procès.

« La Cour de cassation rejette un pourvoi de Jean-Marc Deperrois. » C'est le titre de la Presse havraise du 26 août.

Dans un arrêt du 16 juillet, la chambre criminelle de la Cour de cassation refuse la mise en liberté de Deperrois. Pour les juges, « une instruction de vingt mois dans un dossier difficile, délicat et particulièrement contesté n'apparaît pas déraisonnable, d'autant que l'instruction est en voie d'être close ». La Presse havraise rappelle les termes de la décision de la chambre d'accusation prononcée en avril. « La détention provisoire est l'unique moyen d'empêcher toute pression directe sur les témoins dont Jean-Marc Deperrois conteste les déclarations et dont l'indépendance et la protection doivent être assurées aussi longtemps que la justice aura besoin de leur concours. » Le délibéré rappelle que Deperrois a « déjà tenté d'orienter à son avantage le témoignage d'Alain Bodson ». La nouvelle est donnée de bonne heure sur Radio France-Rouen. Denis et Corinne l'entendent au petit déjeuner. Par malheur, ils la comprennent à l'envers. Un vent de panique commence à souffler. Appel de Corinne affolée... En ce moment, les cauchemars où Deperrois rôde reviennent la persécuter. Une scène se passe au restaurant. Deperrois se trouve dans la salle et il lui sourit par défi.

Les journées se suivent et se ressemblent. Certains mois sont bien chargés par l'actualité. La Presse havraise du 30 août titre en une : « Deperrois reste en prison. Vers un recours devant la Cour européenne des droits de l'homme. » La neuvième demande de mise en liberté est refusée par la cour d'appel de Rouen. B.M.-C commence son article par une formule pour le moins à l'emporte-pièce : « Le couperet est de nouveau tombé sur la tête de Jean-Marc Deperrois... » Devant le flou des habituelles attaques de la défense (« Les charges qui pèsent sur le prévenu sont singulièrement ténues », « Toutes les pistes n'ont pas été exploitées », « Tous les éléments ne sont pas connus de la presse », etc.), B.M.-C commence enfin à se demander si les pistes mystérieuses ne constituent pas tout simplement un « aimable brouillard médiatique ». Libman et Trinité-Confiant se barricadent derrière le secret de l'instruction pour ne pas en dire plus.

En conclusion de l'article du *Courrier cauchois* du 31 août, ces quelques lignes : « Bien que l'arrêt de la Cour de cassation ait été rendu le 16 juillet, il n'a été divulgué au public que lundi 26 août par la voie d'une agence de presse nationale. Mercredi, Me Charles Libman s'est cependant refusé à envisager que la divulgation auprès du grand public de cet arrêt, l'avant-veille de sa neuvième demande de mise en liberté, ait une quelconque relation. » Denis et Corinne rongent leur frein. Ils en ont marre de voir à quel point certains se délectent de leur malheur. On ne parle plus de la mort d'Émilie mais d'une affaire aux interminables méandres. Chacun y va de son pronostic. Chacun tente de décrypter chaque petite phrase, chaque élément pour tenter d'y lire comme dans une boule de cristal. Comme dans bien d'autres circonstances, ceux qui savent se taisent. Denis et Corinne assistent impuissants aux passes d'armes.

La nouvelle famille de Maxime se réunit le 7 septembre à la mairie du Havre pour un baptême républicain. C'est le vrai-faux papy qui officie. Conseiller municipal et conseiller général, il fait partie aujourd'hui, avec sa femme et ses enfants, de l'environnement naturel de Maxime. Pour le parrainage civil, l'assistance se limite à Denis et à Corinne, aux parrains (ma compagne et moi), à la vraie-fausse mamy et à Nadja. On aimerait offrir à Maxime une « famille » plus vaste. Il faudra beaucoup de temps pour que Denis et Corinne accordent leur confiance à de nouvelles personnes. Pour nous remercier de bien vouloir entrer dans la famille de Maxime, Corinne nous offre des cadeaux. Je reçois *Poisson soluble* de Breton et un C.D. des voix de Cendrars, d'Artaud, d'Apollinaire. L'autobiographie d'Isadora Duncan est offerte à ma compagne. Isadora, le dernier prénom de notre Nadja.

Le dossier Deperrois est bouclé le 11 septembre. Enfin. Les avocats de la défense n'ont visiblement pas l'intention de demander de nouveau complément d'information. Ils n'ont pas pu résister cependant au plaisir d'envoyer une lettre au juge pour lui dire tout le mal qu'ils pensent de son instruction. Les Tanay ont le moral assez bas. La dernière ligne droite s'annonce pénible. Mélange d'impatience légitime, de craintes diverses, de peur de l'après-procès. Sans compter le va-et-vient avec les premières heures du drame. Flashes sur les moments pénibles de la garde à vue notamment. « On apprécie le travail de Martinez maintenant, mais il faut dire que c'était une vraie peau de vache quand il m'interrogeait », se souvient Corinne. « Il me posait des questions qui me semblaient complètement absurdes. Il voulait savoir qui pouvait en vouloir à Émilie. Comme si quelqu'un pouvait en vouloir à la vie d'une fillette de neuf ans. Les gendarmes ne nous ménageaient pas. Ils nous faisaient tourner en bourrique. Je ne savais jamais où se trouvait Denis. Pour Denis, c'était pareil. Nous ne savions même pas que nous étions en garde à vue. Ils m'ont prise en photo, de face et de profil. À un moment, les gendarmes m'ont demandé si je voulais la présence d'un avocat. J'ai répondu non. Pour quoi faire, un avocat ? »

Une pétition lancée par le S.N.J. et le S.N.J.-C.G.T. circule pour dénoncer notre bannissement de la presse Hersant. Neuf cents signataires se sont manifestés en quelques semaines, à notre plus grande surprise. Pour de bon, l'image de marque de *Liberté-Dimanche* en prend un coup ! Dans un soudain élan unitaire, toute une faune inattendue nous prête main-forte : journalistes de toutes régions, ouvriers du Livre, travailleurs sociaux, enseignants, retraités, chômeurs, infirmiers, employés municipaux, soudeurs, routiers, tuyauteurs, mécaniciens, médecins, officiers de marine, syndiqués de tout poil (S.N.J., C.G.T., C.F.D.T., F.S.U., S.U.D., C.N.T.) et non syndiqués, militants de Ras l'Front, de la Ligue des droits de l'homme, d'A.C. !, conseillers municipaux / généraux / régionaux, maires, députés, sénateurs de gauche ou des Verts. On y retrouve aussi Geoffrey Oryema, Little Bob, Didier Daeninckx, Gérard Mordillat, Jérôme Prieur... Denis et Corinne ont signé à deux mains. Toute cette estime ne change pas grand-chose à ma situation. Je reste sur le carreau. Certains confrères écrivent des articles et des livres sur les « maudits » ou les « désemparés » disparus, en étant assis au chaud dans leur bureau. Ceux-là sont payés et chouchoutés pour parler de la révolte et du désespoir des autres. Dans les rédactions, un bon mutin est un mutin mort.

Parlant de son dernier film sur le Nicaragua, Ken Loach dit que son métier consiste à faire vibrer la colère des gens pour qu'elle ne s'éteigne pas. Si la conjoncture m'oblige à me reconvertir, c'est vers un tel métier que je m'orienterai aisément. Je suis prêt. Comme Octave Mirbeau, je me réveille tous les jours en colère. Et chaque jour un peu plus.

13

Éléments objectifs, éléments subjectifs

Denis m'apporte les deux dernières lettres de Roger Merle et un courrier de la chambre d'accusation. Denis croit un instant qu'il s'agit du renvoi aux assises. Ce courrier fait référence à l'article 208 du Code de procédure pénale. Denis comprend visiblement de travers. Pressé d'en finir, il a tendance à prendre ses désirs pour des réalités. En fait, il s'agit d'une procédure liée à la demande d'information complémentaire. Le dossier devant être déposé au greffe. Le renvoi aux assises fera l'objet d'un débat contradictoire. L'événement ne passera pas inaperçu. Selon Merle, cela pourrait avoir lieu fin octobre ou en novembre. Si l'on considère qu'il se passe parfois six mois entre le renvoi et le procès, nous faisons un bond jusqu'en avril 97. Nous sommes en automne. Les prochains mois vont durer une éternité. Roger Merle invite les Tanay à venir rencontrer leur nouvel avocat, Laurent de Caunes, à Toulouse, dès que possible. « Je fais celle qui accepte tout, qui comprend que Roger Merle a le droit de partir à la retraite mais, dans le fond, je n'encaisse pas du tout », me confie Corinne. Le souffle court, elle n'en peut plus. La Ventoline a de grands jours devant elle à Saint-Jean. « On a beau nous dire que c'est pas long, j'en ai marre. »

Pleine page de pub dans *Le Courrier cauchois* du 12 octobre. Une publication judiciaire, en fait. Condamnation de Laurent Javault et de la directrice du *Nouveau Détective* pour diffamation par la 17e chambre correctionnelle. Pan sur le bec. *Détective* peut crever mais c'est indirectement un nouveau tour de couteau dans la plaie pour Corinne et Denis. Ils attendent depuis longtemps que la justice examine les quatre plaintes qu'ils ont déposées contre divers journaux. Ils ne comprennent pas pourquoi cela ne démarre pas. Seules deux suivent leur cours. « Ce n'est pas pressé. Nous verrons après », leur répond-on. Et « après », ce n'est pas demain la veille. Denis enrage. « La présomption d'innocence, je suis d'accord, mais maintenant ça suffit, il faut juger Jean-Marc Deperrois. »

Charles Libman est à Rouen le 28 octobre pour présenter son bouquin, *Et ce sera justice*, sorti chez Plon. J'intercepte sur France 3 les images de la conférence donnée à cette occasion. Me Libman veut dénoncer les dysfonctionnements de la justice à partir d'un demi-siècle de pratique. Il s'insurge sur le fait que la justice n'est pas la même pour tous. Les « puissants » et les « misérables » ne sont pas logés à la même enseigne. Une grande vérité. Je n'ai cependant jamais classé Deperrois parmi les « misérables ». Deperrois ne peut pas jouer une mi-temps dans chaque camp. Un jour chez les « notables respectables ». Un jour chez les « gueux ». J'aimerais soutenir Me Libman dans sa belle entreprise réformatrice. Je crains cependant de ne pas être d'accord sur tous les chapitres. Corinne découvre le bouquin à Toulouse. Elle voit que le juge Balayn est un peu égratigné par le défenseur des grandes causes. Roger Merle la rassure. Les livres écrits avant les procès ne servent pas à grand-chose, sinon à la pub de leur auteur. Ces bouquins ne modifient en rien le cours de la justice. Roger Merle en parle dans *La Plume et la Parole*.

Les Tanay sont immergés dans la lecture du dossier. Éléments objectifs d'un côté, éléments subjectifs de l'autre.

Un zapping me conduit le 30 octobre sur TF1. Je prends en cours un « Ça se discute » consacré à la question : « Peut-on tout photographier ? » Gratiné. Dans la brochette d'invités, parmi des « bons » et des « mauvais » photographes, l'animatrice de Fort-Boyard, le chasseur d'images de Benetton et Yvan Levaï. Les fans de l'émission ont en prime les Russo, les parents de Mélissa, petite victime du monstrueux Dutroux. Malaise. Je ne peux m'empêcher d'imaginer une seconde les Tanay assis à la place de ces gens, plutôt sympathiques au demeurant. Comment peut-on échouer sous les projecteurs d'un show aussi navrant que « Ça se discute » ? Il ne s'agit pas de comparer l'affaire Deperrois à l'affaire Dutroux. Aucune comparaison n'est possible, sinon une. Au bout du compte, des gamines qui ne demandaient qu'à s'épanouir ont été arrachées à la vie. En Belgique ou ici, même résultat. Des parents désemparés cherchent à savoir et à comprendre en réclamant justice. À l'évidence, les Russo ont adopté une stratégie médiatique diamétralement opposée à celle des Tanay. Les Russo sont devenus des personnages publics. Ils sont entourés de « conseillers » journalistes pour essayer de contrôler leur image, se prêtent au jeu de la « transparence » avec les photographes, posent devant les objectifs pour éviter les portraits volés, ouvrent l'album de famille pour la publication d'un magazine spécial qui inonde la Belgique seulement dix jours après les obsèques de Mélissa et de Julie. Toute une série de concessions qui leur laissaient espérer quelque retenue. En vain. Les Russo ne veulent pas que les journalistes entrent dans le cimetière. Ils ne sont pas entendus. Certaines photos prêtées aux journaux ne sont pas rendues. Des légendes sont déformées pour faire monter la mayonnaise. Je crois qu'ils ont encore beaucoup à dire.

Partout les mêmes vautours. On commence à les nourrir gentiment en espérant faire ami-ami puis ils reviennent vous dévorer tout cru. Il n'y a forcément pas de limites. Le business, l'odeur du fric vite gagné, provoquent une frénésie insatiable. *A priori*, tout accord passé avec la presse sur un sujet aussi cruel ne peut être qu'un marché de dupes. Des exceptions existent. Rarissimes. Les Russo font le bilan avec fatalisme. « C'est fait, c'est fait », soupire le père. « Pour marquer l'opinion et interpeller les autorités, ça valait la peine de montrer ce qu'était notre vie avant », affirme la mère.

Je termine *Le Bûcher des innocents* de Laurence Lacour (Plon, 1993). Depuis le début de l'affaire de la Josacine empoisonnée, on me conseille de lire ce bouquin. J'ai toujours refusé. Pas de temps à perdre. Les faits divers ne m'intéressent pas. Je ne sais rien de l'affaire Grégory et ne veux rien en connaître. Point final. *Le Bûcher* est un truc peu engageant au départ. En le feuilletant, je tombe sur une photo du repêchage du corps de Grégory, en octobre 1984, pieds et poignets liés. Un cliché qui s'est vendu plusieurs centaines de milliers de francs à travers le monde entier. De quoi avoir envie de tout refermer et d'en rester là. Je ne regrette pas d'être allé plus loin. Il est impossible de jouer à l'autruche plus longtemps. Il est clair que tout le monde, procureur, juge, gendarmes, journalistes, témoins, simples quidams, a eu en mémoire l'affaire Grégory à la mort d'Émilie. Les uns redoutaient les débordements, les autres les attendaient ou essayaient de les provoquer. Sans la détermination des premiers, nous aurions peut-être connu ici aussi les pires horreurs de la machine de guerre médiatique.

Avec une précision quasi scientifique, Laurence Lacour répertorie le nombre d'articles consacrés à l'affaire Grégory selon les périodes, le nombre de couvertures de magazines (*Le Figaro-Magazine* est allé jusqu'à acheter 500 000 francs une « enquête »), le nombre de lecteurs par titre ou d'auditeurs par radio couvrant l'événement... À quoi ont servi les centaines d'articles diffusés à des centaines de milliers d'exemplaires ? Sans doute pas à faire passer la vérité ou la justice. La mémoire collective n'a jamais intégré le non-lieu qui est intervenu en faveur de Christine Villemin en février 1993. « Dans vingt ans, on dira encore : c'est elle ! » se plaint la mère de Grégory. Sans doute, hélas. Pourquoi ? Laurence Lacour apporte une part de réponse dans son chapitre 24. À l'heure des communications par satellite et d'Internet, la fascination pour les contes populaires et les histoires de sorcellerie n'a pas disparu. Une étudiante en ethnologie a décrypté le roman médiatique de la Vologne à la manière de Bettelheim dans sa *Psychanalyse des contes de fées*. La rivière, la vallée, la forêt, le bûcheron, la jeune fille rousse, les clans, l'enfant victime... tous les éléments mythiques des contes populaires sont là. À cela, Laurence Lacour ajoute le travail sur la sorcellerie dans le bocage de l'Ouest réalisé par Jeanne Favret-Saada. Dans *Les Mots, la mort, les sorts* (Gallimard, 1977), l'ethnologue analyse une crise de sorcellerie qui fait intervenir quatre personnages ou groupes (l'ensorcelé, l'annonciateur, le désorceleur, le sorcier). Laurence Lacour arrive, avec justesse, à calquer cette étude sur l'affaire Villemin. Christine Villemin supportant bien entendu le rôle de la sorcière. On pourrait tenter le même exercice pour l'affaire Deperrois. Je crois que le sorcier serait pour beaucoup, une nouvelle fois, une sorcière.

Une phrase de Christine Villemin me marque. « On croirait que les gens sont envieux du malheur qui vous arrive », disait-elle. L'envie, la jalousie, carburants de choix pour les histoires de sorcellerie. Être jaloux du bonheur ou jaloux du malheur, c'est la même chose pour les pauvres crétins à qui il n'arrive rien, ni en bien ni en mal. Ces gens ont une vie si désespérante, si banale, qu'ils en viennent à jalouser même les grands malheurs de leurs semblables, tant que ceux-ci offrent des « honneurs » (pensez, la une des médias en alternance avec les grands de ce monde !) et font sortir du traintrain quotidien. Pour une fois que ces larves auraient l'impression d'exister. C'est ahurissant mais tellement cruellement humain.

Le Bûcher des innocents nous aide à avancer dans notre réflexion sur le nécessaire silence à maintenir face aux médias. L'affaire Grégory est l'exacte représentation de l'horreur dans le fond et dans la forme. Après les bévues du juge Lambert, le juge Maurice Simon, « grand magistrat silencieux et énigmatique », a repris l'affaire en main en 1987. Changement de ton et d'atmosphère. Les publications d'articles sont en baisse jusqu'au jour où le juge

Simon se fait piéger par la Cinq. « Après deux années complètes de silence, trois paroles suffisent à renvoyer soixante reporters dans la vallée de la Vologne », commente amèrement Laurence Lacour. « Le piège est en place. Le silence le protégeait, la parole le met en péril. » L'image de Maurice Simon en prend un coup. Une « vraie-fausse » interview à *Détective* achèvera la besogne. « La parole, c'est la guerre », dit Jeanne Favret-Saada. Combien de fois les Tanay ont-ils souhaité entendre le procureur, le juge ou leur avocat s'exprimer ? La lecture de certains épisodes de l'affaire Villemin va les aider à ne rien regretter de ce silence et à poursuivre dans cette voie.

14

Et ce sera justice

Les Tanay reviennent de Toulouse la tête bien farcie. Corinne est rassurée sur un point. La rencontre avec Laurent de Caunes s'est bien passée. Pour le reste, c'est toujours aussi brutal. Le cas de Sylvie Tocqueville a occupé pas mal leurs recherches. Selon le dossier, la « Tocq » mène toujours son enquête parallèle. Elle est allée à la pharmacie de Gruchet pour compter le nombre de doses contenues dans un flacon de Josacine. D'après ce calcul, elle estime que Corinne n'avait pas besoin de lui apporter un flacon neuf. Pour elle, Deperrois est innocent. Sylvie Tocqueville voudrait aussi prouver au juge que le créneau horaire, déterminé par l'enquête, pendant lequel la Josacine a été empoisonnée n'est pas le bon. Cette femme est une coriace. En restant ainsi sur la brèche pour défendre son amant, Sylvie Tocqueville est au moins utile à quelque chose. Elle apporte la preuve que son amour pour Deperrois n'était pas une passade sans lendemain. La saga des « amants diaboliques », comme les appelle aussi de Caunes, n'est pas terminée. Un nouveau complément d'information semble se confirmer ainsi que la mise en route d'une dixième demande de mise en liberté. Corinne me laisse le plaisir de découvrir par moi-même le livre de Charles Libman écrit en collaboration avec Jean-François Bège, journaliste à *Sud-Ouest*.

Une citation de Paul Eluard introduit *Et ce sera justice* : « Si l'écho de leur voix faiblit, nous périrons. » En annexes, le lecteur trouve divers documents : l'annonce d'un débat qui opposait, en 1977, Me Libman à un certain Le Pen sur le thème de la peine de mort ; un dessin de Plantu montrant Me Libman au procès Barbie ; un autre de Riss présentant le même au procès Touvier dans *Charlie-Hebdo*. Le grand jeu. Avant l'affaire Deperrois, j'aurais pu éventuellement m'entendre avec cet homme-là. Le comble, c'est qu'en théorie je partage en bonne partie ses indignations, notamment sur la détention provisoire. Le chapitre « La Josacine empoisonnée », qui ouvre la deuxième partie du bouquin, marque une frontière infranchissable. Quand Charles Libman conseille aux protagonistes des grandes affaires criminelles (magistrats, avocats, journalistes et rédacteurs en chef) de lire *Le Bûcher des innocents*, mon dernier livre de chevet, je le suis volontiers. Quand je comprends que le conseil de l'avocat s'adresse notamment à moi, je dis « minute papillon ». Quand il dit : « C'est d'ailleurs en pensant à l'affaire Grégory que j'ai essayé dès le début, quitte à me faire quelques ennemis, d'éviter que ne circulent avant tout procès des vérités toutes faites dans l'affaire dite de la Josacine, lorsque Jean-Marc Deperrois m'a demandé d'assurer sa défense », je tousse.

Charles Libman poursuit : « Plus de deux ans après l'incarcération de mon client, il apparaît que les organes de presse ont, en majorité, gardé par rapport à la thèse de l'accusation une distance et un équilibre conformes à l'honnêteté intellectuelle. À l'exception de trois dérapages. » *Liberté-Dimanche*, *Détective* et *Ici-Paris* sont montrés du doigt. Ne mélangeons pas les torchons avec les serviettes. Pour une fois que je ne suis pas dans le camp de la défense... Sur mon matricule, je n'apprends rien de nouveau : « Traitement journalistique univoque. » L'avocat écrit plus loin : « Il a été considéré que l'on se trouvait devant un procédé pernicieux exclusif de toute bonne foi et que le journaliste avait ainsi manqué tant à son devoir de mesure et de prudence qu'à l'obligation qu'il avait de procéder à une enquête personnelle sérieuse et approfondie. » « Ça va plaire à votre ami Colé ! » a lancé Merle à Corinne.

Je fais un détour le 6 novembre par le conseil de prud'hommes pour mes petits bobos. Des délégations de la C.G.T., du S.U.D., d'A.C. !, de Ras l'Front, des Verts et du P.C. sont dans la salle. Hormis notre fidèle camarade C.G.T. de l'A.F.-P. et le responsable régional du S.N.J., aucun journaliste local n'a fait d'apparition, ni par solidarité ni pour travailler. Sujet tabou. Plus de mille personnes, dont quelques « huiles », protestent contre nos licenciements et les professionnels de l'information trouvent le moyen de faire les morts ! Une pétition de trente pelés contre les crottes de chien sur les trottoirs aurait plus de chances de faire la une que nous. Carole Ben Bouali, avocate de la direction de *Liberté-Dimanche*, présente une plaidoirie complètement bouffonne. À cours d'inspiration, l'avocate essaie de me faire passer pour un crétin profond qui ne comprend même pas la justesse de sa mise à pied. Une sanction proportionnée à la « gravité » de la faute commise lors de la manif contre le plan Juppé. Les copains qui ont aussi à leur actif pas mal de manifs se marrent comme des bossus. Nous ressortons partagés entre la colère et le fou rire.

Pendant ce temps, Deperrois reste à la case prison. La Presse havraise du 9 novembre annonce : « La chambre d'accusation de la cour d'appel de Rouen a rejeté, jeudi soir, la onzième demande de mise en liberté. » *Le Courrier cauchois* parle de la dixième. On y perd son algèbre. Dans l'hebdomadaire, l'avocate rouennaise de Deperrois regrette qu'aucune enquête n'ait été demandée à la suite du supplément d'information portant sur les analyses d'eau à Saint-Jean-de-la-Neuville, « là où sont domiciliés les parents d'Émilie », et à Gruchet-le-Valasse. Les défenseurs de Deperrois estiment que ce supplément d'information demandé par le parquet en mai pouvait « laisser supposer qu'il y avait d'autres pistes ».

Je passe plusieurs heures à écouter diverses dépositions, lettres et interrogatoires que Corinne a enregistrés sur dictaphone à Toulouse. Gratiné. Sylvie Tocqueville a toujours une place de choix dans cet échantillon. Il y a cette lettre qu'elle a envoyée au juge Balayn le 6 septembre 95 (plus d'un an après le crime) pour signaler qu'elle était allée extraire avec une aiguille à coudre des « petits grains » qui s'étaient nichés dans la rainure de la table de sa salle à manger... Malgré le coût des expertises, elle se demandait si cela ne valait pas la peine de les analyser ! Niveau club des Cinq. Sylvie Tocqueville ne rate jamais une occasion d'accabler Corinne et de se faire passer pour ce qu'elle n'est pas. « J'aimais Émilie comme ma fille. » « Je l'appelais ma petite belle-fille », affirme-t-elle. Émilie n'avait pas besoin d'aller se chercher une seconde mère. Contrairement à ce que dit la Tocqueville, les Tanay ont réagi aussi bien qu'il est possible en pareille situation. Ils n'ont pas non plus refusé qu'Émilie soit autopsiée, comme elle le laisse entendre. Corinne lit avec difficulté un long mémoire de Sylvie Tocqueville, daté du 16 août 1994, destiné au juge Balayn. Objectif : montrer à quel point Corinne pouvait être, selon elle, une mauvaise mère... La Tocqueville raconte les derniers moments d'Émilie. Elle choisit ses mots. Après avoir avalé sa cuillerée mortelle et s'être rincé la bouche au robinet, Émilie aurait dit : « C'est pas bon. Maman ne l'a pas fait comme d'habitude. » Étrange Sylvie Toqueville, qui se vante d'avoir tapé elle-même son procès-verbal de garde à vue, au plus grand étonnement des gendarmes qui passaient dans le couloir. L'un d'eux aurait assuré n'avoir jamais vu cela en vingt et un ans de carrière.

15

Des charges écrasantes

Avant d'aller à Rouen pour l'audience d'arrêt de renvoi de la chambre d'accusation de la cour d'appel, Laurent de Caunes s'arrête à Saint-Jean le 14 novembre. Je fais sa connaissance. Nous parlons des réactions de la presse. Comme nous, il ne comprend pas trop : « Il est rare que les journalistes s'opposent à l'accusation. » Je me demande pourquoi Deperrois inspire tant de sympathie. Son C.V. ne peut qu'abuser des pauvres gens. Mini P.-D.G., élu d'un bled paumé, sportif du dimanche et coureur de jupons, quelle banalité ! Pas de quoi faire frémir les rédactions. « Ne vous en faites pas, dit de Caunes à Corinne. Au procès, tous les compteurs seront remis à zéro. Quand les médias verront l'épaisseur du dossier, ils changeront d'attitude. »

En bon « univoque » que je suis, je convoie Laurent de Caunes dans Gruchet. Il veut se rendre compte par lui-même de la proximité mairie / domicile des Tocqueville / I.T.I. Nous nous garons à proximité, le plus discrètement possible. De Caunes veut que je l'emmène voir la maison de Deperrois. La colle. Je suis sans doute le seul journaliste à ne pas connaître la route. Je me fous complètement de savoir où demeurent les Deperrois. J'ai d'autres soucis : la santé des Tanay par exemple. Ils sont sans cesse au bord de l'explosion et cela occupe pas mal de nos journées et parfois de nos nuits. Alors, l'adresse de Deperrois... En rebroussant chemin, Laurent de Caunes se pose pas mal de questions : « Où va Libman avec sa polémique sur la détention provisoire ? Je ne comprends pas. Moi aussi, par principe, je ne suis pas un chaud partisan de la détention provisoire. Mais, dans le cas de Deperrois, elle se justifie pleinement. Les risques de dérapage sont trop grands. Les risques de pression sur les témoins et sur les Tocqueville aussi. »

Je sais que la meilleure défense est parfois l'attaque mais Charles Libman commence à m'agacer avec ses meetings. Ne mélangeons pas tout. Les Tanay et leurs proches n'ont pas des âmes de geôliers ni de coupeurs de tête. Ils ont su remettre à leur place les démarcheurs de tel ou tel mouvement favorable au rétablissement de la peine capitale. Les Tanay réclament seulement la justice. Est-ce faire preuve de dérives liberticides et totalitaires que de vouloir juger un type qui est présumé assassin ?

La chambre d'accusation fera connaître son avis le 19 décembre. Corinne m'appelle à 20 heures pour me donner des échos de l'audience. Ce fut bref et calme. Nous avons jeté un œil sur les conclusions de la défense le matin. De Caunes ne pense pas qu'il y aura un nouveau supplément d'information. C'est jour de grève pour les journalistes qui se battent contre le projet de suppression des 30 % d'abattements fiscaux. Quelques non-grévistes traînent autour du palais de justice. Laurent de Caunes leur glisse que le dossier Deperrois n'est pas aussi vide que Me Libman le prétend. Certains lui répondent qu'ils s'en doutent depuis quelques mois. Nous verrons ce qu'ils feront de ces déclarations. La dernière fois, les propos de Roger Merle, pourtant rares, avaient été totalement éclipsés au profit des éternels arguments de Charles Libman. Un confrère de l'A.F.-P., gréviste et absent du tribunal, me passe un coup de fil. Il glane des infos pour faire une dépêche. Comme beaucoup de journalistes, il patauge dans les histoires d'expertises d'eau. Je n'ai pas pu / pas voulu lui dire grand-chose. J'en ai marre de ce jeu de cache-cache. Pas très gai d'éconduire, même poliment, les rares confrères qui font de leur mieux pour bosser avec le peu qu'ils arrivent à grappiller ici ou là. J'ai parfois fait ce que je pouvais pour simplement les mettre en garde sur les déclarations de Charles Libman. Un rôle pas facile à tenir. Ce n'est pas simple avec quelques rares copains, alors, avec les autres... Impossible de calmer le jeu en restant discret. Je n'ai en plus aucun lien naturel, « confraternel », avec les gens du métier. Encore moins maintenant que je suis chômeur. Je ne fréquente pas les troquets qui servent de cantine aux scribouillards de la région et encore moins les bistrots qui entourent les palais de justice. Dans ces conditions, je n'ai plus qu'à assister au match sur le banc de touche.

Le Havre libre du 15 novembre titre en une : « Un mois de sursis pour Deperrois. » L'article fait parler l'avocat de la famille Tanay : « Ce dossier contient des charges écrasantes contre Jean-Marc Deperrois. Il était la seule personne dans le département à s'être procuré du cyanure peu avant le meurtre et il s'en est débarrassé ensuite. » De son côté, Charles Libman persiste à vouloir croire au non-lieu : « Le dossier est vide. Il ne contient que de fragiles présomptions contredites par de nombreux éléments. » Les seuls arguments des défenseurs de Deperrois se limitent actuellement au sempiternel délai « raisonnable » de mise en détention provisoire. France 3 fait un commentaire sur des images d'archives de Roger Merle alors qu'ils avaient en face d'eux Laurent de Caunes ! *Le Courrier cauchois* du 16 novembre assure que si Deperrois n'est pas jugé avant le printemps 97, il devra être « automatiquement remis en liberté » pour respecter la législation sur la détention préventive... Pas moins !

L'hiver enserre la maison des Tanay. Nous réchauffons nos rhumes au coin de la cheminée certains après-midi. Denis est passablement excédé. Il songe à quitter la région en catastrophe. Ses projets vont en dents de scie. Il a subitement stoppé les travaux de sa maison il y a quelques semaines. Deux échelles sont abandonnées sur le toit. Il ne reste qu'une dizaine de tuiles à poser mais Denis n'a plus la moelle. Il ne supporte pas le quotidien. Rien ne trouve grâce à ses yeux. Des lubies lui viennent parfois. Il veut partir dans les Pyrénées ou parle de s'envoler vers le Congo pour aider un inconnu qui a des soucis dans sa bananeraie. Non, ça n'est pas sérieux. Il ne pourrait pas vivre par procuration les derniers mois qui le séparent du procès. Denis peut encore changer vingt fois d'avis. Difficile de prévoir ses retournements d'humeur. Denis ne s'extériorise pas comme Corinne. Nous avons l'impression qu'il se consume de l'intérieur. Surtout le week-end. Moment réservé en principe aux loisirs familiaux. En plus, nous approchons des fêtes de fin d'année. Denis se morfond en silence. Il refuse de se soigner. Comme si son mal lancinant était le dernier cordon qui le relie à Émilie.

Corinne se souvient de leur première discussion avec Roger Merle. À cette époque, une malfaçon ou un acte de malveillance sur la chaîne de fabrication de la Josacine n'était pas à exclure. Roger Merle avait mis les Tanay en garde : « S'il s'agit d'un accident de ce type, il se pourrait que l'on vous propose beaucoup d'argent pour acheter votre silence. » « Nous le refuserions », avaient répondu les Tanay pour couper court à tout ignoble marchandage.

16

La culture de l'homme blanc

Les Tanay vivent un terrible compte à rebours. Corinne tourne en rond. « Nous n'avons jamais été aussi près du procès. Les derniers jours avant l'annonce sont les plus longs. Personne ne nous dit rien. Comme d'habitude. Ce qui nous agace, c'est que les journalistes le sauront avant nous. C'est comme ça. Il faudra écouter Radio Pipi Caca encore une fois... »

Denis apprend, le matin du 19 décembre, que Roger Merle rencontre la presse à Toulouse pour annoncer son départ à la retraite. Sa dernière interview sur France 3-Toulouse n'était pas remontée jusqu'ici, ni même à Paris. Il y a toutes les chances pour que cela finisse de la même manière. À 16 heures, Corinne contacte Laurent de Caunes par téléphone. Ça y est. Deperrois est en route pour les assises. « Je le croirai vraiment lorsque nous aurons reçu une lettre officielle », dit Corinne au bord du malaise. « Je ne tenais plus sur mes jambes quand Laurent de Caunes me parlait. » Corinne est sonnée. Ils attendent ce moment depuis des mois, des années. Toute leur vie est réglée dans l'attente de cette nouvelle. La crainte du non-lieu est écartée. L'assassin présumé de leur fille va être jugé. Pour les Tanay, il n'y a pas deux affaires du siècle. Il n'y en a qu'une. La leur. Qui leur dirait le contraire? L'information est donnée à 18 heures sur Radio France-Rouen. La nouvelle est commentée par Charles Libman et par le père de Deperrois. Ce dernier affirme que son fils était le premier à ne pas vouloir un non-lieu « afin de sortir blanchi de cette affaire ». Suivent les infos sur France 3-Normandie. Images d'archives. Ils nous repassent la petite tombe couverte de cailloux blancs. Commentaires « univoques » totalement squattés par Charles Libman. Habituelle litanie. « Il n'y a aucune preuve matérielle contre Jean-Marc Deperrois. Les présomptions sont contestables et nous les contesterons devant les assises. Nous contestons les expertises telles qu'elles ont été diligentées. Nous contestons le mobile... » Air connu. Denis zappe sur le J.T. de TF1. Un sujet assez long offre le catalogue des photos montrées dans la « presse à scandale ». Parmi les clichés, celui qui a été volé dans leur maison. « C'est écœurant, dit Corinne. Je ferais tout pour récupérer cette photo et je ne peux la voir que dans ces conditions. Ça me fait mal de savoir qu'elle se balade dans les rédactions et les agences photo alors qu'elle n'aurait jamais dû sortir d'ici. » Denis est très agacé d'apprendre que *Libération* ne fera qu'une brève. Il est remonté contre Michel. « À quoi lui servent toutes les notes qu'il est venu prendre à la maison? S'il n'appelle pas ce qu'il a dans ses carnets du " nouveau ", je n'y comprends plus rien. » Denis a une trouille bleue de ne pas être entendu au pays des pommiers et au-delà. Tous les médias vont donner du Libman.

Libération du 20 décembre consacre l'intégralité de sa une à la disparition de Marcello Mastroianni. Même si

Michel avait publié l'enquête attendue par les Tanay, il n'y aurait pas eu d'appel en première page comme Denis l'espérait. Place aux poids lourds de l'actualité. Corinne soupire : « Pour nous, c'était tous les jours la Dolce Vita avec Émilie. » Dans de pareils moments, Corinne se contrefout de la disparition d'une star comme des turpitudes du jour. Même le débarquement des Martiens n'aurait aucun effet sur elle aujourd'hui. La brève de *Libé* ne fera pas date dans l'histoire des faits divers. Denis est abattu. « Si c'est pour écrire dix lignes, autant ne rien faire du tout. » Je compte onze lignes coincées entre la nomination du procureur général de Grenoble et les débordements racistes de Brigitte Bardot. Page suivante, Michel a fait un papier sur l'arrestation d'un pompier braqueur. La pilule est dure à avaler à Saint-Jean. Il faut si peu de chose pour que les Tanay se sentent trahis, oubliés, abandonnés.

Avec délicatesse, *Le Havre libre* titre : « Aux jurés de trancher. » Dans la dernière colonne, le journal indique que « les experts ont analysé différentes eaux de la région et conclu que celle de l'entreprise de Jean-Marc Deperrois, mais aussi celles d'habitations de proches de la victime étaient compatibles avec celle du mélange empoisonné ». Un détail qui, à ma connaissance, n'est jamais sorti dans la presse. Ni les Tanay ni leur avocat n'ont fait ce genre de communication... *Le Courrier cauchois* du 21 décembre rappelle un extrait d'une lettre de Deperrois : « Je suis broyé, écrasé, je pourris dans un cloaque... » Corinne se demande si ce type s'imagine ce que devient Émilie.

Denis et Corinne sont aux cents coups. Ils zappent fébrilement pour ne rien rater des infos. Ils sont en larmes en entendant l'avocat de Deperrois à la radio : « L'annonce du renvoi aux assises devrait nous soulager en partie mais nous sommes si seuls. Nos avocats ne nous donnent pas assez de nouvelles. Nous ne sommes pas surhumains et nous continuons à prendre des coups. Parce que tous les propos incroyables de Charles Libman sont des coups pour nous. On ne va pas pouvoir continuer sans rien dire. Hier, Laurent de Caunes nous disait que nous avons le droit de parler mais il sait que nous continuerons à nous taire. » Les Tanay sont excédés, perdus. Denis est choqué par la lecture de la Presse havraise. Il voulait alerter son avocat. À quoi bon ? Denis pensait que l'information d'hier serait traitée avec sérieux. Au lieu de cela, il retrouve partout les mêmes platitudes. Denis et Corinne ne sont pas au bout de leurs peines. Les vrais mauvais coups vont commencer. Me Libman va défendre son client par tous les moyens. C'est son droit le plus absolu. Tout comme un assassin a le droit de mentir devant un tribunal pour sauver sa peau. Les Tanay sont aux antipodes de ce registre. Pour eux, les divagations du clan Deperrois sont inacceptables. Point. Le décalage permanent est constamment source de maux et de déceptions. Corinne veut que j'appelle Laurent de Caunes pour lui expliquer leur détresse. « Moi, je ne peux pas. Mes idées sont tout embrouillées et je ne peux pas faire de phrases claires. Je sais, je te demande encore des trucs impossibles. Dis-lui que l'on ne sait plus quoi faire ni quoi penser. »

Le silence des Tanay n'est pas toujours bien compris. Pour les soupçonneux, « Ça cache quelque chose. Ils n'ont pas forcément la conscience tranquille »... Une amie de Corinne a surpris une conversation chez un fruitier à Bolbec. Des garces traitaient les Tanay de « demeurés ». Sans même les connaître. Résultat de mois d'informations tronquées où les Tanay sont présentés comme des gens frustes, peu bavards. Haro sur la famille marginale qui vit dans une maison pas finie, etc. Pour un peu, ils seraient dépeints comme des pochards asociaux et des parents indignes.

Nous sommes loin du dénouement mais la décision de la chambre d'accusation de la cour d'appel de Rouen met fin au premier suspense. Une page se tourne. Il y a encore beaucoup de chemin à parcourir. Ça ne sera pas facile mais ça ne sera pas « le plus dur » comme disent certains. « Le plus dur, c'était le 11 juin 1994 », précise sans cesse Denis avec un air de fusil chargé. Denis est parfois mystérieux, inquiétant. Tout le monde a dépeint Corinne comme une tigresse. Pour les paysans, c'est elle qui « porte le pantalon ». En fait, le vrai fauve, c'est Denis. Corinne a une grande gueule mais elle est souvent la première à vouloir pardonner même à ceux qui lui ont fait du mal. Hormis Jean-Marc Deperrois et Sylvie Tocqueville, s'entend.

Noël est passé au forceps à Saint-Jean. Les Tanay savent que Jean-Michel Tocqueville se plaint de pressions venant de la mairie de Gruchet. Certaines personnes aimeraient qu'il revienne sur ses dernières déclarations.

Corinne informe Laurent de Caunes des remous au sein de la mairie de Gruchet. Bonne occasion pour essayer de se calmer en écoutant des paroles apaisantes. Efficace. « La colère est passée. Nous sommes toujours d'accord avec nos avocats. Il faut être patient. Il accepte de faire connaissance avec ton copain de l'A.F.-P. mais nous, nous ne dirons rien pour l'instant. »

D'étonnantes lettres arrivent du Congo, depuis mars, chez les Tanay. Victor, un Congolais de quarante-trois ans, père de quatre gosses, a découvert le drame dans une revue en décembre 95. L'article en question signalait que Corinne avait de l'asthme et, de ce fait, ne pourrait plus avoir d'enfant... De Louboumo, Victor a pris son stylo pour s'offusquer : « Votre médecin n'est pas sérieux. Je veux des explications. Je sais que cela c'est la culture de l'homme blanc. Je qualifie cela de crime contre l'humanité. » Et Victor d'expliquer qu'une sœur, asthmatique, a eu quatre enfants. Calmé et rassuré par la naissance de Maxime, Victor raconte dans sa seconde lettre ce qu'il se passe chez lui à l'occasion d'un décès. « En Afrique, la douleur qui frappe une famille a des répercussions chez les voisins, si bien que chez nous, au Congo en général, la mort est l'objet de grandes veillées mortuaires qui attirent d'abord les parents immédiats tous confondus, suivis des voisins proches et très éloignés qui viennent vous assister matériellement, financièrement pendant tout le temps que dureront les obsèques. Il y a des pleurs, des danses, en un mot il y a de l'animation à tel point que vous oubliez vos malheurs pendant plus d'une huitaine de jours. Après les obsèques, les parents rapprochés et les voisins assistent les éprouvés pendant longtemps. Voilà comment cela se passe chez nous pendant près de 12 à 24 mois. Je sais qu'en Occident cela ne se passe pas ainsi, chaque peuple a sa culture. Par contre, nous en Afrique, au Congo en particulier, nous connaissons votre douleur. »

Je pourrais dire « sans commentaire ». Impossible. Corinne me dit qu'ils ont encore espéré secrètement recevoir quelques lettres gentilles de leur famille et de quelques connaissances pour Noël. Rien. Moins que rien depuis des mois, des années. En dehors du petit cercle d'amis fidèles, la seule personne qui semble s'intéresser à leur sort est un Africain inconnu, inattendu, qui parle d'amitié, de médecine traditionnelle et de bourgeons de bananiers. Le seul signe humain vient d'un type qui n'a même pas les moyens de s'acheter une bicyclette, d'un brave gars qui a la bonne idée de renvoyer les timbres poste qui ont échappé à l'oblitération. Je pense que ce nouvel ami congolais, « originaire du Niari, de l'ethnie Kuni, du clan Boumvriélé », dont le grand-père (« engagé le 14 juillet 1914 dans l'armée coloniale française ») a participé à la libération de Paris, aurait deux ou trois petites choses à apprendre aux Cauchois qui se prennent pour des dieux dès qu'ils sont au volant d'une grosse bagnole ou d'un tracteur flambant neuf.

Après cette prose ensoleillée et réconfortante, les Tanay reprennent les mémoires lus par les deux parties à Rouen le 14 novembre dernier. Dans celui de Trinité-Confiant, rien de neuf. Trinité assure que Deperrois est maintenu en détention sur de simples suppositions. Elle prétend démontrer le « caractère fallacieux des déclarations de M. Tocqueville et l'absence de pertinence des observations insidieuses du juge d'instruction ». Elle note que l'eau soutirée au robinet de la salle de bains du domicile de Mme Yvette Tanay à Saint-Eustache-la-Forêt et celle des lavabos de la société I.T.I. à Gruchet-le-Valasse peuvent être compatibles avec celle ayant été utilisée pour solubiliser le cyanure. Trinité attaque ensuite l'invraisemblance du mobile. « La nature des relations ayant pu exister entre M. Deperrois et Mme Tocqueville est loin de revêtir un aspect passionnel permettant d'expliquer une volonté de meurtre. » À l'appui de son argumentation, Trinité cite les facultés intellectuelles importantes de Deperrois retenues par les psychologues et incompatibles avec la nature des faits. L'avocate affirme que les expertises de Molinaro ont démontré que Deperrois avait utilisé du cyanure dans le cadre de son activité professionnelle. « La méthodologie et les résultats décrits par M. Deperrois dans le cadre de son expérimentation ont été confirmés par les experts. » C'est un scoop ! Enfin, le témoignage des Madeleine et la reconstitution du trajet Bolbec-Gruchet du 29 mai 1994 sont également mis à mal. Le document se termine en toute logique : « En l'absence de preuve, eu égard à la légèreté des présomptions retenues, aux contradictions, aux faux témoignages, la cour ne pourra que prononcer un non-lieu. »

Le mémoire de Roger Merle va dans une tout autre direction. Une petite phrase, bien dégagée du texte d'ouverture, fait un rappel utile : « Aucune piste éventuelle n'a été négligée. » C'est clair. « Les investigations ont mis en évidence les preuves objectives de la culpabilité de Deperrois, et son mobile, dans l'empoisonnement volontaire de la Josacine en dépit des dénégations et des mensonges du mis en examen. » Rappel des conditions « occultes et suspectes » d'achat du cyanure ; rappel de la confrontation houleuse avec Alain Bodson ; rappel des doutes de Bodson quant à l'efficacité du cyanure dans le noircissage des métaux (Bodson conseillait l'utilisation du Mescuvit, produit idoine et moins dangereux) ; rappel de la « perplexité » de l'expert Molinaro devant les expériences de Deperrois ; rappel des mensonges de Deperrois à propos de son emploi du temps le 11 juin 1994 ; rappel de la précision du témoignage des Madeleine qui ont vu Deperrois sortir de chez les Tocqueville, qui l'ont vu tenter d'ouvrir la Fiat de Jean-Michel Tocqueville ; rappel des différentes expertises qui disculpent totalement la famille Tanay et même la mère de Denis alors que le zinc trouvé dans l'eau du robinet de la société I.T.I. est compatible ; rappel de la relation amoureuse entre Deperrois et Sylvie Tocqueville (baisers et caresses jusqu'au 11 juin 1994, dès qu'ils étaient seuls) ; rappel du caractère hypocondriaque de Jean-Michel Tocqueville et de sa crise de tachycardie dans la nuit du 10 au 11 juin ; rappel des soupçons même de Sylvie Tocqueville disant à Deperrois au début de l'enquête : « Dis-moi que ce n'est pas toi. » Je n'aimerais pas être à la place des journalistes qui vont devoir exposer, froidement et « objectivement », les prochains débats.

Au bout de treize feuillets, Roger Merle conclut par un sujet qui met les Tanay mal à l'aise depuis des mois. « Conformément à l'article 706-12 du Code de procédure pénale, M. et Mme Tanay précisent qu'ils ont saisi la commission d'indemnisation des victimes d'infraction du tribunal de grande instance du Havre par lettre du 5 février

1996, mais ils ne se désistent pas pour autant de leur constitution de partie civile dans le cadre de la poursuite pénale en cours. Ils ont obtenu par décision du 2 avril 1996 une provision de 65 527,89 francs à valoir sur leur indemnisation définitive. » Je me souviens à quel point les Tanay étaient gênés et honteux en pensant aux démarches que leur avocat faisait, en début d'année dernière, en leur nom. Ils ne connaissaient même pas l'existence de cette indemnisation. Les questions financières sont forcément pénibles dans ces circonstances. C'est tout à l'honneur des Tanay de refuser l'idée même de toute circulation d'argent autour de la mort d'Émilie. Malgré leurs scrupules, il y aura toujours des médisances. Dans d'autres affaires criminelles, on a vu des gens s'enrichir et mener la grande vie. Ce n'est pas demain la veille que les Tanay spéculeront sur leur malheur.

1996, mais ils ne se désistent pas pour autant de leur constitution de partie civile dans le cadre de la plainte pénale en cours. Ils ont obtenu par décision du [illegible] avril 1996 une provision de [illegible] 322,59 francs à valoir sur leur indemnisation définitive. » Je me souviens à quel point les Lacey étaient gênés et honteux en pensant aux démarches que leur avocat faisait en début d'année dernière, en leur nom. Ils ne connaissaient même pas l'existence de cette indemnisation. Les questions financières sont forcément pénibles dans ces circonstances. C'est tout à l'honneur des Lacey de refuser l'idée même de toute circulation d'argent autour de la mort d'Emilie. Malgré leurs scrupules, il y aura toujours des médisances. Dans d'autres affaires criminelles on a vu des gens s'enrichir et mener la grande vie. Ce n'est pas demain la veille que les Lacey spéculeront sur leur malheur.

1997

LE PROCÈS

1

Le juge n'a pas lésiné

Pas mal de gens me souhaitent une « bonne année » avec un petit sourire complice aux lèvres. À Saint-Jean, Denis et Corinne lisent et relisent l'arrêt de renvoi qui conduit Deperrois devant les assises de Seine-Maritime. Ce sera, semble-t-il, en mai. Le président Reynaud, qui siégera, est réputé couper les cheveux en quatre. On l'appelle « la Tondeuse ». Pour le moment, c'est Denis qui épluche le passage concernant le flacon mortel. Il explose : « Émilie n'était pas sotte. Elle aurait dû se rendre compte toute seule qu'il y avait un problème et ne pas boire. » Désespoir. Comment en vouloir à la puce qui n'avait aucune raison de se méfier d'un banal médicament ? Les Tanay vivent en permanence au bord de la crise de nerfs. Qui s'en soucie ? Denis se plaint de ne plus avoir de rêves et craint la folie. Si Corinne ne se coiffe plus comme Émilie, ne s'habille plus avec les affaires d'Émilie, elle continue à vivre intérieurement avec sa fille. Des sanglots étouffent régulièrement ses paroles quand le sujet est abordé. Et puis il y a certains silences déroutants. Il n'est pas toujours utile de parler pour connaître les pensées qui les habitent. Les travaux de la maison sont complètement en plan. Denis n'a pas du tout la tête à ça. « Après le procès, je m'y remettrai pour tout finir et mettre la maison en location. »

La rencontre des Tanay avec l'A.F.-P. semble compromise début janvier. Selon Corinne, Denis ne veut plus le voir comme cela semblait se dessiner. Ce qui était vrai hier ne l'est plus aujourd'hui. C'est classique. À chaque crise, les Tanay ne savent plus à quel saint se vouer. Peur de faire une boulette. Peur de déplaire à leur avocat. Peur d'être trahis. Leur avis peut changer plusieurs fois du jour au lendemain. Nous commençons à avoir l'habitude de ces brusques et compréhensibles changements de direction très éprouvants pour tout le monde.

Quelques jours plus tard, nouveau revirement de Denis. Finalement, il souhaite voir très rapidement Patrick Kamenka. « Mais que fera-t-il de tout ce qu'on va lui dire ? » Les doutes persistent. Peur que leurs propos ne soient déformés. Peur que l'A.F.-P. ne fasse pas de dépêche. Peur que la dépêche ne soit pas reprise dans les rédactions, régionales notamment. Je suis chargé d'établir le contact. Patrick déjeune de temps en temps avec les journalistes rouennais. L'affaire Deperrois est abondamment commentée pendant les repas. « Je ne comprends pas l'attitude des confrères, s'inquiète Patrick. Pour eux, le dossier Deperrois est vide. Un innocent est sans doute en prison. La justice est bizarrement menée au Havre. Etc. » Il n'a pas fini d'entendre des âneries mais, avec ce qu'il va découvrir à Saint-Jean, il sera édifié. Il est temps de passer aux choses sérieuses. Avant de donner le feu vert, les Tanay téléphonent à leur avocat. « Tu nous connais. Nous sommes incorrigibles », plaisante Corinne. Leur avocat soutient complètement leur démarche. Cela semble évident mais les voilà rassurés au moins sur un point. Conforté, Denis veut donc tout dire. En qualité de partie civile, leur parole est libre mais Denis préfère encore rester dans l'ombre. Patrick accepte les conditions.

Apprenant l'état d'anxiété dans lequel se trouvent les Tanay, Michel Henry me charge de leur transmettre son opinion sur la question : « Qu'ils ne s'en fassent pas autant avec la presse. Qu'ils éteignent leur radio et ne lisent plus les journaux pour le moment. Quand le procès sera commencé, ils doivent savoir que les commentaires journalistiques n'ont aucun poids sur les jurés. Pendant le procès, les jurés, encadrés par des personnes compétentes, se transforment en véritables enquêteurs eux-mêmes. Ils ont accès à des informations de première main. Ils vont décortiquer le dossier, se poser de vraies questions. Ils seront bien placés pour se rendre compte que les journaux racontent parfois n'importe quoi. En dehors du côté désagréable de certaines fausses informations, ils n'ont aucune crainte à avoir avec la presse. » Michel n'est pas le premier à leur prodiguer ces conseils. Rien ni personne n'arrive à endiguer les flots d'angoisse qui les submergent subitement certains jours.

Après tant et tant d'heures de discussions, je découvre sans cesse des choses ignorées. « Nous avons écarté ce qui n'était pas important sur le moment. Maintenant, il y a d'autres souvenirs qui reviennent », explique Corinne. Ainsi, elle se rappelle exactement des dernières recommandations données à Sylvie Tocqueville avant de laisser Émilie à la fête médiévale de Gruchet. « Je lui ai dit de faire attention à ma fille parce qu'elle était un peu malade. Je lui ai dit de bien lui donner son médicament. Elle n'écoutait pas. Elle s'est mise à la fenêtre pour crier : " Jean-Marc ! Jean-Marc !... " Je n'y ai pas prêté attention parce que je ne savais pas de qui il s'agissait. Jean-Michel Tocqueville était là et il disait sèchement à sa femme : " Arrête de gueuler à la fenêtre et de montrer tes fesses sous ta minijupe ! Va te changer, c'est pas une tenue ! " Cette scène est lourde de signification aujourd'hui. »

L'épreuve de la garde à vue laisse des séquelles indélébiles chez Corinne. « Une fois, c'est une gendarmette, faussement compatissante, qui est venue me prendre par le cou pour essayer de me tirer les vers du nez ou provoquer une réaction qui me trahirait. Quand on dit que nous avons été épargnés... Ni nous ni aucune autre piste n'a été laissé en plan. » Un jour, les Tanay ont reçu de Saint-Malo une lettre de gens qui avaient perdu leur enfant deux mois avant la mort d'Émilie. Ses parents croyaient que le traitement du gosse était en cause. Il prenait de la Josacine. Après examen, il a été démontré que sa disparition n'avait aucun rapport avec celle d'Émilie. Durant l'enquête, une vieille histoire de vaches empoisonnées au cyanure a également refait surface dans le coin. Les gendarmes ont vérifié. Fausse route. Le cimetière de Gruchet a été exploré aussi dans la mesure où Émilie était allée y récupérer des fleurs séchées en fin d'après-midi. Elle aurait pu y trouver un quelconque désherbant ou raticide. Fausse route. Toutes les plaques des voitures stationnées près de l'église de Saint-Jean le jour des obsèques d'Émilie ont été relevées. Le véhicule d'un ancien taulard y a été repéré. Il a été interrogé. Fausse route. Cela venant en plus de l'exploration d'une douzaine de pistes sérieuses, de l'éventuel suicide d'Émilie à l'accident ou à la malveillance possibles aux laboratoires Bellon ou à l'hôpital du Havre, des enquêtes suivies pendant plusieurs semaines autour des parents d'Émilie, de ses grands-parents, du couple Tocqueville, des enfants Tocqueville, d'amis proches. Chaque famille qui hébergeait les Tanay était mise sur écoutes téléphoniques. Cela a coûté une fortune à la justice. Rien que pour l'instruction, il a été dépensé un million de francs entre les multiples écoutes et les expertises scientifiques (en moyenne 350 000 francs l'une). Pour une enquête prétendue bâclée, le juge n'a pas lésiné sur les moyens...

Pour accentuer encore la pression qui plane à Saint-Jean, les coups de téléphone anonymes redoublent. La sonnerie retentit et puis plus rien. Personne à l'appareil. Pas de trace sur le répondeur. Les Tanay se méfient de tous et de tout. Denis tient même absolument à ce que les aliments de Maxime soient goûtés avant que le petit ne les mette dans sa bouche. Roger Merle est l'une des rares personnes à bénéficier d'une confiance continue. Ils s'inquiètent pour sa santé. Corinne me demande d'aller acheter un Adagio d'Albinoni qu'ils comptent lui offrir. L'Adagio est l'un de ses airs préférés.

Je découvre un texte de Georges Perros publié par la N.R.F. en mars 1960. Un hommage à Albert Camus. Cela commence par ces mots : « Les occasions que nous avons de nous prouver que nous sommes des hommes sont rares. On ne les provoque pas. Elles viennent toutes seules, comme aimantées. » Ces trois lignes me sautent à la figure. Elles résument pratiquement ma vie depuis juin 94. Après des années de militantisme diffus, j'ai l'impression de découvrir vraiment ce que veulent dire les mots solidarité, fraternité. Je ne l'ai pas cherché. Je n'ai pas eu le choix. C'était incontournable. Pas besoin de longs discours. C'est venu brutalement. Effectivement, comme s'il s'agissait d'un aimant. Cette situation engage bien au-delà de la signature posée en bas d'une pétition, du collage d'affiches ou même de l'agitation quasi professionnelle de certains militants des « grandes causes » si possible exotiques. J'ai le sentiment de découvrir ce que veut dire « être un homme » ici même. C'est épuisant. Les dangers ne manquent pas. Parfois nous nous réveillons le matin en pensant qu'il s'agit d'un cauchemar. Nous aimerions fuir loin. Impossible. Nous n'avons pas le choix. Nous sommes comme scotchés sous la mitraille.

2

Un important pouvoir de dissimulation

L'arrêt de renvoi, un pavé de cinquante-quatre pages, recto verso, simple interligne, est issu de l'audience du 19 décembre 1996 de la chambre d'accusation de la cour d'appel de Rouen. Pas de grosse révélation. Quelques passages complètent nos connaissances ou font un rappel utile. C'est le document synthétique le plus complet et le plus lisible. Les premiers feuillets restituent les moments importants du 11 juin 1994. Je connais par cœur le planning de cette journée affreuse. Les images défilent. Impression de visionner un film vu et revu. Tous les détails sont indiqués précisément, heure par heure. Cela donne une curieuse impression de script dramatique. Décor et costumes à l'appui. L'abbaye de Gruchet. Jean-Michel Tocqueville habillé en noble moyenâgeux, ses deux fils en pages et Émilie en bouffon. Et puis ce qui devait être une fête devient horreur. Je redoute à chaque fois le récit de la prise du médicament. Mais l'histoire se poursuit. Et on comprend que les grimaces du bouffon ne sont pas un jeu, comme l'a pensé Jean-Michel Tocqueville en voyant Émilie s'effondrer. Le lendemain du drame, une infirmière des urgences pédiatriques hume simplement le flacon plein de sirop visqueux et grumeleux. Aussitôt, une brûlure à l'œsophage se fait ressentir. Le 13 juin, le Dr El Haïte réalise une autopsie, prélève viscères, sang et liquide gastrique. Le 14 juin, le Dr Goulé, responsable du laboratoire de toxicologie de l'hôpital du Havre, observe un liquide jaune, grumeleux, ayant une odeur d'amande amère et ammoniacale, et décèle une présence de sodium de 44 grammes par litre qui lui suggère, dans un premier temps, une intoxication par un produit domestique à base de soude. Une réaction positive au test de Guignart indique ensuite clairement la présence de cyanure. Michel Lermitte, pharmacien-chimiste principal et chef du département de toxicologie de l'I.R.C.G.N., confirme le diagnostic et met en évidence la présence de 3,35 grammes de cyanure de sodium dans le flacon de Josacine utilisé par Émilie. Cyanure que l'on retrouve dans le sang et dans le liquide gastrique prélevé plus tôt. Le Dr Anagostidès, expert en médecine légale près la cour d'appel de Rouen, pratique deux compléments d'autopsie les 14 et 21 juin pour constater qu'Émilie n'a pas subi de violences sexuelles et pour noter certains signes, lits des ongles bleutés, résidus sanguins vermillon..., caractéristiques d'une intoxication aiguë au cyanure.

Toutes les hypothèses vérifiées par l'action des trente-cinq gendarmes-enquêteurs sont répertoriées. Dont l'empoisonnement de la Josacine par un membre de la famille Tanay : « Les parents Tanay détestaient cordialement l'épouse de leur fils. » La sixième hypothèse s'attache à considérer qu'il y a eu erreur sur la victime. « L'enquête très approfondie menée dans l'environnement du couple Tanay n'amenait aucun élément positif. Par contre, Jean-Marie *(sic)* Tocqueville indiquait, dès sa deuxième audition du 17 juin, que son épouse Sylvie Tocqueville avait eu une relation sexuelle le 8 mars 1994 avec le deuxième adjoint au maire de Gruchet-le-Valasse, Jean-Marc Deperrois... » Les détails de la brouille dans le couple Deperrois et l'évolution des rapports Deperrois / Sylvie Tocqueville sont fastidieux : « passant de professionnels à complices, d'amicaux à privilégiés et de privilégiés à adultérins » ainsi que les fourberies de Deperrois. « Approximations, inexactitudes, réticences et omissions » qui incitent les gendarmes à poursuivre leurs questions et à interroger Jean-Marc Deperrois. Le 26 juillet 1994, à 17 h 48, les enquêteurs téléphonent à Alain Bodson. Le document prend une tournure presque romanesque, tirades à l'appui. « Très vite cependant, Alain Bodson déclarait qu'il avait approvisionné Jean-Marc Deperrois en cyanure de sodium acheté à la société Prolabo. Abasourdi par la nouvelle, le capitaine Martinez s'exclamait : " Attendez ! Vous pouvez me répéter, s'il vous plaît ? " Il demande alors à Alain Bodson de consulter le bon de commande, et celui-ci confirme qu'il s'agit bien de cyanure de sodium en paquet d'un kilogramme. Le même jour, à 20 heures, les gendarmes se présentent au siège de la société Bodson S.A. à Nanterre et saisissent une facture d'un kilogramme de sodium cyanuré émise le 6 mai 1994 par la société Prolabo de Paris sous le numéro 0024408018 à l'intention de Bodson S.A. à Nanterre. Elle est placée sous scellé n° 96. » Mis en garde à vue, Bodson raconte les dessous de cet achat discret. Les enquêteurs : « Alain Bodson admettait qu'après avoir appris le décès d'Émilie, il avait d'abord cru à une coïncidence, puis que le fait que Jean-Marc Deperrois ait pu commettre le crime lui avait traversé l'esprit et que, comme ça l'avait énervé, il avait voulu récupérer le cyanure qu'il lui avait remis au vu et au su de ses collaborateurs. » Le 27 juillet 1994, à trois heures du matin, les enquêteurs organisent une confrontation entre Bodson et Deperrois. Deperrois persiste à nier l'achat de cyanure. « Les enquêteurs notaient alors son aplomb et son assurance qui seront tels que c'est Alain Bodson, qui disait la vérité, qui se trouvera véritablement désemparé. » Deux témoins confirmant les dires de Bodson, Deperrois reconnaît finalement avoir possédé du cyanure. Il précise qu'il voulait faire des essais sur des métaux. Essais qui, selon Deperrois, eurent lieu le 7 mai 1994. Date improbable puisqu'il n'alla chercher le cyanure à Nanterre que le 9 mai 1994...

À ce stade, nous en sommes à la page 27. La suite concerne notamment les enquêtes effectuées pour remonter la filière française du cyanure, l'analyse comparative de la Josacine et de certaines eaux en vue des expertises. Travail confié par le juge au commandant Roland Molinaro, maître ès sciences de la faculté de Paris et exerçant au laboratoire de toxicologie de l'Institut de recherches criminelles de la Gendarmerie situé à Rosny-sous-Bois. À la demande de la défense, Gérard Verger, expert près la cour d'appel d'Amiens, effectue une expertise de contrôle « dont les conclusions confirmaient très largement celles de l'expert Molinaro ». En raison de « différences notables » figurant dans les rapports des experts Molinaro et Verger, la défense consulte alors d'autres scientifiques, le professeur Mahuzier, professeur de chimie analytique à Châtenay-Malabry et expert près la cour d'appel de Versailles, et le professeur Fraisse, directeur scientifique du Centre d'analyses et de recherches sur les substances organiques (CARSO). « Les conclusions du professeur Mahuzier étaient assez peu expertales, puisqu'il les exprimait en les conditionnant explicitement à un système de défense et non pas à de seules considérations scientifiques et que, par ailleurs, son rapport comportait de graves erreurs de transcription. » Le document assure qu'en réalité les « distorsions » entre les résultats obtenus par les experts Molinaro et Verger ne constituaient aucunement des contradictions. Le premier exprimait ses résultats en volume (millilitre) et le second en poids (milligramme). Le premier utilisait la méthode I.C.P.M.S. dite de spectrographie de masse associée à la torche à plasma, et le second la méthode Four ou Flamme, moins sensible de cent fois et même plus. « Pour utiliser une expression imagée, on pouvait affirmer que l'expert Verger avait utilisé une méthode à l'échelle du pèse-personne, et l'expert Molinaro une méthode à l'échelle de la balance de commerçant, ce qui lui avait permis d'obtenir des résultats non pas contradictoires mais différents parce que plus précis. » Le document s'intéresse bien entendu aux voisins des Tocqueville, notamment quand Jean-Pierre Madeleine interpelle André Ouine, premier adjoint au maire de Gruchet, pour lui poser des questions sur les clés de la mairie. Madeleine fait même entrer Ouine dans son jardin pour lui montrer ce que l'on peut apercevoir de là. Ouine est réticent car « Jean-Pierre Madeleine lui tenait les mêmes propos que le reporter de *Paris-Match* sur la manière d'entrer chez les Tocqueville ». Quoi que l'on pense des Madeleine, force est de constater que leur témoignage, prétendument faux, est pour le moins troublant.

Le tout se termine sur de courts extraits des rapports psychologiques et psychiatriques. « Les psychologues révèlent que Deperrois possède des facultés intellectuelles importantes, mais qu'il est profondément angoissé. Son caractère fort et entier masque des fragilités internes qui laissent perplexe quant à l'impact que peut avoir sur lui une pulsion imprévisible et désorganisatrice comme une passion. Il paraît désarmé par rapport à l'affectif. Il surcompense par le souci qu'il a de son image sociale et professionnelle. » Quant au psychiatre, il souligne quelques traits de caractère comme le souci du rationnel, la surestimation de soi, la vindicte et la méfiance qui peuvent évoquer des tendances paranoïaques. Les experts observent que Jean-Marc Deperrois possède un important pouvoir de dissimulation lui permettant de faire face et de dénier les accusations en toutes circonstances.

3

Un acte de terrorisme

Le premier contact entre les Tanay et Patrick Kamenka, de l'A.F.-P., a lieu le 21 janvier. Tout le monde est tendu. Denis est blanc comme dans ses moments de stress les plus intenses. Le fantôme du pigiste incontrôlable rôde. Une fois l'abcès crevé, la discussion commence. Patrick ne connaît pratiquement rien de l'affaire. Il l'avoue. Sa franchise plaît aux Tanay. Les flambeurs n'ont aucune grâce à leurs yeux. Patrick a croisé quelques minutes les avocats Merle, Libman et Trinité-Confiant à Rouen. Il a vaguement discuté avec ses confrères rouennais. Rien de plus. Par ailleurs, Patrick n'est pas un spécialiste des faits divers. En quelques heures, il rattrape son retard. Un parcours difficile jalonné de moments de stupéfaction. « Pour le moment, la question n'est pas d'entendre ce que les Tanay ont à dire. Il faut simplement s'occuper de ce qu'il y a dans le dossier. C'est tout ce que nous demandons. Que la presse arrête d'écrire n'importe quoi », précise Denis. En clair, pas d'interview exclusive ni de déclarations fracassantes. Pas de baratin. Des faits, rien que des faits. Patrick est très impressionné par la rigueur et par la force morale des Tanay. « Quelle claque, me confie-t-il sur le chemin du retour. Je suis sur le cul. En arrivant, j'étais très mal à l'aise. J'essayais de la jouer à la décontracté mais je n'en menais pas large. J'avais l'impression d'être un voyeur. Quelle leçon ! »

Que va faire Patrick avec ce qu'il vient d'apprendre ? Peut-être rien du tout. Une agence ne travaille pas comme un journal à sensation. Il lui faut une actualité, une source.

Patrick me demande ce que l'arrêt de renvoi apporte de neuf. « Tout ! » je lui réponds. À part ce qu'ont publié *Libération* et *Liberté-Dimanche* en février 95, tout ce que contient l'arrêt est, médiatiquement parlant, nouveau.

Les Tanay gardent une pile de documents sous le coude. Il y a la fameuse lettre de la mère de Deperrois adressée, fin 94, à François Léotard, alors ministre de la Défense, donc patron de la Gendarmerie. Le capitaine Martinez est proprement haï par la famille Deperrois. Appelant à la rescousse la Déclaration des droits de l'homme, après avoir dénoncé toutes les exactions supposées des gendarmes, la mère Deperrois demande clairement des têtes au ministre. « Quelles sanctions comptez-vous prendre ? Pour notre part nous demandons la dégradation et la révocation pour faute très grave et inadmissible et abus de pouvoir. » Un post-scriptum ajoute : « Sans intervention rapide de votre part sur les agissements malhonnêtes et délétères de cette brigade, cette lettre sera transmise aux médias. » La lettre a été envoyée à la Presse havraise et au *Courrier cauchois* qui, hélas, ne l'ont pas publiée. C'était pourtant une pièce de choix. Dans une autre transcription d'écoute téléphonique, Jean-Michel Tocqueville dit à un ami tout le bien qu'il pense de Jean-Marc Deperrois depuis l'enfance : « Je crois qu'il est encore plus pourri que ce qu'on imagine... Je me rappelle quand j'avais treize ans, un jour j'avais une gastro-entérite, j'étais en camp avec lui tu vois, j'avais vachement mal au ventre tu vois et tu sais comment il faisait, il était môme tu vois. Il m'sautait dessus pour me faire encore plus mal. J'te jure il était comme ça quand il était môme. » Le roman des copains scouts n'a plus la cote. Ensuite, Tocqueville cherche à comprendre les motivations de Deperrois. Il pense que Deperrois, vexé d'avoir échoué dans la conquête de Sylvie Tocqueville, a voulu se venger à l'aveuglette. « Un acte de terrorisme, tu vois, comme les mecs foutent une bombe dans un car en Israël.

Ça serait de la vengeance pure. Un mec qui snappe un morpion en Bosnie tu vois, j'vais dire ça existe tu vois. Il a dit stop, basta, y vont en prendre plein la gueule. » À cette époque, Tocqueville n'a pas encore bien compris qu'il était la cible.

4

Le mois d'Émilie

Les Tanay sont sur des braises. Ils entendent Charles Libman au « Téléphone sonne » de France-Inter et sur R.F.N.R. parler de la réforme de la justice voulue par Chirac. Qu'importe l'intérêt fondamental du débat, ça agace prodigieusement nos amis d'écouter Me Libman parader sur les ondes. L'avocat parlerait de la pluie et du beau temps, l'effet serait le même. Parallèlement, les députés discutent sur la réforme des assises. Me Libman, célébrissime auteur de *Et ce sera justice* et avocat de Jean-Marc Deperrois (comme le rappelle opportunément Galzain), ne manquera pas non plus une telle tribune. Corinne s'entretient avec Roger Merle au téléphone. « Il paraît que des journalistes veulent vous faire parler, lui lance-t-il, l'air de rien. Surtout, ne dites pas un mot ! » Le vieux renard se méfie, avec quelque raison, de la presse comme de la peste. Cela suffit pour redonner mauvaise conscience à Corinne. Elle a peur de trahir la confiance de son ancien avocat. Rien à craindre. Cette fois, nous sommes certains que l'A.F.-P. ne sortira aucune « interview exclusive » des Tanay.

Corinne gamberge sur les assises. « Tout le monde dit que nous allons en baver. » Au J.T. de France 2, le président de la cour d'assises de Paris commente le débat sur l'abaissement de l'âge des jurés. « Quel que soit l'âge, on ne sort jamais indemne d'une session de cour d'assises. C'est une plongée dans la pathologie et dans l'horreur. » Des propos peu réconfortants. Avec les horreurs qui voleront, une bonne préparation psychologique est plus que nécessaire. Deux choses inquiètent essentiellement les Tanay. La première tient dans le face-à-face obligé avec Deperrois pendant la durée du procès. Accusé et partie civile sont disposés de telle sorte que leurs regards ne pourront que se croiser. La seconde concerne la possibilité d'un acquittement de Deperrois. Inimaginable mais théoriquement possible.

Corinne dort mal. Dans ses cauchemars, elle perd ses cheveux et ses dents. C'est que le mois de février pointe le bout de son nez. Février, le mois d'Émilie. Février qui est devenu aussi le mois de Maxime. Nous marquons une pause le 9 février pour le goûter d'anniversaire du petit. Déjà un an. Toute la « nouvelle famille » est là. Corinne est dans une passe difficile. Les petites fêtes sans Émilie, l'angoisse du procès. Le psy qu'elle voit depuis quelque temps lui fait envisager la possibilité d'un acquittement. Question : « Êtes-vous prêts à cette éventualité ? » Réponse : « On ne s'en remettrait pas. » Pour le psy, Charles Libman va jouer à fond sur le doute qui profite toujours à l'accusé. « Que feriez-vous à la place des jurés ? » a demandé le psy à Corinne. « J'essaierais d'ouvrir grandes mes oreilles. »

Du grand procès au tout petit. Nouvelle audience prud'homale le 28 février. Je me passerais bien de la balade mais, finalement, ce genre de joute ne me déplaît pas. Cela regonfle un peu le tonus. Toute action de résistance, même minime, en ces temps ramollis, donne l'impression d'exister pleinement au moins quelques heures. Une trentaine de sympathisants sont là. Aucun journaliste. Je m'en fous. L'information circule malgré le blocage de la presse. Une dépêche A.F.-P. tombe à chaque audience dans les rédactions. Cela suffit pour faire siffler quelques oreilles. Après la plaidoirie de l'avocate de la direction, la juge me demande d'intervenir. Je ne me fais pas prier. Après l'exposé longuement argumenté de Roger Koskas, mon avocat, c'est la cerise sur le gâteau. *Libération* du 1er mars fait quelques lignes sur mon affaire, pages Médias, dans la colonne « Les gens ». C'est bref mais efficace. Et puis ça soulage un peu. Le S.N.J. a arrosé la presse régionale et nationale plusieurs fois depuis le début de la procédure. À part l'A.F.-P., *L'Humanité* et *Le Libertaire*, pas d'échos jusqu'alors. Nous aurions sans doute plus de chances d'être entendus si nous nous occupions d'une association pour la protection des nains de jardin !

Nous apprenons le 7 mars que les assises sont fixées du 2 au 17 mai. Ce 2 mai, Corinne et Denis fêteront leurs 16 ans de mariage. Les laboratoires Bellon peuvent se constituer partie civile. La Cour de cassation vient de déclarer recevable la demande des laboratoires qui fabriquent la Josacine. Sans citer une traître ligne de l'arrêt de renvoi, une courte dépêche A.F.-P. rappelle simplement que « les laboratoires avaient demandé depuis de longs mois à être partie civile. Ces demandes avaient été constamment rejetées ». La présence des avocats de Rhône-Poulenc sur le banc des parties civiles ne choque personne dans la mesure où Bellon a toujours été correct vis-à-vis des Tanay. Nous savons par avocats interposés que, pour ces gens, la mort d'Émilie est et restera la vraie tragédie.

Le Courrier cauchois du 8 mars tente un demi-scoop. « Jean-Marc Deperrois devant les assises début mai », annonce le titre à la une. L'information vient de Me Trinité-Confiant, avocate rouennaise de Jean-Marc Deperrois. « Les dates du rôle des assises ne sont pas connues mais l'audiencement du procès est prévu pour durer une quinzaine de jours, voire trois semaines », indique Patrice Lefebvre avant de prédire « un procès fleuve qui sera hyper médiatisé ». Il précise : « Rien n'a été laissé au hasard au cours de cette instruction marathon dirigée par le juge Christian Balayn qui a même ordonné des expertises pour déterminer si Émilie était bien la fille biologique de Denis et Corinne Tanay, rapportait-on, il y a quelques mois, dans le milieu de l'enquête. » C'est la première fois que cette info est donnée. On pourrait même dire que le *Cauchois* en fait trop à la fin en prétendant que « deux ténors des barreaux de Paris et de Toulouse » vont s'affronter dans la plus grande salle des assises du palais de justice de Rouen. Voilà Laurent de Caunes propulsé chez les « ténors » qui épatent tant la France profonde.

Le rôle de la cour d'assises est connu officiellement le 10 mars. Dans *Le Havre libre* du 12 mars un papier annonce les dates précises et la constitution de partie civile de Bellon. Tout le papier est construit sur un très long historique du retrait puis du retour de la Josacine sur le marché. Dans la première colonne, B.M.-C. parle aussi des expertises et des subtiles différences qui pourraient être exploitées par la défense pour faire pencher le jury en faveur de l'innocence de Jean-Marc Deperrois, « notable cauchois à l'honneur perdu », qui plaidera non coupable.

5

Pipi de chat

La Presse havraise et le *Cauchois* du 28 mars donnent le résultat du procès lancé, devant le tribunal correctionnel de Rouen, par Deperrois contre *Ici-Paris*. Selon Charles Libman, le papier de *Ici-Paris* du 24 juillet dernier pouvait semer la confusion dans l'esprit des futurs jurés d'assises. C'est pourquoi il a fait échouer cette affaire à Rouen et non à Paris comme les précédentes fois. Me Libman demandait 200 000 francs. Le tribunal relaxe tout simplement *Ici-Paris*. En mélangeant le 29 mai et le 11 juin 1994, l'article de Fannie Fitoussi faisait pourtant une sacrée entorse, sans doute involontaire, à la vérité. Nous nous souvenons que Deperrois a gagné à Paris contre *Détective*, en septembre dernier, pour exactement le même motif sur le même petit bout de phrase. Il avait alors gagné 20 000 francs plus des dommages et intérêts. Le procès d'*Ici-Paris* s'est tenu le 26 février. Me Libman fait appel. Le verdict des assises sera rendu d'ici là.

Il est difficile de décrire l'état de Denis et Corinne à cinq semaines du procès. Sous l'apparente sérénité couve une crainte indicible. « Nous espérons que les journalistes sauront se tenir. Nous ne voulons pas jouer à cache-cache avec eux », assure Corinne. « Nous accepterons de répondre à une question, pas à deux. Il ne faudra pas que cela dure trop longtemps », précise Denis avec un sourire tendu. Ils veulent donner une image respectable, responsable, aux médias. Pour le souvenir d'Émilie, ils joueront le jeu. Sans colère ni règlement de compte agressif. Comment réagira la presse ? C'est une autre histoire.

Les Tanay sont également préoccupés par l'après, par le vide qui succédera à l'agitation. Une nouvelle étape commence. Maxime a maintenant sa propre chambre. Le petit ne dort plus dans l'espace qui aurait appartenu à sa sœur. C'est important que les territoires soient bien distincts. Corinne commence à ranger certaines affaires d'Émilie. Un travail douloureux. Chaque objet, chaque habit pèse des tonnes. Corinne doit s'armer de courage pour déplacer un simple dessin, un petit poème secret d'Émilie qu'elle n'avait pas encore découvert. Sur la plage du Havre où nous parlons, des centaines de gens profitent des premières heures ensoleillées de l'année. Les regards de Corinne et de Denis accrochent instinctivement toutes les silhouettes de fillettes que nous croisons.

Laurent de Caunes vient plaider devant la commission d'indemnisation des victimes le 4 avril. Il en profite pour passer un moment avec les Tanay. La presse commence à trouver le chemin de son cabinet toulousain. Laurent de Caunes repart avec des échos de la campagne profonde. Par divers canaux, nous apprenons ce qu'il se colporte autour de la mairie de Gruchet. Les gens bavent sur le registre. « Avec Deperrois, les Tanay ont trouvé le bon pigeon à plumer ! » Corinne absorbe comme une éponge toutes ces saletés. « Jusqu'à quand allons-nous entendre ça. Ces gens ne se rendent pas compte. Pourquoi sont-ils aussi méchants ? » Sa douleur, son besoin de justice, rendent Corinne très vulnérable. Les médisants crachent contre le vent.

En vue du procès, j'accompagne Michel Henry une dernière fois à Saint-Jean le 22 avril. Pendant que Michel travaille à l'étage, nous parlons des derniers bruits recueillis dans la cambrousse. Les paysans sont toujours branchés sur Radio France-Normandie. Dans la coopérative agricole proche de Saint-Jean, l'affaire est entendue : Deperrois n'est pas coupable. Fumant une cigarette sur le pas de sa porte, Denis aperçoit, en fin d'après-midi, une voiture qui manœuvre dans le chemin face à sa maison. Le mauvais chemin n'est en général emprunté que par des tracteurs ou des habitués. Un, deux, puis trois hommes sortent de la voiture blanche sans signe distinctif apparent. L'un d'eux porte un objet qui ressemble furieusement à un pied de caméra. Ils sont à deux cents mètres. Ils installent leur matériel et filment. Denis va fermer les rideaux de la chambre de Maxime. Inutile de tenter le diable. Une photo de Maxime doit valoir son pesant de cacahuètes en ce moment. Quelques minutes plus tard, la voiture revient, passe derrière la maison et s'arrête. Denis ressort. Dominique Verdeilhan, de France 2, s'approche avec deux gars. Verdeilhan sait par de Caunes que les Tanay ne sont pas disposés à parler pour le moment. Il pose tout de même quelques questions à un Denis qui reste de marbre. « Il y a un dossier. Tout est dedans », se borne-t-il à répondre. Verdeilhan dit qu'il a lu l'arrêt de renvoi, donne le nombre de pages recto verso comme preuve et parle des quatre-vingts témoins qui vont défiler à la barre. Verdeilhan se demande pourquoi les Tanay sont allés chercher des avocats à Toulouse et repart faire quelques images pour illustrer le sujet prévu le 1er mai.

Après quelques semaines de suspense, le conseil de prud'hommes du Havre rend son jugement le 24 avril dans les affaires qui m'opposent à *Liberté-Dimanche*. Le journal est condamné à me verser une indemnité de 15 000 francs en réparation du préjudice d'atteinte aux libertés d'expression et syndicales du salarié. Le conseil annule la sanction de mise à pied et dit que mon licenciement est dépourvu d'une cause réelle et sérieuse. *Liberté-Dimanche* est donc condamné à me verser, en plus, 38 350 francs en dommages et intérêts. Victoire sur toute la ligne. Le journal a un mois pour faire appel. Dans *Libération* du 25 avril, Michel Henry publie un bel article avec photo sous le titre « Le journaliste a droit à l'expression syndicale ».

Après France 2, les Tanay reçoivent la visite de *France-Soir*. Deux journalistes prétendent qu'ils ne pouvaient pas repartir de Saint-Jean sans venir les voir. Denis lâche deux phrases pour demander que la mémoire d'Émilie soit respectée et commenter la défense de Deperrois. Pour lui, c'est du « pipi de chat ». Il regrette la formule au moment même où il la prononce. Les Tanay viennent de recevoir une lettre de Roger Merle. « Ne dites rien à la presse. Pas un mot. » Trop tard. Les Tanay viennent de recevoir la liste des vingt-deux témoins cités par la défense. Denis fume comme un volcan. Ses jambes entament une danse de Saint-Guy sous la table. Corinne avale ses comprimés. Toutes leurs nuits sont blanches. L'excitation nous contamine. Même Nadja est électrique.

Le procès de la Josacine est le dossier du jour de *France-Soir* du 30 avril. Deux pages et trois photos pour résumer l'affaire. Sur la première, on voit Deperrois buvant une coupe de champagne. Selon la légende, « Pour Jean-Marc Deperrois, le temps des fêtes est bien fini ». La seconde montre la tombe d'Émilie, que *France-Soir* semble situer à Gruchet. La dernière présente Jean-Michel Tocqueville dans son salon avec un clebs. Quel sombre plaisir éprouve-t-il à poser encore avec complaisance ? En passant chez les Tanay, Jean-Frédéric Tronche n'a pas raté le « pyjama lilliputien de Maxime » accroché sur un séchoir. Il n'a pas non plus raté les paroles de Denis. « Pipi de chat », c'est une formule en or dans la bouche de quelqu'un de peu bavard avec la presse. C'est court, c'est clair et net. À la place de Tronche, j'en aurais fait au moins un intertitre. *Détective* du 1er mai consacre quatre pages au procès, dont la dernière conçue comme une espèce de poster. Un bandeau barre toute la largeur : « Accusé Deperrois, levez-vous ! » TF1 et France 2 font des reportages acceptables dans leurs journaux du soir mais France 3 annonce que Corinne était la maîtresse de Deperrois... TF1 montre une photo d'Émilie volée au domicile de ses parents en juin 94. La chaîne privée donne une interview limpide de Laurent de Caunes et repasse des documents d'archives. Il est cocasse de réentendre Sylvie Tocqueville affirmer qu'elle n'est pas la maîtresse de Deperrois et de revoir Jean-Michel Tocqueville en train de défendre l'amant de sa femme. Revenu à la réalité, Tocqueville est questionné sur un éventuel désir de vengeance. Pour *L'Express* du 1er mai, c'est « Le procès empoisonné ». Henry Haget plaide pour l'accusé qui a commis l'erreur d'endosser les habits du notable sans scrupule, ceux du coupable tellement idéal. Haget ne se foule pas et nous ressort les clichés qu'il a déjà pondus dans son papier du 27 juillet 1995 : le coup d'un classique cinématographique. Coupez !

6

Faites monter l'accusé

Première journée d'audience. Les parents d'Émilie franchissent le portail du palais de justice à 9 heures et sont happés instantanément par une meute, il n'y a pas d'autre mot, de photographes et de journalistes. Ils sont venus. Ils sont tous là. Les stars télégéniques des faits divers comme les obscurs plumitifs. La bousculade. Apercevant l'accueil qui leur est réservé, Corinne craque dans la rue et se ressaisit tant bien que mal pour franchir le mur (in)humain. La seule vue de ce pack donne envie de tourner les talons. Mais, même aveuglé par les projecteurs et les flashes puissants, il faut avancer. Laurent de Caunes tente de calmer les plus entreprenants. « De l'air ! De l'air ! » Dans la salle des pas perdus, les grandes manœuvres commencent. Tous les témoins, les amis de Deperrois, les curieux sont là aussi. Les Tocqueville donnent déjà des conférences de presse et posent ensemble ou séparément. Jean-Michel Tocqueville se retrouve avec un *Paris-Normandie* dans les mains et, docilement, fait semblant de lire pendant qu'on le filme. Les Madeleine se paient aussi leur part de succès. Sans parler de la femme Deperrois qui entame immédiatement les hostilités : « Mon mari est innocent, je le dis depuis trois ans. » Charles Libman tutoie ses vieux potes de la presse parisienne en leur promettant des « révélations ». Rapidement, les Tanay se faufilent dans la salle d'audience où ils sont provisoirement à l'abri. Les témoins et les jurés s'installent également. La police fait entrer la presse, photographes et cameramen compris. Bloqués dans leur box, Denis et Corinne sont filmés sous toutes les coutures comme des animaux pris au piège. Je m'installe le plus près possible d'eux. Les premiers rangs de fauteuils situés à gauche sont réservés aux journalistes. Un chahut s'installe. Le programme a plus d'une heure de retard. C'est l'occasion des retrouvailles pour les spécialistes des faits divers. Tout le monde se connaît plus ou moins. Les titres cousinent comme larrons en foire. Les uns échangent des souvenirs d'affaires célèbres, les autres des points de vue touristiques ou des critiques sur l'architecture de ce qui fut le Parlement de Normandie. La magistrale crucifixion qui orne le mur suscite des interrogations. Datée du XIIe siècle, c'est une ruine lugubre. « Où est Marianne ? » s'étonne un confrère. Devant nous, les Tanay sont enfermés dans un autre monde. De loin, on commence à faire leur portrait.

« Denis Tanay est grand, les cheveux en brosse et une moustache. Corinne est petite. Elle met sa figure dans ses mains. » Au-dessus des têtes, les ors du plafond produisent des reliefs kaléidoscopiques menaçants. Aux pieds de la cour et du jury, des kilos d'éléments du dossier Deperrois sont enfermés dans plusieurs cartons et gros sacs-poubelle posés en vrac.

À 10 h 40, le président Jean Reynaud prononce la phrase rituelle qui ouvre le procès : « Faites monter l'accusé. » Entre deux policiers, Jean-Marc Deperrois surgit de nulle part. Il s'installe derrière des vitres à l'épreuve des balles. Denis et Corinne sont blêmes. Ils pleurent. C'est la première fois qu'ils sont confrontés physiquement à celui qu'ils identifient comme l'assassin d'Émilie. Ils vont devoir supporter sa vue jusqu'à la fin. Le box de l'accusé et celui des parties civiles se font face. Entre les deux, la barre attend les témoins. Je découvre un Deperrois bien loin du « notable dynamique et sportif » dépeint par la presse. Je vois un homme maigrelet dans un costume vert trop grand. Difficile de deviner le Roméo de Gruchet dans cette dégaine. Son regard a quelque chose d'inquiétant, de dur, d'indéfinissable.

Après l'installation des jurés, six femmes et trois hommes, Charles Libman n'attend pas longtemps avant de provoquer un incident. Il s'oppose à la plainte des laboratoires Bellon, également partie civile. Me Libman s'attaque aux conclusions de Michel Normand, l'avocat des labos, qui désigneraient Deperrois comme coupable. L'occasion pour Me Libman de rappeler que Deperrois comparaît innocent et de s'offusquer de deux décisions de la chambre d'accusation qui auraient également violé la présomption d'innocence. Charles Libman s'adresse aux jurés : « Ce que vous avez lu ou entendu auparavant, vous devez l'oublier. » Laurent de Caunes reprend du tac au tac en faisant remarquer que « la présomption d'innocence existe, mais il faut bien aussi que les auteurs de crime comparaissent devant les assises ». Au passage, il met en lumière la « manœuvre d'intimidation de la défense ». Charles Libman est furieux. J'observe Deperrois quand, parlant de la personne qui a introduit le cyanure dans la Josacine, Michel Normand explique que nous avons affaire « à une main criminelle, à un fou ». Deperrois ne bronche pas. Il reste stoïque sur son banc.

À la pause, une femme vient au devant de Denis sorti fumer : « Je suis de tout cœur avec vous. Je suis la maman de Jean-Michel. » Une heure plus tôt, la mère de Tocqueville s'est levée devant les caméras pour exhiber une photo d'Émilie. Certains pensent qu'il s'agit de la grand-mère de la petite. Étrange manège. Corinne croise la famille Deperrois. Elle sent sur elle le poids du mépris de ces gens. Insupportable. Un quidam est venu avec son caméscope. L'abruti filme tout ce qui bouge dans la salle des pas perdus, même les équipes de télévision. Version vidéo de l'arroseur arrosé. Assis au milieu de mes chers confrères, j'entends qu'ils ne comprennent pas grand-chose à l'affaire. La plupart restent branchés sur la fréquence Libman, « dossier très léger ». Certains se plaignent de la concurrence des élections législatives qui les prive de matériel. Une chance, ces élections. Elles calment le jeu des rédactions. À quoi tiennent les couvertures médiatiques ? Imaginons une période sans événement majeur. Je me sens comme un moustique égaré au milieu d'une toile d'araignée. Mon badge mentionne « Journaliste indépendant ». Les autres arborent des badges TF1, *Figaro*, *Progrès*, *Ouest-France*, R.M.C., France 2, *France-Soir*, *Parisien*, *V.S.D.*, *J.D.D.*, *Le Monde*, *Elle*, M6, *Détective*... Plus de cinquante accréditations permanentes ont été distribuées. Voyant mes allées et venues avec les Tanay, Arnaud Bizot, de *Paris-Match*, semble avoir compris le parti qu'il pourrait tirer de moi. Il me propose tout de go de piger pour son magazine, « bien meilleur que la réputation qu'il se trimbale partout ». Ayant le feu vert de sa rédaction, le gars me relance plusieurs fois. Je laisse couler. Michel Henry m'assure que je viens de passer à côté de la plus belle pige de ma vie. Selon lui, cette collaboration si elle débouchait sur une interview exclusive et quelques photos pourrait me rapporter entre 100 000 et 200 000 francs. Je reste journaliste sans journal. Je travaille dans la marge.

Nous déjeunons dans un petit restaurant ignoré de la presse pour l'instant. La conversation est polarisée sur la matinée. Seule parenthèse amusante, Laurent de Caunes me parle de sa passion pour Alexandre Vialatte et ses chroniques pétillantes dans le journal *La Montagne*.

L'après-midi s'ouvre avec la lecture de l'acte de renvoi. Une performance de deux heures. Les Tanay connaissent le texte par cœur. Malgré tout, les passages les plus cruels les replongent dans une grande souffrance. Deperrois ne cille pas. Il se rend ensuite à la barre, chose surprenante, pour l'interrogatoire sur sa personnalité. Sous la direction du président Reynaud, le récit remonte à ses plus jeunes années, quand ses parents, commerçants ambulants, les laissaient seuls, lui et sa sœur, tous les matins. La chronologie égrène les époques : études, vie professionnelle, vie politique, vie familiale. L'itinéraire du notable se perturbe à ce chapitre. Le président Reynaud lit une lettre du fils Fabrice adressée à son père en 1991 : « Tu ne m'aimes pas. Je ne compte pas pour toi. Comment interpréter tes insultes incessantes à mon égard et ton comportement effarant ? Je ne peux plus le supporter. Il n'y a pas de confiance entre nous, que des rapports de force. Je ne sais pas si tu m'aimes ou si tu me tolères juste comme un étranger. » La rigidité de Deperrois apparaît vite à la barre au moment où les avocats des parties civiles l'interpellent.

« Pourquoi me posez-vous ce genre de questions ? » demande-t-il quand on le pousse à s'expliquer sur ses relations avec sa femme et avec Sylvie Tocqueville. Deperrois a l'habitude de mener la barque. C'est lui qui demande des comptes, pas l'inverse. Pour lui, l'affaire est simple. Sa relation avec Sylvie Tocqueville était en phase d'extinction. Il n'aimait plus. Les feux de la passion étaient retombés. Les baisers échangés avec sa maîtresse se comptaient sur les doigts de la main. Il est sûr de lui sauf quand il évoque son expérience carcérale. Jusqu'alors relativement à l'aise et décidé, il se met à bafouiller. « Physiquement, ça va. Mais le bonhomme n'est pas bon. La prison, ça bousille un homme. » Deperrois a fait le compte. Cela fait 1 009 jours qu'il est en taule. Et il sanglote. Denis se retient. Il voudrait lui dire que le cyanure ça bousille bien les petites filles. À l'extérieur, Charles Libman s'entretient avec la presse : « J'espère qu'à l'issue des débats, les jurés feront libérer mon client. Non pas au bénéfice du doute mais bien parce que son innocence aura été démontrée. Au bénéfice du doute, un homme ne récupère pas son honneur. Et pour Jean-Marc Deperrois, l'honneur compte autant que la liberté. »

Je rentre chez moi vidé. Une lettre m'attend. Le conseil de prud'hommes m'apprend que *Liberté-Dimanche* a fait appel de la décision rendue contre eux. La hargne de mes ex-patrons est sans borne. Comme des pit-bulls, ils sont incapables de desserrer les mâchoires quand ils tiennent une proie. Un exemple : après l'arrivée du R.P.R. à la mairie du Havre, ils m'ont fait perdre ma place de pigiste au magazine municipal. À la sortie d'une audience, un confrère syndiqué de Rouen m'a fait des excuses pour ne pas avoir défendu mon dossier. Jusqu'à l'annonce de ma victoire devant les prud'hommes, il était persuadé que mes difficultés résultaient officiellement d'une « faute professionnelle ». Laquelle ? Mon enquête sur l'affaire Deperrois, un plagiat de vieux articles comme chacun sait. Ses sources ? L'équipe de *Liberté-Dimanche*. Raide.

Le plan des audiences se déroule finalement jusqu'au 22 mai. Quinze jours de procès minimum. Le procès du M.C. Ruby, présidé lui aussi par Jean Reynaud, devait durer deux semaines et demie. Le verdict n'a été rendu que cinq semaines plus tard. Le président Reynaud semble mériter son surnom. Il a prévenu : « Nous prendrons le temps qu'il faut. » Tout le dossier sera épluché dans l'ordre chronologique. Pour nous, il n'y aura ni pause, ni jour férié, ni dimanche. Sortis du tribunal, les Tanay ont besoin de se défouler, de parler, de faire le point. Le 4 mai, jour de kermesse cette année dans la sinistre école Sainte-Geneviève de Bolbec, nous nous réunissons pour échanger nos premières impressions. De leur place à la cour, ils distinguent nettement tous les mouvements dans la salle. Ils voient les supporters de Deperrois se trémousser. Ils voient les journalistes ricaner. Ils voient les yeux parfois exorbités de Deperrois et son allure d'épouvantail. On se demande comment Emmanuelle Chantepie peut décrire Deperrois comme un type « impeccable dans son complet vert bouteille » dans le *Journal du dimanche*. Nous ne nous attardons pas trop sur les articles de presse ni sur les photos qui dévoilent les parents d'Émilie ravagés par la douleur. Les vautours en auront pour leur argent. Les titres donnent l'état d'esprit de certains confrères. « Jean-Marc Deperrois prêt à en découdre » pour *France-Soir* et « Jean-Marc Deperrois déterminé à se battre » pour *Le Parisien* du 3 mai. La plupart des confrères s'excitent à l'idée que Charles Libman a promis des surprises. C'est même le titre de *Liberté-Dimanche*. Me Libman peut toujours s'indigner, jeter ses lunettes et faire claquer ses dossiers, il ne pourra pas éternellement se contenter d'esbroufe.

Avant de repartir pour Rouen, les Tanay craignent un nouveau rush médiatique. La sortie a été aussi brutale que l'entrée. Le type de R.M.C. a littéralement planté son micro sous la gorge de Denis pendant que d'autres le bombardaient de questions. L'équipe de France 2 campait au pied de l'escalier, espérant, en vain, une déclaration des parents d'Émilie. La demande de son et d'images est grande. Le dossier passionne les foules qui débloquent à tort et à travers. Même Nadja dans son école maternelle est obligée de contrer la désinformation au Havre. Un de ses petits copains de classe, un môme de six ans, affirmait que Denis est l'assassin d'Émilie.

7

Deux couteaux dans le ventre

Deuxième jour d'audience. Les témoins proches de la défense défilent à la barre. Les parents de Deperrois ouvrent la matinée. La mère rappelle que son fils s'est engagé à douze ans chez les louveteaux, dont la devise est « Protéger et servir ». Une devise que l'on adopte pour toute la vie selon elle. Non, son fils n'est pas un agité. Il l'a prouvé en restant toujours calme, même en 1968. Yvette Deperrois est émue quand elle évoque l'incarcération de son fils. « Je suis arrivée au parloir le 18 août, il hurlait son innocence. On l'a tué psychologiquement ce jour-là », affirme-t-elle. Deperrois cache son visage dans ses mains. Anne-Marie Deperrois, ex-cheftaine de louveteaux, se présente avec « deux couteaux dans le ventre » : un mari injustement incarcéré et une douloureuse histoire d'adultère. « L'innocence de mon mari passe devant ma douleur de femme trompée. C'est mon combat. » Anne-Marie Deperrois s'est trouvée face aux incartades de son mari au moment de sa garde à vue. Elle se rend compte que son mari la trompait toujours avec Sylvie Tocqueville après la reprise de leur vie conjugale. Anne-Marie Deperrois avait quitté son mari pendant trois mois pour retourner chez ses parents. Par précaution, elle avait même signalé son départ au commissariat de Bolbec. Durant l'été 94, elle craque et écrit à son taulard de mari : « Trop c'est trop. Apprendre mon cocufiage fin juillet et apprendre ensuite par le juge vos petites saletés dans la mairie. J'ai vu Sylvie Tocqueville. Elle ne se sent pas coupable. Elle dit : c'est l'amour. Mais dans ce cas, J.-M.D., on ne profite pas d'une autre personne. Moi, je suis l'esclave à la maison. Je crois qu'un choix s'impose. C'est Tocq ou moi. » Anne-Marie Deperrois indique aussi que Sylvie Tocqueville voulait devenir son amie. La « Tocq » lui assurant qu'elle ne pouvait pas être plus qu'une grande amie de son mari dans la mesure où, jéhoviste, elle ne pouvait aller au-delà sans craindre une exclusion. Mais Anne-Marie Deperrois ne voulait pas de cette amitié. « Je n'avais pas envie d'entendre parler de Sylvie Tocqueville à la maison. » Dans un courrier du 24 février 1995, Anne-Marie Deperrois demande à son mari de choisir entre elle et la « Tocq ». Ainsi, huit mois après les faits, Jean-Marc Deperrois hésite encore entre sa femme et sa maîtresse. Blessée, Anne-Marie Deperrois demande à son époux d'attendre la fin des examens de leur fils s'il veut divorcer. Une version qui contredit largement celle que le petit notable donnait à la première audience. Deperrois est à nouveau pris en flagrant délit de mensonge. Sylvie Tocqueville n'était pas qu'un simple coup de canif dans le contrat. Pour redresser la barre, Me Libman lui fait dire que Deperrois connaissait très bien, en bon père, la Josacine pour en avoir administré à ses enfants. Lesquels enfants soutiendraient maintenant leur paternel.

Et puis Charles Libman lui demande d'évoquer le coup de fil que Jean-Marc Deperrois a reçu une nuit, quatre mois et demi avant le drame. Deperrois aurait été menacé « en tant que patron et adjoint au maire ». Une voix lui disait qu'il n'aurait bientôt plus les « mains blanches ». Une révélation invérifiable qui arrive bien tardivement.

D'autres témoins se suivent à la barre. Claude Laplace, maire de Gruchet, défend son adjoint. Dans une lettre, il le trouve critiquable sur deux choses : le jet de cyanure dans la Seine et les mensonges aux enquêteurs. « N'oublie pas qu'il y a des élections dans six mois », sermonne le militant C.N.I. Le président Reynaud veut lui faire reconnaître ses interventions pour mettre en contact la famille Deperrois avec la presse. Laplace se fait hésitant. Reynaud lui dit : « Attention, il y a des écoutes téléphoniques. » Comme témoin, Laplace a juré de dire la vérité et rien que la vérité. Il admet donc : « Au début, oui. » Pierre Roussel, enseignant à la retraite, ex-P.S. devenu maire « sans étiquette » de Bolbec, se souvient de l'élève Deperrois qui deviendra le représentant de Gruchet dans le Sivom. Viennent des voisins, des responsables sportifs, des gens reconnaissants d'avoir obtenu un permis de construire grâce à Deperrois. Tout comme les propres parents de l'accusé, personne ne sait *a priori* quoi que ce soit de la vie privée de Deperrois : « On ne s'occupe pas des affaires des autres », « On n'a pas remarqué que Mme Deperrois n'était plus chez elle. » Ambiance cauchoise. Sempiternels « Chacun chez soi ». Des témoignages qui ne mènent nulle part.

La journée se termine avec deux experts. L'accusé a cherché à se soustraire aux tests du psychologue Jean-Paul Lefebvre. Mais, selon ce dernier, ses réponses ne sont pas pour autant anodines. Le Dr Cron, psychiatre, parle lui de « dispositions caractérielles qui peuvent devenir des troubles paranoïaques si elles s'aggravent ». Deperrois, qui parle parfois à la troisième personne, se raccroche au rationnel pour mettre l'affectif de côté. Sa capacité à rationaliser lui permet de dissimuler. C'est ce qui lui confère sa « force de caractère ». Le fonctionnement de Deperrois le fait errer près des « états limites ». Me Libman ironise sur la validité des tests psy : « Science ou art ? » Un classique qui est décliné avec beaucoup d'ironie par Mathieu Aron sur France-Inter. « Méfiez-vous si un jour on vous demande de dessiner un paysage. » Aron commente le test. « C'est un dessin, un simple dessin qui risque un jour de coûter cher à Jean-Marc Deperrois. Il s'agit de dessiner sur une feuille blanche une maison, une voiture, des personnages et une rivière. Il paraît qu'ainsi une personnalité révèle tous ses secrets. Jean-Marc Deperrois a fait une belle maison et une très jolie voiture. Conclusion, il a un caractère fort et entier voire imbu de lui-même. Mais surtout, pour son plus grand malheur, il a dessiné de ridicules petits bonshommes et a crayonné de noir sa rivière. Et ça, pour l'expert, c'est très, mais alors très inquiétant. Jean-Marc Deperrois ne maîtrise pas son affectivité. Sous le coup d'une passion amoureuse, il risque de commettre un geste fou. Et voilà un accusé désigné comme parfait coupable potentiel. Étonnante expertise, pour ne pas dire autre chose. M. Lefebvre n'a pas fait dans la nuance. »

À la sortie, la mère de Deperrois tient une conférence de presse : « Il y a eu l'affaire Dreyfus, l'affaire Seznec. Il risque d'y avoir maintenant l'affaire Deperrois. »

8

Coup de théâtre

Le 6 mai, une rumeur court dès le matin. Charles Libman annonce « un coup de théâtre » à quelques journalistes. Selon lui, l'accusé va être innocenté dans la journée. Nous pouvons faire nos valises et retourner chez nous. La fin du procès est annoncée pour le soir.

Le témoin Jean-Louis Martinez, gendarme directeur de l'enquête, occupe toute la matinée. En début d'audience, Deperrois a nié une nouvelle fois les faits. Le capitaine Martinez retrace longuement la chronologie de l'enquête. Il expose : « Il y a beaucoup d'éléments contre Jean-Marc Deperrois. C'est comme au Loto. Si on a un bon numéro toutes les semaines, on déchire le ticket. Le jour où l'on a les six bons numéros ensemble, on touche le gros lot. » Marie-José Trinité-Confiant, avocate rouennaise de Deperrois, tente d'embrouiller Martinez sur le nombre de kilos de cyanure saisis. Elle se moque des « trous de mémoire » de l'officier et se déclare « stupéfaite ». Charles Libman et sa collaboratrice ricanent dans leur box. Me Libman demande une suspension de séance en espérant que Martinez puisse retrouver la mémoire pour l'après-midi. Re-rigolade chez la défense, dans les rangs de la famille Deperrois et parmi les journalistes. Le président Reynaud intervient sèchement : « Je crois qu'il y a une chose qu'on ne peut pas faire ici, c'est rire. » Il répète cette phrase trois fois et reprend : « Il est important qu'on se contrôle tous, les uns les autres. Je le crois. » Corinne explose devant le triste spectacle. Elle quitte la salle suivie par une meute de micros et de caméras. Pleins feux. Corinne hurle : « C'est trop injuste. Le combat n'est pas loyal. Je suis outrée. On ne nous parle que de la réussite de Jean-Marc Deperrois. Y en a marre des histoires de fric ! » C'est dans la boîte pour tous les journaux audiovisuels à venir. Les ploucs vont être à la noce. Ils vont enfin voir les larmes de la maman d'Émilie. Nous tentons de reprendre un peu de force à l'abri dans une brasserie. Les premiers coups bas passent mal. Des badauds demandent des autographes aux stars du 20 heures. Les confrères, confondant les assises de Rouen avec le festival de Cannes, se plient au petit jeu.

Charles Libman fait une déclaration à la reprise en insistant sur le fait qu'un avocat « n'est pas un tricheur ». L'atmosphère est tendue. Martinez est de nouveau devant la barre. Laurent de Caunes lui pose une question qui rappelle que de la Josacine 500 a été prescrite à Jean-Michel Tocqueville en 1993. Charles Libman lui succède pour demander des comptes à Martinez sur des déclarations de Jean-Michel Tocqueville publiées dans la Presse havraise par un « journaliste sérieux ». Il s'agit du passage où Tocqueville dit avoir jeté son sucre, sa farine et des médicaments sur les conseils d'un gendarme. « C'est exact, répond Martinez. À cette époque on ne savait pas que le poison était dans la Josacine. Il faut se replacer dans le contexte. » Pensant à une farce enfantine, un gendarme a conseillé aux Tocqueville de jeter certains produits par précaution. Une saisie pour analyse aurait évidemment été un acte plus approprié. Me Libman reprend : « Alors, les Tocqueville, que je n'accuse pas, jettent leurs produits et on ne trouve rien à redire. Jean-Marc Deperrois jette son cyanure à la Seine et cela devient une charge. » La défense pose des questions sur une personne amie des Tanay et des Tocqueville. Martinez confirme que ce type a été condamné pour vol, qu'il est séropositif mais qu'il a refait sa vie et assume sa maladie avec beaucoup de courage. Soudain Charles Libman assure que la femme de cette personne possède une Renault Espace et qu'elle est venue à la fête médiévale le 11 juin 1994. L'Espace aperçue ce jour-là n'est donc peut-être pas celle que l'on croit... Il se trouve que cette personne n'a pas d'Espace. Elle travaille dans un établissement social spécialisé et s'est rendue à la fête avec un véhicule de service, un fourgon Trafic.

Mauvaise pioche. Mais cela ajoute un peu de flou au passage. Me Libman enchaîne les questions sur le témoignage des Madeleine puis sur la collerette du flacon de Josacine. Selon lui, « Corinne Tanay n'a jamais pu affirmer que la collerette était sertie au moment où elle prépare le sirop. Je n'accuse personne ». Martinez rectifie : « Dans un premier temps, Mme Tanay a déclaré qu'elle a entendu le clic de la collerette. Après, elle a dit qu'elle ne s'en souvenait plus. » Par chance, Corinne n'assiste pas aux débats. Elle a préféré rester à l'hôtel. La suite tourne au jus de boudin. Charles Libman regrette que Sylvie Rapp, le médecin traitant qui a prescrit la Josacine, n'ait jamais été entendue pendant l'enquête et ressort l'audition de Sylvain Vue, également médecin de Bolbec, qui a reçu Corinne et Sylvie Tocqueville deux jours après la mort d'Émilie. Selon Sylvain Vue, Corinne aurait dit avoir constaté une drôle d'odeur et une réaction effervescente lors de la préparation du second flacon de Josacine. Phénomènes qui n'étaient pas apparus au premier flacon. Vue en a parlé à son épouse et à sa sœur, pédiatre. Elles disent qu'elles auraient senti et goutté le sirop avant de l'administrer. Pour Me Libman, les choses sont claires : « La Josacine a été empoisonnée avant l'arrivée à Gruchet. Jean-Marc Deperrois est innocent. »

Suivent les témoignages du gendarme qui a enquêté sur le site Rhône-Poulenc et de techniciens des laboratoires

Bellon. Cela ne passionne pas les foules. À 19 h 30, Charles Libman sort de la salle d'audience, sans attendre la pause. Sa femme lui a fait passer un message. Les témoignages se poursuivent sans lui. Par curiosité, j'emboîte le pas du ténor. Je ne suis pas déçu. J'entends le confrère de R.M.C. caler la bande de son magnétophone. La voix de Charles Libman sort du magnétophone : « L'enquête n'est pas relancée, elle est anéantie ! » Je me pince pour être sûr de ne pas cauchemarder. Je m'aperçois qu'en coulisse radios et télés s'apprêtent à lancer le « coup de théâtre » de Me Libman. Pour certains, « Deperrois est innocenté ».

Dans la salle de presse, je surprends un curieux manège. Jacques Hardouin, correspondant de R.T.L. mais aussi journaliste à *Liberté-Dimanche*, a téléphoné à Sylvain Vue. Il offre confraternellement sa pêche à Europe 1, à France-Info et à Radio France-Normandie-Rouen. Les magnétophones sont tous branchés sur l'appareil de Hardouin pour repiquer le scoop. Je tends l'oreille. Je ne sais pas si Hardouin me reconnaît, je ne l'ai vu qu'une fois ou deux, mais ma présence gêne. Le son est baissé. Je m'incruste et finis par entendre ce que je veux. Le Dr Sylvain Vue, en principe soumis au secret médical, déclare que Corinne est bien venue le voir pour lui parler de l'aspect et de l'odeur bizarres de la Josacine. Il confirme ce qu'il a dit aux gendarmes. Vue est hésitant : « Cela fait longtemps. Heu... Il faudrait demander à Mme Tanay... » Hardouin a posé plusieurs fois les mêmes questions pour avoir de la marge dans les réponses apportées. Certains passages de l'interview sont plus affirmatifs que d'autres. Ceux-là sont gardés pour être diffusés. Tous les confrères sont d'accord, il y a pas mal de travail de montage mais c'est un bon coup.

Dans la salle des pas perdus, Charles Libman est avec ses potes journalistes impatients d'entendre le Dr Sylvie Rapp à la barre. Soudain, Paul Lefèvre, d'Europe 1, passe la tête derrière la porte de la salle d'audience pour siffler l'avocat de Deperrois. Le témoin Rapp est à la barre. Le ténor enfile sa robe en courant pour rejoindre sa place. Sylvie Rapp commence à parler. Les journalistes reviennent dans un même mouvement. Je retrouve mon siège. Sylvie Rapp dit que c'était la première fois qu'elle voyait Émilie. Elle précise que Corinne tenait absolument à ce qu'elle prescrive de la Josacine à Émilie. Me Libman veut savoir pourquoi Corinne n'est pas allée consulter Sylvain Vue et insiste pour que Vue soit cité à la barre rapidement. Laurent de Caunes ne se doute pas de ce qui se trame à l'extérieur. Il fait remarquer simplement que l'interrogatoire de Sylvain Vue réalisé le 4 juillet 1994 figure au dossier depuis août 94 et qu'il n'apporte aucune révélation.

Mais la machine est lancée. Charles Libman s'engouffre dans un procès d'intention en affirmant que cette pièce ne lui a pas été communiquée et prétend que la partie civile a été favorisée par rapport à la défense... Il avance pour preuve que les parties civiles et l'avocat général ont immédiatement trouvé le P.V. au moment où il l'évoquait. Le président fait remarquer que tous les conseils ont eu la possibilité de consulter le dossier original et d'en faire des photocopies. Il ajoute que si Me Libman souhaitait entendre Sylvain Vue à la barre, il pouvait le faire citer, aux côtés des autres témoins, dans les délais prévus. Pour conclure, il demande à entendre Corinne. Elle est absente. Elle est donc convoquée pour ouvrir l'audience suivante.

Pendant l'évacuation de la salle, la famille Deperrois se rue dans le box de l'accusé qui embrasse tout le monde, même son avocat. Le président fait appel au chef d'escorte pour rétablir l'ordre. Dehors, le chahut continue. Sylvie Rapp se perd dans les micros qu'on lui tend : « Après coup, bien sûr, on peut se dire que c'est bizarre que Corinne Tanay soit allée voir Sylvain Vue après la mort d'Émilie. Je ne connais pas grand-chose au cyanure. Pour moi, le cyanure, c'est surtout les histoires d'Agatha Christie. » Les micros se poussent mais elle a oublié de dire quelque chose : « Ah oui. Je dois dire que c'est la première fois que je m'exprime sur ce drame car je n'ai jamais été entendue par la police. » Poussée par les journalistes en quête de fables, Rapp brode au-delà des déclarations qu'elle a faites à la cour. Sensation désagréable. Le grand public ne voit et n'entend que ce que la presse offre en pâture. De mauvaises caricatures.

J'ai l'impression d'assister à deux événements parallèles. Le procès vu par les médias est un curieux exercice de style. Dopés par Charles Libman, certains journalistes poursuivent leurs enquêtes « à l'américaine ». Ils recherchent les témoins prétendument oubliés et se contrefoutent des audiences si elles n'aboutissent pas à des « coups de théâtre ».

9

Le lapin retourne dans son chapeau

Comme annoncé, le témoignage de Corinne ouvre la journée du 7 mai. Entorse au programme du rigoureux président Reynaud. Toute la presse est là, pas forcément en bon état. « Cet homme souffre », lance un confrère en direction d'un autre qui a du mal à cuver son vin. À les entendre, ils ont descendu pas mal de bouteilles dans la nuit.

Digne et tendue, Corinne s'exprime avec un débit que Reynaud a du mal à freiner. Elle devra attendre quelques jours de plus pour vider complètement son sac. Sur la seule question posée à cet instant, Corinne est formelle : « Ce ne sont pas mes propos. Je n'ai pas dit à Sylvain Vue que la Josacine présentait un aspect bizarre. Il n'y avait ni odeur ni effervescence. S'il y avait eu quelque chose d'anormal, je m'en serais aperçue. J'en suis absolument certaine. J'ai entendu le clic ou le clac, appelez ça comme vous voulez, de la bague de sertissage. Si le flacon avait présenté une anomalie, je l'aurais remarqué. À l'hôpital où je suis allée porter la bouteille d'eau minérale qui avait servi à la préparation de la Josacine, le pédiatre m'a dit : “ Vous avez de gros soucis à vous faire, madame. Nous avons retrouvé des traces de soude caustique dans le flacon de Josacine de votre fille. J'en ai parlé au substitut du procureur de la République. ” Je me posais plein de questions. J'ai demandé à Sylvie Tocqueville de m'accompagner au centre médical de Bolbec. Le Dr Rapp était absent. C'est à ce moment que nous avons croisé le Dr Vue. » Les journalistes sourient. La polémique va être vive, donc rentable. Michel Normand, avocat des laboratoires Bellon, prend la parole pour protester contre les propos de Charles Libman diffusés par les télés et les radios. « Il faut être clair. Vous sous-entendez que Mme Tanay a empoisonné sa fille ! » La thèse de Me Libman est simple : « Le poison existait déjà au départ du domicile de M. et Mme Tanay. Cette enquête est complètement anéantie. » Sur France 2, le père de Jean-Marc Deperrois exulte : « C'est net. La bombe a éclaté ! Si Jean-Marc était coupable je ne serais pas venu le soutenir. » Et Dominique Verdeilhan de parler des invraisemblances de l'enquête, des zones d'ombre, de la « bizarrerie » du président qui ne confronte pas Sylvain Vue à Corinne.

Marc Gaubert, le procureur de la République au Havre, occupe le fauteuil de l'avocat général. Il fait une déclaration pour contrer les thèses de la défense. Il rappelle avec force que chacun, à tous les niveaux de l'instruction, a pu lire la déclaration de Sylvain Vue. Personne ne peut se permettre de dire que tout le monde a été défaillant en négligeant ces déclarations. Corinne Tanay a déclaré à l'enquêteur Chaval que la Josacine avait un aspect normal sans odeur particulière. À aucun moment, dans des déclarations ultérieures, Corinne Tanay ne dit que la Josacine était anormale. Sylvie Tocqueville, qui accompagnait Corinne Tanay chez le Dr Vue, n'a jamais fait état des propos supposés de Corinne Tanay. Voilà pourquoi ces déclarations n'ont pas prospéré. En effet, si Sylvie Tocqueville n'a rien relevé de spécial dans les propos de Corinne, c'est qu'elle n'a pas prononcé les paroles que Sylvain Vue croit avoir entendues. Sylvie Tocqueville a été plusieurs fois auditionnée. Elle a envoyé plusieurs courriers au juge Balayn pour plaider en faveur de son amant. Elle n'aurait pas négligé un élément aussi précieux. Charles Libman fulmine. « Pour le ministère public, le Dr Vue a menti ! Ainsi, la mémoire de Corinne Tanay lui revient miraculeusement après trois ans. N'a-t-elle pas déclaré plusieurs fois qu'elle ne se souvenait plus, qu'elle avait autre chose en tête, et on la comprend... C'est à prendre en compte », admet-il froidement. Devant moi, Paul Lefèvre tape sur son fauteuil et se retourne : « Ah, je ne suis pas convaincu par cette affaire ! » À la pause, le capitaine Martinez me souffle : « Le lapin est retourné dans son chapeau... »

La journée est consacrée au cyanure. Gendarme chargé de remonter les filières du produit en France, employés d'Oril, un chercheur d'or amateur, responsables de Prolabo et de Bodson S.A. se succèdent. Jean-Marc Deperrois demande la parole pour intervenir sur un aspect technique et expliquer son besoin de cyanure. Il voulait noircir des métaux. Le Mescuvit proposé par Bodson ne lui convenait pas parce qu'il faut chauffer le produit avant d'y plonger les pièces. Le président Reynaud lui demande s'il peut citer une revue qui traite du noircissage par le cyanure. Réponse : « Non. » Me Libman plaide alors en faveur de l'empirisme qui, en marge des revues spécialisées, a, au fil des ans, fait évoluer la science et notamment la médecine. Le témoignage d'Alain Bodson est attendu. Il revient sur les conditions d'achat du cyanure pour Deperrois, un achat tout à fait inhabituel pour cette entreprise. Bodson a dû compléter sa commande avec un thermomètre digital pour qu'elle soit honorée compte tenu du faible coût du produit. Bodson est tombé de haut ensuite. L'ex-collaborateur sérieux et responsable s'est transformé en personnage agressif et menteur. Deperrois tenait à passer par Bodson pour commander le cyanure. Il ne voulait pas que son employé soit au courant de la présence de cyanure chez I.T.I. Il a nié avoir du cyanure alors que plusieurs personnes l'on vu à Nanterre venir chercher le produit. Un employé de Bodson S.A. fêtait son baptême avec ses collègues justement le jour où Deperrois est passé prendre possession de sa commande. Enfin, Bodson dit qu'il n'a jamais lu d'article sur les propriétés noircissantes du cyanure.

Corinne n'a pas eu la force d'assister à l'audience de l'après-midi. Nous la rejoignons à l'hôtel. Télés et radios n'ont pas débranché de la journée du « témoin oublié ». Laurent de Caunes donne son point de vue sur France 3 : « Je ne me sens pas malmené. Je suis confiant dans la mesure où je m'intéresse à ce qui se passe dans la salle d'audience et non à ce qui se passe sur le perron ou dans l'environnement extérieur. Je suis attentif aux débats. Le président les mène avec rigueur. Il a une grande qualité d'écoute. Il a un grand respect de la parole des uns et des autres. C'est tout ce qui compte. » Cela ne calme pas Corinne. Elle est furieuse contre Vue. Outre le fait qu'il est un peu bavard pour un médecin soumis au secret, c'est choquant pour un témoin potentiel de s'afficher avant même de paraître à la barre. Il se présente comme le médecin d'Émilie depuis quatre ans. C'est faux. Corinne rectifie : « Le médecin d'Émilie est un pédiatre du Havre. Pour les petits rhumes et les petits maux, nous appelions parfois les médecins de Bolbec. Nous n'en avions aucun d'attitré. C'était selon. C'est Sylvie Rapp qui a prescrit la Josacine d'Émilie, cela aurait pu être quelqu'un d'autre. Après le décès d'Émilie, avec Sylvie Tocqueville, je suis allée voir Sylvie Rapp pour essayer de comprendre ce qu'il s'était passé. Elle était occupée. Nous sommes allées voir Sylvain Vue mais je n'ai pas dit ce qu'il prétend. Pour qui il me prend, Vue ? Si le sirop avait eu un mauvais aspect, je ne l'aurais pas donné à Émilie ! Et puis les termes qu'il emploie devant les micros, ce ne sont pas mes mots. Il utilise des expressions médicales. Nous avons le carnet de santé d'Émilie. C'est la signature du pédiatre havrais qui apparaît la plupart du temps. Vue n'apparaît qu'une seule fois. »

La presse écrite s'en donne à cœur joie. Pour le *Paris-Normandie*, « La défense sème le doute ». À la une, une photo des Tanay en pleurs. Légende : « Corinne Tanay, éprouvée, a dû quitter l'audience après avoir témoigné. » Faux. Quand la photo a été prise, Corinne n'était pas encore passée à la barre.

Nous nous demandons ce qu'il se passe avec Sylvain Vue. Quelque chose nous échappe. Corinne a vu notre ex-camarade à la télé. « Il a la même gueule de faux cul qu'à l'époque du comité Juquin quand il essayait de nous faire avaler ses couleuvres pour récupérer un siège d'élu. » Une amie médecin nous dit qu'elle a honte d'être toubib. Je la rassure en lui disant que je ne suis pas plus à l'aise vis-à-vis de mes confrères.

10

Les corbeaux

Les effets du « coup de théâtre » de la défense sont assez mitigés dans la presse écrite du 8 mai, jour sans audience. Dans la Presse havraise, B.M.-C. note : « Ce qui est sûr, contrairement aux propos de Me Libman, c'est que l'enquête est loin d'être anéantie. » *Paris-Normandie* titre : « Coup dur pour la défense. » Pour *France-Soir* : « La mère d'Émilie contredit le docteur. » « La stratégie de l'avocat de l'accusé s'est heurtée au témoignage de la mère de la victime », selon *Le Figaro* qui pense que Me Libman croit tenir là son « pull-over rouge ». Pas mal de journalistes ne prennent pas Charles Libman au sérieux. En aparté, l'envoyé de *Détective* s'amuse de ce ténor qui met trois ans à trouver une pièce dans le dossier pour innocenter son client. Le problème, c'est que Charles Libman les aide à ponctuer de « coups » un procès qui s'annonce long. La méticulosité du président Reynaud colle mal avec leur digestion difficile et leur envie de gonfler l'événement pour bien le vendre. L'avocat de Deperrois l'a bien compris lorsqu'il leur parle de « l'anéantissement de l'enquête ». Du cousu main à leur intention. Devant les jurés, le ténor est plus prudent et ne cherche qu'à semer le doute en asticotant par exemple le gendarme Doby, celui qui a recueilli le témoignage de Vue. Un moment digne du *Gendarme de Saint-Tropez*. Faisant appel à sa « haute conscience de gendarme », Me Libman a pressé l'adjudant jusqu'à ce qu'il admette que la non-exploitation du témoignage de Vue peut être considérée comme une faille dans l'enquête. L'avocat a remercié Doby pour son « objectivité ». Du coup, il a hérité d'un surnom : Renard argenté. Celui de Garaud, avocat de Christine Villemin dans l'affaire Grégory qui refait surface dans les mémoires. Le président Reynaud a attisé les braises involontairement le 7 mai en démarrant l'audience par la lecture de lettres anonymes. L'une d'elles parle de visions religieuses. Une autre dit : « Deperrois est innocent. Le coupable est une femme. Elle n'est pas loin de vous. » Le retour des corbeaux.

L'un de ceux qui donnent le plus de crédit aux élucubrations de Vue, via Libman, est l'envoyé du *Monde*, Jean-Michel Dumay. L'édition du 8 mai titre : « Un témoignage négligé vient fragiliser les accusations contre Jean-Marc Deperrois. » Dumay commente : « Dans la salle de la cour d'assises de Seine-Maritime, des yeux s'écarquillent parmi les jurés, d'autres se plissent pour mieux cerner la démonstration qui en découle et l'énormité des conséquences qu'elle suggère. Dans la salle d'audience, l'assertion fait l'effet d'une petite bombe. Si l'empoisonnement a eu lieu avant Gruchet – ce que suggère ce témoignage –, Jean-Marc Deperrois peut être mis hors de cause. »

Piqué au vif par la contradiction apportée par Corinne, Sylvain Vue confirme sa déposition dans *Le Parisien* du 8 mai : « Je n'ai rien inventé. » Le praticien se dit « choqué qu'on ait pu remettre en cause l'honnêteté de sa démarche ». Vue précise : « Je n'accuse personne. J'ai rapporté des faits, sans arrière-pensée. Je ne suis ni juge ni gendarme. »

C'est dans l'audiovisuel que les propos de Vue moussent le plus. Nous nous demandons quel jus aurait pissé Antoine de Galzain avec les pseudo-révélations de Charles Libman. L'ancien rédacteur en chef de R.F.N.R. a quitté la région juste avant l'ouverture du procès. La défense est privée d'un allié dévoué. Un de perdu, dix de retrouvés ?

Quelques coups de téléphone donnés dans la région de Bolbec nous donnent une idée des effets de la campagne de Charles Libman. C'est catastrophique. Même les gens les moins mal informés sont déstabilisés. Qui croire ? La parole d'un médecin, c'est quelque chose dans la cambrousse ! Pas un repas de famille, pas une remise de médaille, pas une conversation de bistrot, pas une réunion électorale, pas un marché n'est épargné. Partout l'ombre de la mère infanticide resurgit. Qui d'autre sinon ? Les corbeaux profitent de l'occasion pour redonner de la voix. Revenant à Saint-Jean pour se reposer un peu et cajoler Maxime, les Tanay découvrent des messages répugnants sur leur répondeur téléphonique. Une voix camouflée murmure : « Il y avait Seznec et c'était pas lui. » Un refrain qui ressemble étrangement à la litanie égrenée par la famille Deperrois à l'ouverture du procès. Denis n'a pas le plaisir de profiter des gazouillis de son fils. Il passe plusieurs heures à la gendarmerie avec la cassette du répondeur.

11

Les faits pas les effets

Reprise éprouvante le 9 mai. Tout le monde a l'impression d'assister à ce procès depuis des mois. Le temps passe vite mais chaque heure pèse des tonnes dans nos têtes. La journée commence avec le gendarme Trophardy. Le témoin rappelle qu'avant Deperrois neuf personnes ont été interpellées et relâchées, qu'une piste a mené à Deauville où un flacon de Josacine 250 avait été déclaré suspect et qu'aucune trace des « recherches » de Deperrois n'a été décelée chez I.T.I. Seule la collerette de sécurité du flacon de cyanure a été retrouvée. Laurent de Caunes intervient pour signaler que la déposition de Jean-Marc Deperrois avant son incarcération contient cinquante-sept mensonges : « Ce n'est pas rien ! » Marie-José Trinité-Confiant tente une diversion en signalant que le flacon de Josacine saisi à Deauville a été cassé et que l'expert a mentionné Josacine 500 et non 250 dans son rapport. L'avocate dresse une liste « d'incidents » concernant les scellés. Le président Reynaud s'interpose avec sa précision légendaire. « Je sais, je sais. Je connais ces incidents. Il y en a d'autres. On peut donner la liste. Des erreurs, tout le monde en fait. Tout le monde. » Trinité-Confiant laisse entendre ensuite qu'il y a eu d'autres problèmes avec de la Josacine en France.

Le gendarme Goument, en qualité de procédurier, est allé à Gruchet pour procéder à des vérifications. Son rapport est clair. La porte-fenêtre des Tocqueville produit bien un son caractéristique et le barillet permet l'introduction d'une clé par l'extérieur même si une autre clé se trouve engagée verticalement à l'intérieur. L'enquêteur affirme par ailleurs que les Madeleine voient toute la cour des Tocqueville de leur jardin. La vue est moins bonne à partir de la salle de bains mais il suffit de se pencher un peu à la fenêtre pour avoir une vision complète. Interrogé par Charles Libman, le capitaine Martinez est conduit à s'expliquer à nouveau sur le conseil qu'un gendarme aurait donné aux Tocqueville afin qu'ils se débarrassent de leur farine et de médicaments. L'atmosphère est très tendue. Martinez répond qu'il a effectivement entendu dire qu'un gendarme ne dépendant pas de lui a donné ce conseil. Une suggestion qui aurait été faite une fois la perquisition terminée. Martinez s'explique à nouveau : « Nous étions tellement dans l'hypothèse de l'accident domestique que nous avons fait une reconstitution avec les enfants Tocqueville pour savoir s'ils étaient capables d'ouvrir le bouchon de sécurité d'un flacon de Destop. » Marc Gaubert, avocat général, tonne : « On nous présente comme faits à compter des éléments qui n'en sont pas ! » Charles Libman s'exclame : « Si je dis une incertitude, que M. le Président me reprenne, mais je ne triche pas ! Les faits que je mentionne, Jean-Michel Tocqueville les a exprimés dans un journal sérieux le 20 avril 1996. Je demande que ce journaliste soit cité pour qu'il s'explique sur son article. » Ce à quoi le président répond : « Il me semble plus intéressant d'entendre celui qui a dit plutôt que celui qui a recueilli le propos. »

Arrive Monique Madeleine, la voisine de la mairie de Gruchet et des Tocqueville. Elle raconte qu'elle a vu Jean-Marc Deperrois sortir de chez les Tocqueville deux fois en mai 1994. « Début mai, j'étais dans ma cuisine. Mon mari était près du mur mitoyen. Il est venu me dire qu'il avait vu quelque chose d'incroyable, M. Deperrois sortir de la salle à manger des Tocqueville et fermer la porte à clé. On a pris la voiture, on a fait le tour et, sur le parking de la mairie, on a vu M. Deperrois qui tournait comme un fou autour de la voiture de M. Tocqueville comme s'il voulait y entrer. J'étais vexée moi-même d'avoir vu ce que j'ai vu », dit-elle. Le 29 mai, elle est cette fois à la fenêtre de sa salle de bains en train de regarder son jardin. Son attention est attirée par le bruit de la porte-fenêtre de ses voisins, les Tocqueville. Elle voit Deperrois sortir, le teint blême. Il porte des gants en latex. Monique Madeleine gardait ces secrets avec son mari. Ils n'en ont même pas parlé à leur fils. « Quand les gendarmes sont venus, le 31 août 1994, j'ai parlé. Ça m'était resté là. » Les enquêteurs lui demandent l'adresse du chantier où son mari travaille au Havre. Elle est réticente mais elle collabore. Son mari n'est pas content. Les deux époux sont entendus à 18 heures. La femme à la gendarmerie de Bolbec, l'homme à celle du Havre. Ils ne communiquent pas entre eux et font rigoureusement la même déclaration. « Je n'ai rien contre M. Deperrois, c'est un homme sympathique, ni contre personne », précise la dame qui a noté les dates de ses observations sur un calendrier des Postes sans jamais avoir la présence d'esprit de le présenter au juge. Charles Libman tente de démonter le témoin en revenant sur les observations faites à bord de leur voiture que Madeleine conduisait doucement pour mieux observer le manège de l'élu. « Votre mari regarde-t-il devant lui quand il conduit ? Et Jean-Marc Deperrois, il faisait quoi autour de la voiture ? Démontait-il les roues ? » Rires dans le public. Michel Normand, l'avocat de Bellon, sort de ses gonds : « Je proteste ! Ce n'est pas une question ! »

À la pause, l'envoyé du *Monde* interpelle Laurent de Caunes. Il trouve que les parties civiles sortent de leur rôle. Selon lui, les parties civiles ne sont pas très objectives et un peu trop agressives. L'épisode Vue met Dumay très en colère. Selon lui, il est impensable de négliger un tel témoin. La livraison du cyanure à Deperrois n'est pas non plus à ses yeux aussi secrète qu'on a voulu le dire.

Le Figaro du 9 mai revient sur Sylvain Vue. Il déclare : « J'ai conscience que mon témoignage peut ne plus mettre en cause Jean-Marc Deperrois dans la mort d'Émilie. Pour le reste je ne sais pas. Enfin... j'ai ma petite idée... Mais cela n'a aucune valeur... » Vue a le sens de la formule. Il est certain de repasser à la télé avec ce genre de propos. Vue se dit prêt à témoigner devant la cour d'assises : « Si je suis convoqué, je me rends compte de l'importance de l'événement. Je suis un peu anxieux. Mais je suis surtout choqué que l'on mette en doute mon honnêteté d'homme et de médecin. » Le président Reynaud est seul maître de la conduite des débats. Il a été clair : « Je n'ai à recevoir d'injonction de quiconque. »

Paris-Normandie estime que l'affaire est exceptionnelle. C'est un fait. Le procès éclipse les autres temps forts de l'actualité et fait pratiquement quotidiennement la une. Les fauteuils réservés à la presse ne désemplissent pas et chaque jour amène un peu plus de badauds. Ceux qui s'installent pour entendre Jean-Pierre Madeleine et Gérard Lefebvre ont dû penser qu'ils se trompaient d'adresse tant les témoignages relevaient plus du théâtre comique que des assises. Le premier a une tronche à la Jean Richard dans *Les Branquignols*. Jean-Pierre Madeleine, chasseur aguerri aux techniques d'affût, explique comment il a eu un jour Jean-Marc Deperrois dans sa « ligne de mire » chez les Tocqueville. « Voir et ne pas être vu », telle est sa devise. Charmants voisins. Les voyeurs se révèlent parfois utiles à quelque chose. Voyeurs et machus, les Madeleine, en bons Cauchois, savent aussi rester muets. « Ce que nous avons vu est une chose grave, dit Madeleine. J'ai dit à mon épouse : Tu parleras quand je te le dirai. Moi, je ne voulais pas qu'on parle. » C'est monsieur qui porte le pantalon à la maison et madame qui fait la vaisselle. Pourquoi les Madeleine n'ont pas parlé, pas même à leur fils ? « Parce que la presse disait que l'enquête tournait autour de Saint-Jean. » Gaubert confirme : « Il est vrai qu'à cette époque, une certaine partie de la presse orientait ses regards sur Saint-Jean-de-la-Neuville. » Madeleine a pensé donner un coup de fil anonyme aux enquêteurs. Il a acheté une carte téléphonique à cet effet. Et puis il a demandé à Sylvie Tocqueville si on avait pénétré par effraction chez elle. Elle dit non et lui demande s'il a vu quelqu'un entrer par-derrière. Il répond non. Charles Libman attaque le témoin avec de gros yeux. Il tombe sur un os. Madeleine est un coriace. Comme il le dit lui-même, il est coulé dans le béton.

Charles Libman lui rappelle qu'il a juré de dire la vérité et qu'une plainte pour faux témoignage est en cours contre lui. Madeleine garde la tête haute. Il en faut plus pour l'impressionner. Le président Reynaud lui lit alors l'article du Code pénal concernant les faux témoignages et les sanctions qu'il encourt (cinq ans de prison et 500 000 francs d'amende). Madeleine ne varie pas d'une virgule dans ses déclarations. Mieux, il précise chaque élément de sa déposition. Il connaît l'emplacement du moindre trou dans les haies du quartier. Il a mesuré les lieux, les angles de vue. Avec sa femme, il a chronométré le parcours entre Gruchet et l'école Sainte-Geneviève où Deperrois a été vu le 29 mai 1994, jour de kermesse. Ils n'ont pas mis plus de sept minutes pour faire l'aller-retour. Tout cela pour prouver au besoin qu'il dit vrai à tous ceux qui mettent sa parole en doute. Sa femme l'a dit. Depuis qu'ils se sont manifestés, ils ont été accusés de tout. « C'est dur. » Tout Gruchet les montre du doigt. C'est facile à imaginer. En d'autres lieux, la démonstration du bonhomme jovial prêterait à rire. Charles Libman, pourtant prompt à distraire la galerie quand il « marque des points », porte le masque des grands jours. Il aimerait savoir pourquoi les gendarmes sont allés chez les Madeleine habillés en civil. Martinez lui répond que c'est tout à fait légal. Ils agissent ainsi dans certaines missions pour échapper à la presse qui faisait le siège de la gendarmerie à cette époque.

Vient Gérard Lefebvre. Il déclare que Madeleine n'a rien vu. Il affirme que Madeleine est un bavard et un affabulateur. Pourquoi ? Parce qu'il ne lui a rien dit de l'affaire... Démarre un véritable sketch façon Raymond Devos. Lefebvre dit avoir croisé Madeleine un jour en voiture dans une côte. La rue est étroite. Les deux hommes ont échangé deux mots par la portière et Madeleine n'a rien dit à Lefebvre. Donc si Madeleine, réputé bavard, n'a rien dit, c'est qu'il n'a rien à dire. C'est donc qu'il affabule s'il prétend avoir vu quelque chose. Question de Gaubert : « Êtes-vous le confident de M. Madeleine ? » Réponse : « Non. On se dit juste bonjour, bonsoir. » Gaubert : « Bon. Pouvez-vous me donner un cas d'affabulation de M. Madeleine ? » Silence embarrassé. Réponse : « Non. » Me Normand intervient : « Entre Madeleine et vous, je me demande qui est l'affabulateur ! » Gaubert : « Vous savez où vous êtes ici ? Vous savez ce que l'on risque quand on fait de faux témoignages ? » Lefebvre ricane comme un simplet. Charles Libman indique à titre subsidiaire – « Cela fera plaisir à la partie civile » – que Gérard Lefebvre est un cousin de Denis Tanay. Ce qui est totalement faux.

Le témoin suivant est Jacques Isaac, directeur de l'école Sainte-Geneviève. Il est tard. Le président Reynaud lui demande s'il se souvient des termes de sa première audition du 21 juin 1994. Non. Le président fait la lecture. Isaac a déclaré qu'Émilie était une élève enjouée, pétillante et sans problème. Elle avait une moyenne de 16 sur 20. Ses parents participaient à la vie de l'école et à la kermesse. Le président Reynaud demande à chaque témoin s'il a à se plaindre des méthodes des enquêteurs. Pour appuyer sa question, Reynaud lit une lettre d'Isaac adressée à Deperrois le 21 décembre 1996 : « Les gendarmes nous ont dit sans rire que si Jean-Marc Deperrois était innocent, il ferait la grève de la faim ou il se suiciderait. Ils disent que si c'est une erreur judiciaire, ce ne serait ni la première ni la dernière. » Soudain, Deperrois produit des sons gutturaux étranges. Dans un ensemble parfait, sa femme se recroqueville sur son fauteuil et sa mère tombe dans les bras de sa voisine. Finalement, la famille Deperrois quitte la salle. Me Libman s'époumone : « C'est scandaleux ! C'est la première fois que j'entends de telles choses en cour d'assises. Et on va encore dire que c'est un effet d'audience ? » Le président Reynaud ne perd pas son calme. Il gère méthodiquement le psychodrame. Les faits pas les effets. Question à Isaac : « Monsieur. Ça s'est passé où, à quelle date et avec qui ? » Isaac bafouille : « Euh. On a eu l'impression d'un acharnement, que les gendarmes agissaient sur ordre. » Rappel de la question : « Voyez-vous l'un de ses gendarmes dans la salle aujourd'hui ? » Isaac ne sait pas. « Il y en a un qui était plus grand que l'autre... » Question : « Donnez-nous des preuves qui vous permettent d'affirmer que les gendarmes ont eu de tels ordres. » Isaac : « Les gendarmes ont dit qu'ils ne voulaient pas une nouvelle affaire Grégory. C'est donc qu'ils avaient déjà une conviction. Et puis les parents d'Émilie ont déclaré une fausse profession à l'inscription de leur fille. C'est la première fois que je vois ça. Les gendarmes n'ont pas accepté de prendre cette information. » Dans son box, Deperrois se met à crier : « Je suis innocent et vivant. » Denis s'avance dans le dos de Laurent de Caunes pour lui parler. Par chance, Corinne n'assiste pas à l'audience. Épuisée, elle est restée à l'hôtel.

Laurent de Caunes demande que Denis puisse venir s'expliquer à la barre. Demande acceptée. Selon Isaac, les Tanay sont des menteurs parce que Denis s'est déclaré chargé d'affaires et Corinne formatrice alors que lui ne serait qu'un simple ajusteur et elle écrivain public. Denis ne perd pas son calme. Il explique qu'il a effectivement un C.A.P. d'ajusteur mais qu'il a eu ensuite des postes à responsabilité dans diverses entreprises. En septembre 1991, il était bien chargé d'affaires au niveau national pour le compte d'E.D.F. dans le secteur nucléaire. Quant à Corinne, elle était formatrice au Cefap, centre dont le vice-président est Pierre Roussel, témoin entendu à la barre le 5 mai. Mais Denis n'en a pas fini avec Isaac. Il demande au directeur de la respectable institution catholique de s'expliquer sur la restitution des effets d'Émilie après son décès. Isaac ne comprend pas. Denis lui rafraîchit la mémoire. La femme d'Isaac n'a pas voulu rendre le cartable et les dessins de la fillette tant que le trimestre n'était pas réglé. Isaac ne voit pas le mal. Sa femme est en effet chargée d'encaisser les chèques. C'est sa fonction. Ce n'était en tout cas pas un problème d'argent puisque l'école a organisé une belle cérémonie en mémoire d'Émilie. Une collecte a eu lieu pour acheter des fleurs et un chèque de « 3 000 francs » aurait été remis aux Tanay. Denis ouvre de grands yeux. En dehors d'une somme de 1 000 francs destinée à l'achat de fleurs, il n'a jamais vu passer ces 3 000 francs.

Fermant cette parenthèse, le président Reynaud remet l'audience sur les rails. Il revient sur les paroles supposées des gendarmes et demande à Isaac : « Si ce que vous dites est vrai, on peut se demander pourquoi vous n'êtes pas intervenu auprès du juge. » Isaac : « Les avocats le savaient. J'en parlais à Mme Deperrois qui est professeur dans mon école et à Jean-Louis Néel, le rédacteur en chef du *Courrier cauchois*. » Néel n'est qu'un simple journaliste mais, dans la tête d'Isaac, toutes ses fréquentations ne peuvent qu'être chef. Aussi vrai que Denis ne peut être qu'un simple ajusteur. Marc Gaubert voit rouge. « Il est très curieux que vous écriviez votre lettre deux jours après que la chambre d'accusation statue sur le renvoi de Jean-Marc Deperrois devant les assises. Comment avez-vous pu banaliser cette information pendant deux ans sans informer la justice ? Vous enseignez l'instruction civique dans votre école ? Vous êtes attaché aux valeurs de la République ? Vous ne savez pas que c'est le rôle de tout citoyen d'éclairer la justice ? » Le président repose la question et, rapprochant ses mains parallèlement, constate : « Je vois deux dates : 19 décembre 96, renvoi de Jean-Marc Deperrois devant les assises ; 21 décembre 96, votre lettre à Jean-Marc Deperrois. » Deperrois pleure bruyamment. Sa famille, revenue dans la salle, aussi. Reynaud, se tournant vers le box de l'accusé : « Monsieur Deperrois. La douleur, elle est des deux côtés. » Deperrois : « Je sais bien, monsieur le Président. Émilie, elle me tient la main tous les jours. » Denis sursaute, cherche le regard de Deperrois et le fixe. L'audience est suspendue à 21 h 30 après dix heures de débats. Pour faire face à la confusion, les policiers se regroupent autour de la barre. Un fils Deperrois quitte la salle en criant : « La justice est pourrie ! » L'envoyé du *Monde* essaie de convaincre des confrères de l'intérêt du témoignage d'Isaac. Pour lui, Isaac s'est fait piéger par la partie civile et l'accusation mais ses propos sont à prendre en considération. Corinne nous raconte le reportage de Mathieu Aron, France-Inter / France-Info. Il considère que le témoignage des Madeleine a été balayé par le directeur d'école et que Deperrois s'est écroulé « criant de vérité ». Jean-Christophe Battéria, de France 3-Normandie, tend son micro à Isaac à la sortie du palais. Isaac dénonce la partialité de l'enquête. Battéria parle du doute qui s'installe. Et le doute profite toujours à l'accusé. Dominique Verdeilhan n'hésite pas à parler de « séisme » à la cour d'assises alors qu'Anne-Marie Deperrois reconnaît sur France 2 qu'elle était au courant des propos d'Isaac puisqu'ils en avaient déjà parlé à l'école.

Corinne se souvient de ce que disait sa grand-mère, ancienne élève modeste de l'école Sainte-Geneviève. Elle avait passé des heures à genoux dans la cour devant la statue de la sainte aujourd'hui disparue. La grand-mère ne supportait pas l'injustice et il semble qu'à son époque, déjà, les pauvres n'étaient pas au même niveau que les notables. Un jour, la vieille femme a dit à son arrière-petite-fille Émilie : « Tu dois te battre. Je ne suis pas sûre que cette école ait vraiment changé depuis mon époque. »

12

Les fleurs sauvages

La journée du 9 mai a été tellement longue et chargée en événements que sept témoins restaient à entendre à la suspension. Chacun revient le 10, au grand désespoir des journalistes qui espéraient avoir un peu de repos le samedi. Le témoin le plus attendu est Jean-Pierre Aubéry. Il assure avoir vendu des tickets de kermesse avec Deperrois le 29 mai, jour où les Madeleine l'ont aperçu chez les Tocqueville. Le président Reynaud se veut précis. « Monsieur. Je pèse mes mots. Vous vous êtes trompé sur l'heure. La question est simple. Il y a ce que vous voyez et il y a ce que vous entendez. Y a-t-il des moments où vous avez perdu de vue Jean-Marc Deperrois pour des raisons x ou y ? » Réponse évasive. Reynaud : « Je répète ma question. Ce n'est pas un piège. Ce n'est pas un jeu non plus. Vous jouez sur les mots. » Aubéry : « Je l'ai perdu de vue quelques minutes. » Marc Gaubert : « Êtes-vous conscient d'être la seule personne à avoir vu Jean-Marc Deperrois sans discontinuer ce jour-là ? Les autres le voyaient épisodiquement. » Aubéry : « Je reconnais être incapable de mesurer les absences de Jean-Marc Deperrois. Je ne regarde pas ma montre quand je suis avec les gens. » Gaubert : « Vous donnez plusieurs réponses. Quelle est la bonne ? » Aubéry : « Toutes. » Lors de l'enquête, Aubéry a été plus précis. Reynaud rappelle sa déclaration : « À un moment ou à un autre, on fait un tour dans la kermesse. Cela peut durer un quart d'heure ou vingt minutes. » Charles Libman intervient : « Mesdames, messieurs les jurés, vous avez vu combien l'accusation a tenté de déstabiliser ce témoin qui est un homme simple. » L'avocat revient sur les pressions exercées, selon lui, par les gendarmes sur les témoins. Il se plaint aussi du juge Balayn qui a un jour tapé du poing sur la table en disant : « J'en ai marre de la défense ! » Selon Charles Libman, si l'on met bout à bout tous les témoignages cités autour de la kermesse, on peut assurer que Deperrois y a été vu du début à la fin de l'après-midi. Il verse au dossier un récapitulatif des heures auxquelles des témoins auraient vu Deperrois à la kermesse. Le document est contesté par la partie civile.

Laurent de Caunes : « Si on torture les dépositions, on peut leur faire dire ce que l'on veut. Il y a de grosses fourchettes vides, notamment sur trois quarts d'heure. La pièce n'en est pas une. Parfois aucune heure n'est mentionnée sur les dépositions des témoins. » La polémique se poursuit sur le temps nécessaire pour faire le trajet entre l'école de Bolbec et le logement des Tocqueville à Gruchet. Les gendarmes ont fait le trajet en sept minutes au volant d'une Espace. La défense conteste cet essai. Anne-Marie Deperrois a fait l'aller-retour avec l'Espace familiale en compagnie d'un huissier. Prenant soin de respecter les limitations de vitesse, elle a mis treize minutes. Agnès Chanson, seconde avocate des laboratoires Bellon, estime la différence peu significative. La défense est très hargneuse sur la question Madeleine. Selon Laurent de Caunes, c'est parce que Deperrois est furieux d'avoir été pris en défaut, alors qu'il pensait agir secrètement.

La tante puis la mère de Denis passent à la barre. Rien de significatif. Questions sur les aides apportées à Denis par ses parents, sur les relations entre Corinne et sa belle-famille, sur l'identité du père biologique de Denis qui restera un mystère. Charles Libman évoque une écoute téléphonique. Selon ce qu'il se dit : « L'assassin sera connu dans cinq jours. Ce sera un Crochemore. » Racontar de péquenots. Le président Reynaud fait la lecture du passage et souligne que le téléphone de Denis et de Corinne a été surveillé du 18 juin 1994 au 13 janvier 1995. C'est-à-dire plusieurs mois après l'incarcération de Deperrois. Ce qui prouve que les enquêteurs n'ont pas fermé la piste Tanay aussitôt après l'arrestation de Deperrois.

Le seul témoin cité par la partie civile clôt la journée. Catherine Hertel connaissait Émilie et ses parents depuis longtemps. Catholique pratiquante, mère de famille, femme d'agriculteur et habitante de Saint-Jean-de-la-Neuville, cette femme n'est pas une excentrique. Elle ne connaissait pas Deperrois avant le drame. On ne peut donc pas la soupçonner de régler quelques comptes. Pendant plus d'une heure, elle ne parle pas contre qui que ce soit. Elle parle pour Émilie. À propos des Tanay, elle dit que c'était le bonheur qui les caractérisait tous les trois. Elle dit qu'il est impossible de ne pas penser à Émilie lorsque l'on passe près d'un talus fleuri. La fillette aimait offrir des fleurs sauvages. Le témoignage est émouvant. Trop pour Corinne qui sort en pleurant. Le témoin termine par la lecture d'un texte écrit par Corinne pour l'inhumation d'Émilie. Certaines personnes sont touchées. Un membre du jury prend beaucoup de notes. Les membres de la famille Deperrois soupirent d'impatience et gesticulent. La famille de Corinne, ma compagne et quelques amis, assis derrière eux, ont envie de mordre. Dans les rangs de la presse, on ne sait pas trop quoi faire de cette longue intervention, plus proche du sermon que du témoignage. Le président laisse faire cette étrange cérémonie. Il pose une seule question sur la présence de Deperrois à la kermesse Sainte-Geneviève. Laurent de Caunes remercie Catherine Hertel pour ce moment de grâce, le seul depuis le début du procès, et pose deux questions : « Corinne Tanay aurait-elle pu donner à sa fille un médicament suspect. Qu'aurait-elle fait ? » Réponse : « Pas du tout. Elle serait allée voir un pharmacien. » Question : « Quel était le médecin d'Émilie. » Réponse : « Le Dr Levesque, au Havre. » Charles Libman n'a pas de question. Catherine Hertel demande l'autorisation de lire un poème d'Émilie. Accordé. Nouveau tour de questions. La loi. Seul Me Libman en a une cette fois, après avoir, en termes alambiqués, espéré que le témoin parle vraiment en son nom propre. « Madame. Pensez-vous que votre déposition puisse contribuer à la recherche de la vérité dans cette affaire ? » Réponse : « Je m'en remets à la sagesse de la cour. » Reynaud, rigoureux jusqu'au bout, s'interpose : « La question est claire. Je n'en ai posé moi-même qu'une seule. Je sais pourquoi. Répondez ou ne répondez pas. À vous d'assumer votre choix. » Réponse de Catherine Hertel : « Oui, mon témoignage doit aider. » Le ténor qui a perdu une occasion de se taire, fait la grimace. Les supporters de Deperrois sont agacés. Pour eux, parler simplement et joliment d'Émilie, c'est, au nom d'une logique qui leur est propre, forcément parler contre Deperrois. Pauvre Émilie.

Corinne est triste d'apprendre que certains journalistes n'ont pas trouvé beaucoup d'intérêt aux paroles de son amie Catherine. « Ils s'en foutent d'Émilie », se plaint-elle. Je crois qu'au fil des jours le malentendu se creuse entre Corinne et l'objet de ces assises. Une cour d'assises n'est pas une cathédrale. Le président n'est pas un prêtre et le Code pénal n'est pas la partition d'un requiem.

13

Une autre planète

Un seul jour pour récupérer, c'est court. Nous passons le dimanche à ruminer ce que nous avons vu et entendu.

Les audiences reprennent le 12 mai avec notamment des collaborateurs de Deperrois. La personne qui établit les commandes pour l'entreprise I.T.I. n'a jamais vu ni cyanure de sodium ni documentation particulière se rapportant à ce produit chez I.T.I. Il lui arrive de commander de l'argon, c'est tout. L'homme reconnaît ne rien comprendre à la technique. Il n'assistait jamais aux essais qui, souvent, étaient pratiqués le soir ou le week-end. Le gars se souvient de l'appel d'un fournisseur qui indiquait qu'une commande d'acide cyanuré serait prête pour le 8 août 1994. Emprisonné, Deperrois n'est jamais allé chercher ce produit. Le jeune ingénieur embauché par Deperrois se souvient que son patron lui avait demandé de faire des recherches dans une bibliothèque sur le cyanure de sodium et le cyanure de potassium, le 3 avril 1994, lors de son entretien d'embauche. L'ingénieur n'a jamais entendu dire que le cyanure noircit les métaux, n'a jamais fait l'expérience. Que Deperrois ne lui ait pas parlé des siennes ne l'étonne pas. L'ingénieur doit à Anne-Marie Deperrois sa libération anticipée du service national pour « sauvetage de l'entreprise I.T.I. » et se dit surpris par l'infidélité de son patron. Le technicien parle des activités d'I.T.I., la thermographie industrielle. Avec une caméra infrarouge, il recherche les points de chauffe dans les armoires électriques, des anomalies dans des fours. Pour étalonner la caméra, une craie « fusible » noire est utilisée. Elle ne pose aucun problème particulier. Me Libman demande si les recherches de Deperrois peuvent être jugées aberrantes. Il fait l'apologie de l'empirisme des chercheurs qui ont parfois permis à la science d'avancer. L'ingénieur admet que beaucoup de découvertes sont faites par hasard. « Si Jean-Marc Deperrois avait fait des essais avec de l'huile d'olive, cela ne m'aurait pas semblé bizarre non plus. » Un professeur du lycée de Lillebonne, ami de Deperrois, vient ensuite expliquer que le patron d'I.T.I. est venu chez lui consulter l'*Encyclopaedia universalis* pour y puiser des informations sur les propriétés du cyanure.

Au journal de midi sur France 3-Normandie, Jean-Christophe Battéria assure que Jean-Marc Deperrois n'a pas acheté son cyanure dans des conditions aussi rocambolesques qu'on l'a prétendu. Pour lui, « les jurés sont noyés dans un océan de doutes ». À 13 heures, sur France 2, Dominique Verdeilhan résume la matinée. « Chaque audience fragilise un peu plus l'accusation. Nombreux sont ceux qui avaient été contactés par l'accusé pour se procurer du cyanure. Une démarche plutôt étonnante pour un empoisonneur. » Au passage, Verdeilhan évoque la mort de la petite « Émilie Deperrois ». Ce qui provoque la colère des Tanay. Les journalistes estiment que Deperrois a tout de même parlé avec beaucoup de gens de ses recherches sur le cyanure. Ils oublient que personne, en dehors des gens de Bodson S.A., ne savait que Deperrois détenait du cyanure dans les locaux d'I.T.I. Nelly Pons, sur TF1, souligne que « les charges s'affaiblissent ». Les effets dans la région sont terrifiants. Que vaut la parole des Tanay contre celle de la coalition de maires, de profs et de docteurs favorables à Deperrois ? Vu l'ambiance, Michel Henry m'annonce d'emblée qu'il faut préparer les Tanay à l'acquittement de Deperrois, « une éventualité à envisager ». Pour Michel, la défense met en avant trop de failles. L'accusation pourra démontrer que Deperrois peut être l'assassin mais ne pourra pas prouver qu'il est le seul à avoir pu agir. Les Tanay sont incapables d'imaginer cette issue.

L'après-midi, le menuisier qui a posé la porte-fenêtre des Tocqueville est entendu pour parler du bruit d'ouverture et du nombre de clefs fournies. Un panégyrique de Deperrois est ensuite dressé par André Ouine, premier adjoint au maire de Gruchet. Ah, la famille Deperrois, « généreux, fidèles, entreprenants et entrepreneurs depuis quatre générations ». Une famille dont les enfants peuvent être fiers. Jean-Marc Deperrois aurait-il au moins un défaut ? « Oui, peut-être son acharnement excessif. Il s'engage au-delà de la juste mesure. S'il lutte seul contre tous, ça ne le dérange pas. Mais est-ce un défaut que de se bagarrer pour réussir ? »

Vient le garde champêtre de Gruchet, ancien gendarme mobile en 68 et spécialiste en transmissions ensuite. Dans un entretien, il a dépeint Deperrois comme un arriviste qui vise la place du maire. Il a vu le couple Deperrois se disputer devant la mairie. Après le 11 juin, l'ex-gendarme estime que Deperrois avait un air sombre, qu'il semblait anxieux. Il fait état d'une rumeur qui accuse un ami commun aux Tocqueville et aux Tanay, ex-toxico et salarié d'Oril, et parle de l'attestation que Sylvie Tocqueville lui a demandée pour prouver qu'une barrière est posée le 8 mai sur le parking de Gruchet pour empêcher les voitures de stationner. Attestation visant à contrer une partie du témoignage des Madeleine qui ont vu ce jour-là Deperrois tourner autour de la Fiat de Jean-Michel Tocqueville. Rien de probant.

Le marathon se poursuit avec la femme de ménage de I.T.I. et ex-femme de ménage des Tocqueville. Elle raconte comment elle a trouvé un jour de mars 94 Jean-Michel Tocqueville en pleurs, très suicidaire. Il craignait que sa femme, très éprise de Deperrois, ne le quitte. Bonne pâte, pour renseigner Jean-Michel, la ménagère est allée tirer les vers du nez de Deperrois pour savoir s'il était, lui, véritablement amoureux de Sylvie Tocqueville. Convaincue, elle a dit à Tocqueville : « Ta femme a affaire à un séducteur. Il prend les femmes comme amuse-gueule et après il les jette. » Le témoin signale aussi l'existence d'un flacon mystérieux chez les Tocqueville. Ni l'un ni l'autre ne savait ce qu'il contenait. Il n'a pas été ouvert. Le bouchon d'aluminium était bloqué. Le flacon a ensuite disparu. La femme de ménage, témoin de Jéhovah et prosélyte en diable, même à la barre, a quitté le service des Tocqueville au moment où les frasques de madame ont été révélées. Elle ne rigole pas avec la loi biblique. « Je ne pensais pas qu'elle allait consommer l'adultère avant de se dégager de ses obligations religieuses. Elle avait le sens du devoir », commente, déçue, la femme de ménage qui a été témoin de la métamorphose de la secrétaire de mairie. Jéhoviste intégriste, Sylvie Tocqueville est devenue subitement coquette et matérialiste. Dans la théorie, rien n'oblige un jéhoviste égaré à quitter la secte après une faute. Les « anciens » peuvent donner une seconde chance aux pêcheurs. Abstinente sexuelle quand rien ne l'impose, « la Bible recommande des couples solides et la femme doit contenter son mari », Sylvie Tocqueville se transforme et rompt tous les ponts radicalement avec la secte. Pour une femme jéhoviste de naissance, c'est extraordinaire. Sa passion pour Deperrois la rajeunit. Elle perd des kilos, elle fait raccourcir ses jupes, elle veut une voiture sportive, un bateau...

Onze personnes ont été entendues dans la journée. Nouvelle plongée dans l'environnement Deperrois. Une autre planète. Le soir, nous essayons de nous détendre en imitant les expressions du président Reynaud. Un personnage inépuisable capable de dominer des audiences pendant des douze ou quatorze heures au grand dam de la presse harassée. Les lapalissades de Jean Reynaud vont entrer dans les annales : « Un mot est un mot », « Les mots disent ce qu'ils disent. Pas plus, ni moins », « Ce qui est dit est dit », « Les yeux voient et les oreilles entendent », « Il y a ce que l'on a vu et il y a ce que l'on a entendu ». Sans compter ses « Si les mots ont un sens » quand quelqu'un tourne autour du pot et ses « Attention à la marche ! » quand un témoin quitte la barre placée sur une petite estrade.

La une du *Courrier cauchois* du 10 mai reste en travers de la gorge des Tanay. Elle montre Léonne Delaunay, la mère de Jean-Michel Tocqueville, brandissant une photo d'Émilie. La légende indique qu'il s'agit de Mme Tanay, la grand-mère de la fillette. Erreur. Autre sujet d'agacement pour les Tanay, l'article du *Monde* du 11 mai : « Un nouveau témoignage met à mal les accusations contre Jean-Marc Deperrois. » Pour Jean-Michel Dumay, les déclarations de Jacques Isaac sont capitales. « Comme un château branlant, le faisceau de présomptions de l'accusation montre chaque jour un peu plus ses fragilités. » Dominique Verdeilhan, sur France 2, est sur la même longueur d'ondes. « Plus le procès avance, plus l'accusation se fragilise. » Pour lui, le témoignage de la femme de ménage a, ni plus ni moins, démoli le mobile du crime.

14

Une petite fille sous scellés

Jean-Marc Deperrois a un ami qui possède le même véhicule que lui. Une Espace bleu marine. Quand ce témoin se présente à la barre, le président Reynaud lui demande s'il lui est arrivé de stationner très tôt un matin d'avril 94 devant la mairie de Gruchet et de reculer subitement à vive allure sur quelques centaines de mètres. Réponse : « Non. » Reynaud : « C'est dit. » Ce témoin fournit un alibi à Deperrois pour la fin de l'après-midi du 11 juin. Les deux hommes sont allés à Dives-sur-Mer pour acheter un bateau. Départ de Gruchet vers 17 h 15, arrivée à Dives vers 18 h 15 et retour à Gruchet sur les 20 h 30. Selon cet homme, Deperrois était tout à fait normal. Il plaisantait. Me Libman chatouille une question mais refile le cadeau au président qui s'emberlificote avant de s'interroger sur la cohésion du couple du témoin. La femme a eu une aventure avec Jean-Michel Tocqueville il y a plusieurs années. « Je ne voulais pas avoir à poser une question embarrassante », soutient le ténor. L'épouse arrive à la barre. Même question sur l'Espace. Même jeu de Charles Libman : « Je n'insiste pas », souligne-t-il avec l'air, justement, d'insister. Le président intervient : « Moi, je vais insister si vous permettez. Avez-vous déjà eu des relations sexuelles avec Jean-Michel Tocqueville ? Qu'a fait Sylvie Tocqueville à cette occasion ? Elle est allée prévenir votre mari, n'est-ce pas ? » Panorama de Gruchet-le-Salace.

La matinée est consacrée à l'emploi du temps de Deperrois le 11 juin. Une histoire de permis de construire est évoquée ainsi qu'un passage supposé de l'accusé sur le stade pour régler un conflit au niveau des vestiaires. Deperrois affirme s'être rendu au stade. Le problème, c'est qu'aucune des personnes présentes sur le stade n'a vu passer Deperrois.

À la pause, je tombe sur Jean-Michel Tocqueville. Je ne lui ai jamais parlé mais il vient vers moi. Il est tendu et inquiet. « Libman est fort. Il sème le doute », soupire-t-il. Tocqueville n'a jamais entendu parler de ce que Vue dit avoir entendu de la bouche de Corinne. Il précise que sa femme dit la même chose. Ils sont au moins d'accord sur ce point. Pour Jean-Michel Tocqueville, nous avons affaire à un complot monté par l'école Sainte-Geneviève et la mairie de Gruchet. « C'est les riches contre les pauvres. C'est dégueulasse. Il y a eu des pressions contre moi. J'ai écrit au procureur général pour que ça cesse. » Tocqueville est venu accompagner sa mère, citée comme témoin. Il reste au café qui fait face au tribunal. Témoin, il n'a pas encore été entendu à la barre et n'a pas le droit de pénétrer dans la salle d'audience. Léonne Delaunay arrive devant la cour et le jury avec une valise. Dedans, il y a des photos de la fête médiévale et des portraits de son fils. Elle n'aura pas l'occasion de les montrer. Elle pleure en évoquant ses malheurs : la perte de son salon de coiffure, la mort de sa fille, la santé de son fils. Elle n'a plus que lui. Au nombre de ses soucis, Sylvie Tocqueville tient la vedette. « Quand ma belle-fille allait voir Jean-Marc Deperrois, c'est moi qui gardais les enfants. Elle ne sait pas le mal qu'elle nous a fait. Elle ne faisait rien à la maison. C'est mon fils qui faisait tout. » Me Libman l'interroge. « C'est vous qui avez brandi une photo d'Émilie. Était-ce pour impressionner ? » Réponse : « Non. Je ressens la douleur des Tanay. J'ai perdu moi-même une fille. À chaque fois qu'il y a un procès à la télé on porte des photos. J'ai fait pareil. » Charles Libman : « Je fais remarquer que madame a juré de parler sans haine et sans crainte ! » Réponse : « Je suis catholique pratiquante ! » Les journalistes ne sont pas vraiment fascinés par la procession des spécimens gruchetains. Pour truffer leurs papiers de bons mots indigènes, ils se passent un manuel de patois cauchois. Laurent de Caunes est un peu las du défilé des autochtones. Pour lui, « on perd du temps avec des effets d'optique ».

Le témoignage des Tanay est attendu depuis des années par la presse. Il y a également foule dans la salle d'audience sur les sièges du public. Visages connus ou inconnus. Anne-Marie Deperrois n'est pas là. Des dizaines de personnes piétinent dans la salle des pas perdus pour entrer. Denis et Corinne attendent ce moment depuis trois ans. C'est Denis qui s'avance le premier. Il est 15 h 15. Dès les premiers mots, il plante le décor : « Chez nous, on a pas le droit de mentir. Le pédiatre qui a suivi Émilie à partir de février 85, c'est Luc Levesque du Havre. » Posément, Denis commence son récit à la naissance d'Émilie. C'est lui qui lui a donné son premier biberon d'eau sucrée et son premier bain. Il parle des problèmes d'asthme d'Émilie, de son eczéma, des cures effectuées sur le temps des congés. « Nous avons vu Émilie grandir. Ça veut dire quoi une petite fille qui arrête de grandir à neuf ans ? Ça n'a pas de sens. Nos valeurs à nous, c'est l'amour. Nos pères ne sont pas nos pères. Vous imaginez ce que cela veut dire pour nous que d'avoir une petite fille à nous. On avait tellement de choses à se dire. » Des yeux se voilent. Silence. « Je suis vraiment affecté d'entendre dire du mal sur Corinne. Les gens qui parlent de Corinne ne la connaissent pas. Je souhaiterais que la porte derrière moi s'ouvre, qu'Émilie et son petit frère entrent et disent viens papa, viens maman, c'est fini, on s'en va. Mais la porte ne s'ouvrira pas. » Denis n'est pas un orateur. Il n'a pas l'habitude de parler si longuement. Les mots lui viennent naturellement, sans blabla. Tout a son importance.

Il parle du 11 juin. Une voisine était chargée de conduire un groupe d'enfants à l'école. Denis a dit à Émilie : « Fais attention en traversant. » Émilie revient de l'école. Elle a 10 sur 10 à sa conjugaison. 16 sur 20 de moyenne sur l'année. Avant la fête médiévale, Émilie l'interroge : « Ça fait quoi un bouffon ? » Denis affirme : « Toutes ces journées depuis la mort d'Émilie, c'est un film avec arrêt sur images. C'est des nuits sans dormir. Le 11 juin, j'ai pris un café sous le porche de notre maison. Je ne peux plus boire de café sous le porche. Je vois Corinne préparer la Josacine. Tout est tellement normal. Je vois Émilie partir avec sa mère à la fête. C'est la dernière fois que je l'ai vue vivante. Le 11 juin, j'ai offert du parfum à Corinne. Je ne peux plus offrir de parfum à Corinne. À l'hôpital, on parlait de scanner. On ne comprenait pas la gravité. Et puis une infirmière a parlé d'autopsie. Ce n'est pas possible. Il y a une erreur. On ne parle pas de notre petite fille. Émilie arrive sur un brancard. Elle ne bougeait plus. On lui disait : réveille-toi, on est là. On l'embrassait. Le pédiatre a dit : on ne comprend pas. Si le pédiatre ne comprend pas, nous, on ne peut pas comprendre. On nous a pris ce que nous avions de plus merveilleux. L'amour que nous avons pour notre petite fille est plus fort que la haine que nous pourrions éprouver pour celui qui a fait ça. Nous n'accusons personne. Le lundi 13, ma petite fille a été mise sous scellés par la justice. C'est impossible. On nous rend Émilie le mercredi. " Ne touchez pas à la tête, à ci, à ça ! " Émilie a subi deux autopsies. Pour moi, Émilie c'est une poupée en chiffon qu'on a découpée dans tous les sens et recousue. Émilie qui ne supportait même pas une piqûre ! Jeudi, obsèques. Je me rappelle qu'un jour Émilie avait dit à sa maman : " J'aime bien papa avec sa chemise blanche, sa cravate et son jean. " J'ai mis le jean, la chemise et la cravate pour l'enterrement. Ça choque les gens qui ne comprennent pas, ceux qui s'embêtent chez eux. Je le sais par le dossier qu'on a lu. Au funérarium, on m'a demandé si je voulais du chêne ou du merisier. Quoi ? Du chêne ou du merisier pour le confort d'Émilie ? Vous imaginez ? »

Puis viennent la garde à vue, les perquisitions, les ragots. « Maintenant, on cherche à faire du mal à Corinne. Ça salit la mémoire d'Émilie. J'ai fait la promesse au professeur Roger Merle d'être sage. Je resterai calme. Les gens parlent, disent n'importe quoi. J'ai honte pour eux. Quand j'entends que les Tanay n'ont rien subi, que les gendarmes ne nous ont rien fait... Quand vous avez le capitaine Martinez face à vous, c'est terrible. C'est son travail. C'est normal. Vous entrez dans la machine tout habillé. Vous ressortez tout nu. Les gendarmes veulent tout savoir. »

Denis termine son monologue à 16 h 40. Le président reprend le fil des débats en s'excusant presque. « Je vais commencer par quelque chose que vous allez trouver nécessairement dérisoire, mais nous sommes dans une salle de justice. » Et Denis répond à toutes les questions avec calme et précision. On l'interroge sur son père biologique, sur les saisies, sur l'affaire de la « dame aux bonbons ». Sur la campagne Juquin, Denis constate : « Vue était surtout intéressé par la mairie de Bolbec. » Charles Libman, visiblement peu enchanté, parle avec son client. Reynaud : « Corinne et Sylvie ont-elles consulté, j'emploie le mot consulté à dessein, un médecin le 13 juin ? » Denis : « Oui. » Reynaud : « Avez-vous relevé du secret médical l'un des médecins vus le 13 juin, Vue ou Déom ? » Denis : « Non. »

Charles Libman s'associe à la douleur d'une famille qui a perdu une petite fille, « ceci sans artifice ». L'avocat de la défense poursuit : « Ce qui est vrai aussi, c'est que vous avez marqué quelques hésitations sur certains épisodes du dossier... » L'avocat fait remarquer que la partie civile a accès au dossier pour se « rafraîchir la mémoire ». Denis lui répond : « C'est pour comprendre ! » Charles Libman : « Et aujourd'hui, qu'avez-vous compris ? » Denis : « Je suis le papa d'Émilie. Si nous sommes arrivés à la cour d'assises, c'est qu'il y a des raisons ! » Il est 18 h 30 quand Denis quitte la barre, lessivé mais soulagé de s'être exprimé. Chez les amis de Deperrois, parlant de Denis, quelqu'un commente : « C'est un pauvre gars en fait. »

Corinne s'avance à son tour. « Je voudrais parler de l'immense gâchis qu'il y a autour de nous. Je pense aux enfants des trois familles touchées. Le plus grand gâchis, c'est bien sûr la mort d'Émilie. » La voix se trouble. « Ça fait bientôt trois ans que j'attends de parler. Je croyais que cela serait facile... » Les larmes noient les paroles. Des gens se mouchent dans le public. Corinne freine autant que possible son débit mais les mots s'affolent dans sa bouche.

L'émotion atteint certains confrères et consœurs. « Dans l'entourage, on ne comprend pas ce que Denis peut me trouver. Qu'importe que ces gens ne comprennent pas. Denis et moi, nous nous aimons. Depuis trois ans, je me trouve moche. Je suis bouffie par la cortisone. J'ai aussi eu une phase de tranquillisants. J'écoutais la musique qu'Émilie aimait. J'ouvrais ses livres. Notre avocat Roger Merle disait : " Ce n'est pas sérieux de se torturer ainsi. " Sans Roger Merle, nous aurions fait des bêtises. Les valeurs matérielles, on s'en fout. Il y a plein de maisons pas finies en France où vivent des familles heureuses. Depuis le début du procès, j'entends parler de réussite, de valeurs matérielles. Je comprends que des gens aient besoin de ça pour vivre mais, chez nous, c'était pas comme ça. Il n'y a pas que l'argent, l'argent. Je trouve abominable de ne plus pouvoir faire mes courses dans Bolbec parce que les gens me montrent du doigt. Si on n'a pas de respect pour les parents d'Émilie, qu'on en ait pour la mémoire d'Émilie. Émilie était une petite personne mais une personne à part entière. Émilie était une magicienne. Elle faisait grandir ses parents. On lui a acheté une biographie de Matisse. On devait la lire ensemble. On ne la lira pas. Émilie est partie avec une biographie de Renoir. »

Le président s'apprête à poser des questions. « On reproche à un homme d'être responsable d'une mort. Tout pèse. Énormément. » Corinne doit s'expliquer une nouvelle fois sur la préparation du sirop. « Je me souviens que Sylvie a dit qu'Émilie a trouvé que la Josacine avait mauvais goût. J'ai insisté sur le fait que tout était absolument normal. Ce qui est anormal surprend. Ce qui est normal ne surprend pas. » Corinne s'explique sur le choix de la Josacine : « Émilie était allergique à la pénicilline. Seule la Josacine lui convenait. C'est tout simple. » Reynaud : « Avez-vous explicitement dit que vous releviez le Dr Vue du secret médical ? » Réponse : « Non. » Charles Libman :

« Pourquoi avoir préparé un deuxième flacon ? Il restait six mesures dans le premier. Cela suffisait pour le week-end, jusqu'au lundi et il en restait ! » Corinne : « Émilie n'aimait pas les médicaments. Elle les recrachait parfois. Il fallait en prévoir plus. » Charles Libman cherche midi à quatorze heures sur le « clic » de la collerette et le temps nécessaire à la stabilisation de la suspension dans le flacon, une minute selon lui. Qui attend une minute, chrono en main, nez collé au flacon, avant de soigner son enfant ? Corinne tient le choc. « Je ne dis pas que Sylvain Vue a menti. Je pense qu'il y a eu une mauvaise interprétation. » L'audience est suspendue.

En se levant, tout en considérant les Tanay de « bonne foi », Paul Lefèvre, d'Europe 1, explique à ses voisins que l'explication de Corinne rend à nouveau plausible la thèse de l'empoisonnement avant l'arrivée du flacon à Gruchet. Selon lui, Corinne n'a pas suffisamment attendu avant de vérifier si le médicament arrivait au trait ou non ! Les théories de ces apprentis sorciers me font peur. Le reporter prétend que « Maurice », le père de Denis, pouvait se procurer du cyanure facilement. Ridicule. Laurent de Caunes donne une interview rapide aux radios étonnées de ne pas voir les Tanay plus accusateurs. Pas une seule fois ils n'ont cité le nom de Deperrois. « Ils ne sont pas là pour accuser. Ils sont victimes et partie civile », précise leur avocat. Globalement, les témoignages de Denis et de Corinne sont bien reçus. *Ouest-France* est impressionné par la clarté des propos de Corinne. L'ensemble rend hommage à leur intelligence et à leur dignité.

À cette heure, une thèse est véritablement anéantie. Celle qui voulait coincer les Tanay dans un costume de pedzouilles. Le contraste entre les témoins de la défense et la partie civile est saisissant. Ce n'est pas un combat des riches contre les pauvres. C'est la lutte des esprits étroits contre l'intelligence du cœur. *Paris-Match* contacte Denis pour faire un reportage « équilibré », les Tanay face aux Deperrois. Denis tranche : « Il n'y a pas d'équilibre possible. » Michel Henry me rejoint. « Ils ont été formidables mais cela n'enlève pas les failles du dossier, ni le fait que Maurice Tanay a pu faire le coup. L'enquête n'a pas foiré mais elle ne pourra pas démontrer que Deperrois est le seul coupable possible... » *Le Monde* assure maintenant que « le faisceau de présomptions graves est devenu faisceau de doutes » !

15

Ambiance cabaret

Mauvais début de journée. Je suis dans le même hôtel que Frédérique Lantieri, journaliste à *Elle*. Apercevant Michel Henry devant son petit déjeuner, elle s'approche et attaque aussi sec : « C'est n'importe quoi cette affaire. Toutes les pistes n'ont pas été explorées. Jean-Marc Deperrois ne peut pas être coupable. Ce n'est pas un type fruste. C'est forcément un coupable par défaut. Rien ne colle. Le procédé est bien trop sophistiqué pour un crime passionnel. Deperrois n'est pas fou. L'erreur sur la victime ne tient pas. À vue de nez, ça ne tient pas la route... » Michel pose sa tasse en se marrant. « Il vaut mieux se méfier de son nez. » Le magazine est dans le giron de Charles Libman qui martèle dans le numéro du 5 mai : « Je ne suis sûr que d'une chose, de l'innocence de mon client. » Lantieri termine son article en affirmant que « tous les mécanismes de l'erreur judiciaire sont en place ».

Le 14 mai, sixième jour de procès, le gendarme Chaval donne une précision sur la préparation de la Josacine. Il a procédé à une audition de Corinne le 13 juin. Corinne a bien dit qu'elle avait entendu le clic à l'ouverture et que le second flacon avait bien le même aspect que le premier. En outre, elle n'a pas remarqué d'odeur particulière. Une « réponse spontanée et naturelle », selon Chaval. Charles Libman fait appel à la conscience citoyenne du gendarme pour qu'il donne son opinion sur les termes de l'arrêt de renvoi, moins catégoriques sur l'histoire du clic. Reynaud intervient pour souligner que l'arrêt de renvoi n'est pas spécialement un document de l'accusation. Il formule donc des éléments à charge et à décharge.

Si la salle est comble aujourd'hui, c'est surtout pour entendre le couple Tocqueville et, si possible, le Dr Vue, le prétendu témoin négligé par l'enquête que l'on a entendu sur toutes les radios et toutes les télés. La presse est fidèle au poste. L'ouverture du procès des comptes de l'O.M. ne dégonfle pas les effectifs. Jean-Michel Tocqueville, quarante-quatre ans, monte à la barre à 11 h 40. Ses premiers mots s'adressent aux Tanay. Il leur demande pardon pour les avoir entraînés dans le cauchemar malgré lui. Il avait la garde d'Émilie. Il se sent responsable. Corinne est touchée. Elle s'empresse de lui répondre mais est vivement stoppée par le président. « Monsieur, continuez. Personne ne doit vous couper. Personne. » Tocqueville repart : « Je ne crois pas en l'innocence de Jean-Marc Deperrois. Il m'avait demandé de partir pour laisser Sylvie choisir. Au départ, je ne pouvais pas croire qu'il était coupable. Je suis très perturbé depuis trois ans. C'est cauchemardesque ce que nous vivons. On a entendu beaucoup de choses, que le couple Deperrois allait bien. C'est faux. Anne-Marie Deperrois ne soutient pas son mari. Il a abusé tout le monde, ma femme, sa femme. On voudrait faire croire que c'est le grand-père d'Émilie le coupable. Je le connaissais. Ce n'était pas un homme capable de tuer sa petite-fille. Il n'aurait pas fait de mal à une mouche. On a l'impression d'avoir affaire à une coalition avec d'un côté les riches et, de l'autre, les pauvres. Et les riches tapent sur les pauvres. On a cherché à comprendre. Moi, j'ai compris en octobre 94. J'ai compris qu'il a voulu m'assassiner. J'ai réussi à l'admettre, à l'intégrer. J'ai eu du mal. Il m'a fallu beaucoup de courage pour dire ce que je pensais. »

Le témoin essuie régulièrement ses mains moites sur son jean. Il remonte le temps pour parler de ses relations avec Deperrois. Son rival lui avait dit : « Un jour tu regretteras si tu ne quittes pas Sylvie. » Il aborde sa crise de tachycardie dans la nuit du 10 au 11 juin. « J'ai crié au secours, je vais mourir ! » Le président l'interroge sur sa prise de Josacine en sachet le 6 mars 1993. Tocqueville précise que Deperrois n'a jamais été autorisé à entrer chez lui en son absence et se souvient avoir trouvé une fois la clef de sa porte-fenêtre par terre comme si elle avait été éjectée du barillet par l'extérieur. Reynaud termine avec un compte rendu d'écoute remontant au 30 novembre 1994. Tocqueville disait à sa femme : « Les photos, laisse tomber, sans déconner. » Elle rétorquait : « Jean-Michel, t'es chiant ! » Lui insistait : « Tu prendras pas le machin en photo ! » Sylvie Tocqueville désirait photographier le mur mitoyen avec les Madeleine pour signaler les briques disposées là pour dissimuler le voisin indiscret. Photos destinées à Charles Libman. Laurent de Caunes essaie de connaître la nature de Deperrois pendant leurs discussions. « C'est pas un homme qui aime se retrouver dans des situations humiliantes. Il était très épris de Sylvie et pas seulement pour le coup de quéquette. Je lui ai conseillé d'aller voir un psychiatre. Même ses enfants le décrivent comme quelqu'un d'autoritaire. Ils étaient heureux de partir en pension le lundi pour avoir la paix. » De Caunes : « Votre épouse s'est-elle intéressée à l'enquête ? » Réponse : « Oui. »

Le président Reynaud ordonne une pause à 14 heures. Tocqueville est isolé dans la salle des témoins. Nous quittons le palais de justice. Notre mini-repas passe mal. Comme tous les autres pris durant le procès. L'avocat général interroge à son tour Jean-Michel Tocqueville. Le ton monte un peu. Tocqueville avoue ses états d'âme vis-à-vis de Deperrois : « Je ne suis pas comme les parents d'Émilie. Moi, j'ai vraiment de la haine. Mais je ne suis guidé que par les faits, pas par mes sentiments. Je dis la vérité. » Gaubert trouve cette haine dommageable mais considère que c'est loyal de l'exprimer. « J'ai pas toujours eu ce sentiment, insiste le témoin. Mais, je suis désolé, on a tué la petite fille des Tanay et, maintenant, on les traîne dans la boue. On peut se défendre mais pas dire n'importe quoi. » Puis Tocqueville parle de l'Espace qu'il a vue un matin d'avril 94, vers 5 h 30, stationner près de chez lui avant de partir rapidement en marche arrière. Une Espace bleue avec quatre phares et une antenne téléphone comme celle de Deperrois.

Quand le tour de Charles Libman arrive, je sens la presse se réveiller. Les questions du ténor intriguent toujours par leur aspect mystérieux. En fait, il brouille les cartes et provoque des incidents sur des faits annexes. Me Libman fait traîner les broutilles, distille des pseudo-doutes. La mise en scène date un peu mais elle a toujours ses fans. Jean-Christophe Battéria de France 3-Normandie change de bristol. Il passe son temps à dessiner des casques de motard. Curieuse manie. Avec l'air de celui qui a déniché le document qui va réparer toutes les erreurs judiciaires passées, présentes et à venir, Charles Libman brandit une note de restaurant pour quatre repas datée du 10 juin 1994. Soirée où était présent Jean-Michel Tocqueville. Elle présente une liste de consommations « pas dramatique mais sérieuse » qui comprend trois whiskies, deux carafes de côte-du-moulin 1969 et deux verres de blanc. Une consommation incompatible avec un traitement médical à base d'antibiotiques et de somnifères. Voilà, selon la défense, l'origine de la crise de tachycardie. Éclats. « Changez de ton ! Ça suffit ! Je n'aime pas que l'on me pose des questions agressives », balance Tocqueville à l'avocat. Dans un même élan, Tocqueville tape du plat de la main sur la barre et descend vivement de l'estrade en direction de Charles Libman. Les policiers se lèvent. Tocqueville passe devant Me Libman, dépose un plan tombé à terre sur le bureau du greffier et revient à la barre. Fausse alerte. Il se dégourdissait seulement les jambes. Charles Libman poursuit sur la « campagne de presse » menée par Tocqueville pour attaquer Deperrois en avril 96. « Vous n'avez pas le monopole de la presse ! » rétorque le mari trompé. L'avocat lit enfin une lettre de soutien à Deperrois écrite par Jean-Michel Tocqueville. Laurent de Caunes demande que cette lettre soit rapprochée d'un P.V. d'écoute où Anne-Marie Deperrois faisait pression sur Tocqueville pour lui extorquer une attestation. De très longues heures qui pourraient avoir une influence déterminante sur le verdict à venir.

Ce n'est qu'à 19 heures que Sylvie Tocqueville, quarante et un ans, entre en piste. Il n'y a pas d'autre mot. Il n'est même plus question de théâtre mais de cirque. La « Tocq » se dit impressionnée. Elle assure qu'elle parlera sans haine mais sans doute pas sans crainte. Elle affirme qu'elle considérait Émilie comme sa petite belle-fille et estime que le mystère de sa mort reste entier. Elle s'interroge sur le scoop de Radio France-Normandie au moment de l'incarcération de son amant et demande pardon à Anne-Marie Deperrois. La femme de l'élu est pliée sur son siège depuis l'arrivée de sa rivale. Elle regarde par terre. Dès le début de sa déclaration, Sylvie Tocqueville attire des commentaires grivois chez les confrères et les consœurs. Derrière moi, des journalistes se lâchent. L'un d'eux balance des obscénités. Le charivari cesse subitement. Une charitable consœur prévient : « Arrêtez de rire, le papa d'Émilie nous regarde. » Imperturbable, Sylvie Tocqueville raconte son idylle, sa virée à Paris. Elle est interrompue par des bruits de révolte dans la salle des pas perdus. Un verdict de procès qui se passe mal en correctionnelle à côté. Les policiers se placent derrière la porte. Sylvie Tocqueville s'inquiète pour son époux resté à l'extérieur : « J'espère que mon mari n'y est pour rien ! » Elle chancelle. On lui apporte un siège. Elle demande de l'eau. Nous la regardons s'installer avec curiosité. La scène ressemble bien peu à un procès d'assises. L'ex-témoin de Jéhovah fait des manières. Elle se passe la main dans les cheveux. Elle se berce dans son fauteuil, passe négligemment son bras derrière le dossier. Sa jupe noire se relève, découvrant ses cuisses face à la cour et aux jurés. Pierre Bois, du *Figaro*, se penche, hilare, à mon oreille. « Tu as vu ? Elle est incroyable ! » Ambiance cabaret. L'audience se poursuit. Reynaud la questionne sur la visite qu'elle a rendue au Dr Sylvain Vue avec Corinne le 13 juin. « Avez-vous entendu Corinne parler d'un aspect bizarre, d'une effervescence ? » Réponse : « Non. Je ne me rappelle pas. » L'effet Libman en prend un sérieux coup. Question : « Vous êtes-vous intéressée personnellement à trouver des éléments qui pourraient innocenter Jean-Marc Deperrois ? » Réponse : « Oui, mais en quoi c'est grave ? » Reynaud dresse la liste des courriers qu'elle a envoyés au juge Balayn, notamment pour détourner les soupçons sur Corinne, et des courriers destinés à Deperrois.

Laurent de Caunes prend la parole en faisant remarquer au passage qu'elle a visiblement su vaincre ses craintes à la barre. Question : « Si les faits, si les mobiles s'avéraient exacts, auriez-vous le sentiment d'être la cause du drame ? » Réponse nette : « Oui. » Tocqueville reconnaît les « baisers russes » échangés avec Deperrois jusqu'au 11 juin. De Caunes souligne que la pratique de ce genre de baiser n'est pas la meilleure façon de stopper une liaison supposée être « en voie d'extinction ». La Tocqueville reconnaît l'erreur mais considère que les sentiments « Ça ne s'éteint pas comme on souffle une chandelle ». La partie civile met en évidence la responsabilité des Tocqueville dans la médiatisation de l'affaire. Des P.V. d'écoute téléphonique donnent des conversations échangées avec Jean Ker de *Paris-Match* et avec *V.S.D.* Le but étant de prouver que Jean-Michel Tocqueville était costumé à la fête médiévale... Depuis quand les preuves transitent-elles par les magazines à sensation ? A-t-elle une preuve des affabulations de Madeleine ? « Il a dit qu'il a reçu les journalistes avec un fusil. J'ai téléphoné à Jean Ker et à Gwenaelle de Cognets. Ils m'ont dit que ce n'était pas vrai. » Béton.

Me Chanson, avocate de Bellon, revient sur une lettre de la « Tocq » au juge Balayn. On y lit qu'Émilie était sous-alimentée. « Pensez-vous que ce renseignement soit conforme à une exigence de vérité ? » Pas de réponse. « Avez-vous cru un jour à la culpabilité de Jean-Marc Deperrois ? » Réponse : « J'ai tout imaginé... » Mais pour elle, Deperrois n'est pas Dr Jekyll et Mr Hyde. Elle dérape. « De toute façon, pour buter mon mari, Jean-Marc n'aurait pas utilisé ce procédé-là. » L'avocat général lui demande si elle n'est pas largement à l'origine du scoop sur l'incarcération de son amant. Gaubert, en qualité de procureur de la République au Havre, balaie toute responsabilité sur la fuite. « J'ai quelque autorité au palais. Personne n'a révélé quoi que ce soit au parquet ! »

Il est minuit quinze. Le président Reynaud lève l'audience. Les jurés semblent rincés. Sylvie Tocqueville regarde sa montre et lance : « Oui, c'est l'heure. Il faut y aller. » Elle quitte la salle guillerette. La presse l'attend dehors. Elle rejoint son mari. Ils retournent chez eux main dans la main. Avant de partir, Jean-Michel Tocqueville parle aux radios : « Si Libman avait pu me convaincre, j'aurais été soulagé. Je n'aurais pas pris de Prozac demain.

Mais je prendrai encore du Prozac demain. » Sur France 3-Normandie, Jean-Christophe Battéria ironisera : « Tout le monde semble douter de tout, sauf Jean-Michel Tocqueville. Même les parents d'Émilie déclarent ne pas tout comprendre. Une fois de plus la défense ne prouve rien mais marque durablement sans doute l'esprit des jurés. » Sur France 2, Anne-Marie Deperrois, fine psychologue, analyse le revirement de Jean-Michel Tocqueville : « Il règle ses comptes avec sa femme qui soutient toujours mon mari. »

Est-ce ainsi que les hommes vivent ?

16

L'assassin est une femme

Le sacro-saint plan d'audience du président Reynaud a pris du retard. L'ami commun aux Tanay et aux Tocqueville passe à la barre avec un jour de retard. Reynaud lit son casier judiciaire. Malheur à ceux qui approchent de trop près une cour d'assises. Tout est épluché, étalé, livré en pâture. Vol avec arme, usage et commerce de stupéfiant, prison. Néanmoins, la cour estime son témoignage recevable. Le témoin parle du 11 juin, des problèmes du couple Tocqueville, de la garde à vue, de la presse qui semblait plus au courant que lui de ce qu'il se passait. « Entendre son nom sur Europe 1 dès neuf heures, c'est dur. » Les gendarmes sont restés quinze jours chez Oril, où le témoin travaille, pour comprendre les procédures de sécurité concernant le cyanure. Constatation effrayante. Si le cyanure est contrôlé à la sortie du magasin central, il est très facile de s'en procurer sur divers sites fréquentés par les salariés de l'usine mais aussi par des entreprises extérieures. On utilise jusqu'à cent kilos de cyanure dans certaines manipulations. Il est possible d'en glisser vingt grammes dans sa poche. Une à deux tonnes de cyanure étaient stockées chez Oril à l'époque. Mais les impuretés relevées ne correspondent pas à celles du cyanure de Deperrois. On évoque le caractère renfermé des Cauchois, aux antipodes de l'esprit de Corinne, une femme ouverte, humaniste. Reynaud demande : « Les Cauchois sont-ils des barbares ? Qu'est-ce qu'un taiseux ? » Bientôt un ethnologue à la barre ? L'engagement jéhoviste de Sylvie Tocqueville est remis en lumière par Laurent de Caunes. Oui, elle est née témoin de Jéhovah. Le fait qu'elle ait quitté la secte signifie quelque chose de fort. Son frère a fait un an de prison plutôt que de faire son service national. C'est une famille qui va au bout de ses convictions. Me Libman interroge le témoin sur son amitié avec les Tanay. Leurs relations ont cessé il y a deux ans pour protéger le fils du témoin choqué par la disparition brutale de sa copine Émilie.

Charles Libman sort la déposition du Dr Déom faite le 5 juillet 1994. Le toubib bolbécais suspectait le témoin à cause de sa séropositivité. Selon Déom, les malades en phase terminale peuvent être atteints de folie et de troubles de la mémoire. Déom est allé trouver les gendarmes. Il demandait que cette personne, ami des Tanay et des Tocqueville, soit soumise à un examen psychiatrique mais ne désirait pas aller plus loin dans sa déclaration avant d'avoir l'avis de l'Ordre des médecins. Plus personne n'a entendu parler de Déom ensuite. Surtout après sa mise en garde à vue en compagnie de son épouse, avocate à Bolbec, qui colportait elle aussi les mêmes ragots dans les couloirs du palais de justice du Havre... Reste le P.V. Réponse du témoin : « Déom n'est pas mon médecin traitant ! » Le témoin se met en colère. « Ce médecin dit n'importe quoi.

C'est limite au niveau déontologique. Je vais bien. Je n'ai eu aucun arrêt de travail depuis six ans. C'est de la pure diffamation ! » Un certificat médical est produit pour confirmer ces dires. Au passage, le témoin accuse Trinité-Confiant d'être allée fouiner chez son véritable médecin traitant, à Rouen, pour soutirer des informations confidentielles.

Le premier rang du public est squatté par les enquêteurs. Leurs képis forment une pyramide instable sur le rebord de la fenêtre. Assis sur son siège, Martinez semble très agacé. Ses genoux rebondissent violemment comme s'ils se retenaient de ruer. Le capitaine est appelé à la barre pour répondre aux questions de Charles Libman. Il tonne : « Je ne perçois pas de solde pour construire de fausses preuves. Je m'endors tranquille et je me regarde sans problème dans la glace. Une erreur judiciaire, c'est parfois aussi un coupable en liberté. » En allant se rasseoir, Martinez se fait assaisonner par la famille de Deperrois. Le capitaine proteste. Incident.

Revenu à la barre, le témoin soutient implicitement les enquêteurs. « Je peux vous affirmer que les gendarmes m'ont fait la totale. » Il lance parallèlement un appel à la presse : « Soyez cool sur ce que vous allez dire. J'ai un fils de onze ans. »

En sortant, nous croisons les curieux qui s'amoncellent dans la file d'attente pour l'audience de l'après-midi. Sandwich, hamburger, eau minérale à la main, ces gens parqués derrière des barrières en chicane nous intriguent. Il ne manque plus que les chocolats glacés et les pop corn pour qu'on se croie à l'entracte d'un spectacle de music-hall.

La une du *Détective* du jour est barrée d'un gros titre jaune : « Coup de théâtre au procès Deperrois, un corbeau accuse : L'assassin est une femme. » Le magazine passe de main en main pendant l'audience. Quand j'en parle à Denis, il me conseille de ne rien dire à Corinne. Je veux bien mais il est difficile d'échapper aux affichettes placardées devant les maisons de la presse. Michel Henry trouve les délires de *Détective* amusants. J'envie son détachement. Et puis je n'appelle pas ça un délire. Si *Détective* veut délirer, pourquoi pas ? Dans les lettres anonymes lues par Reynaud, une parlait des révélations faites par la Vierge. Voilà du délirant ! Pourquoi ne pas titrer alors : « La Vierge a vu l'assassin » ?

Dans *L'Événement du jeudi*, Anne-Sophie Martin ne désarme pas. Elle s'en prend à la gendarmerie : « Quand les gendarmes dérapent. Leurs enquêtes sont trop souvent bâclées. » Zoom sur les propos de Jacques Isaac et sur ce qu'un gendarme lui aurait dit. « Une fois de plus, il semble que ce procès devienne celui d'une enquête menée à charge contre un suspect unique. Et les débats pourraient bien désintégrer un dossier d'accusation mal ficelé. » Et de remettre Vue sur le tapis. « Ce qui innocenterait Deperrois. » Et de parler des Madeleine, « peu crédibles ». Question de Martin : « Et si les gendarmes s'étaient laissé influencer par les laboratoires Bellon (filiale de Rhône-Poulenc) ? »

L'après-midi est consacré à l'intervention du Smur de Lillebonne et à l'arrivée d'Émilie à l'hôpital du Havre. Le président commence par la lecture de la conversation entre Sylvie Tocqueville et le Samu. L'appel est ponctué par les derniers gémissements d'Émilie. Le médecin du Smur confie : « On a beau faire de la médecine d'urgence depuis dix ou quinze ans, les enfants, on ne s'habitue pas. » En supposant que l'équipe médicale ait su aussitôt qu'il s'agissait d'un empoisonnement au cyanure, il n'est pas certain qu'Émilie aurait pu survivre même avec l'administration immédiate d'un antidote. Sa tension était imprenable à l'arrivée des secours. Le médecin a eu du mal à lui faire une prise de sang. L'infirmière qui a reçu Émilie au Havre est bouleversante. Elle déclare : « Émilie est une petite fille qui nous poursuit depuis trois ans. Je n'occupe plus mes fonctions depuis. Je n'ai jamais pu remettre ma blouse. J'avais l'impression d'enfiler ce que j'avais vécu. C'est injuste de perdre cet enfant. En tant que mère d'une fillette de neuf ans, en tant qu'infirmière. » Elle s'adresse à Denis, seul dans son box : « Monsieur, je vous vois tous les jours. » Michel Henry me tape sur l'épaule : « Ça fait du bien d'entendre quelqu'un d'humain même si ça ne fait pas avancer grand-chose. » L'infirmière explique que la Josacine était normale à 22 heures, sans odeur autre que celle du sirop. Elle a secoué le flacon à 5 heures du matin et c'est alors qu'elle a constaté que le sirop ressemblait à un crachat. Elle a ouvert le bouchon. « J'ai encore aujourd'hui le souvenir de la brûlure que j'ai sentie dans la gorge et dans le nez. Je peux témoigner ici parce que je n'ai pas goûté la Josacine. On a la fichue manie en pédiatrie de tout goûter. » Quand l'équipe du matin est arrivée, la crainte d'une hécatombe a circulé. Et si tout un lot de Josacine était nocif ? Charles Libman se lève avec son air des grands jours. Il interroge l'infirmière sur le parcours du flacon d'Émilie apporté à l'hôpital par l'ami séropositif. « Le flacon est laissé sans surveillance au contact des gens proches d'Émilie. Quelques heures après vous prenez le flacon que vous croyez être celui apporté par l'ami de la famille. Entre son arrivée et le temps où vous agitez le flacon qui présente une odeur nauséabonde, peut-il y avoir eu substitution comme il y a parfois substitution d'enfants dans des cliniques ? » Il n'en faut pas plus pour que les Rouletabille de la presse remettent cent balles dans la machine. Un médecin confirme l'évolution du produit dans la nuit.

En vertu de son pouvoir discrétionnaire, c'est à ce

moment des débats que le président fait citer Sylvain Vue. Reynaud prononce les formules rituelles : « Connaissez-vous l'accusé ? » Réponse : « Oui, euh, non. » Lapsus ? Reynaud : « Faites ce que votre conscience vous dicte. » Le Dr Vue, « témoin malgré lui » comme le baptise *Ouest-France*, commence son exposé spontané. « Quand j'ai été interpellé par le défenseur de M. Deperrois, j'ai été pris de court. Il a fallu se remémorer les faits. » Re-lapsus ? Vue raconte ce que tout le monde sait maintenant par médias interposés. La prétendue effervescence et le supposé effet de floculation observé par Corinne, le coup de fil de l'ami des Tanay pour qu'il n'y ait pas d'autopsie... D'une voix posée à l'extrême, inquiétante voire menaçante, Reynaud précise qu'il ne pose pas de questions au médecin mais à l'homme. Dans son box, Deperrois s'agite. Il demande de l'eau, mouille son mouchoir et s'éponge le visage. Reynaud poursuit : « Dans quel état était Corinne Tanay le 13 juin à 15 heures quand elle est venue vous voir avec Sylvie Tocqueville ? » Réponse : « Elle était excitée, tendue, effondrée. Sylvie Tocqueville était tétanisée. Je ne l'ai pas entendue. » Reynaud : « Est-ce que l'homme Sylvain Vue comprenait ce qu'il se passait ? » Reynaud soulève aussi la question du secret. « Le secret médical est fait pour protéger celui qui se confie au médecin. La conscience est quelque chose d'une extrême importance. »

Laurent de Caunes prend la relève dans un climat surchauffé et glacial à la fois. Vue admet qu'il ne devait pas être le seul médecin à soigner Émilie. Dans un premier temps, Vue considère que l'entretien n'était pas médical. Dans un second temps, il assure avoir mené un interrogatoire médical dans les règles, étant par ailleurs médecin assermenté auprès des tribunaux. Il faudrait savoir ! De Caunes : « Pensez-vous avoir respecté le secret médical ? » Vue : « Je sais. Ça m'a posé un problème. » Vue enlève sa veste. Il baigne dans la sueur. Me Normand intervient en parlant fort : « Tous les faits que vous évoquez sont contredits par le dossier. » Le 13 juin, les Tanay ont bien donné leur accord pour l'autopsie et, selon les dires de l'infirmière, leur ami les a aidés à prendre la décision. On se demande pourquoi il irait téléphoner ensuite à un docteur qui n'est pas le sien pour empêcher que l'autopsie ait lieu. Michel Normand pose une dernière question : « Dans votre déclaration, vous dites qu'il a pu y avoir incompatibilité entre la Josacine, l'eau et le produit ajouté au mélange. Cela veut dire que le flacon de Josacine était empoisonné lorsqu'il a quitté le domicile de Mme Tanay ? » Vue : « Tout à fait d'accord. » Normand : « Vous voulez dire que Mme Tanay a du cyanure chez elle. Vous êtes le seul à le dire ! » Vue : « ... »

Charles Libman prend la parole à 22 h 45. « Toute la cour est épuisée par un tir groupé des trois procureurs que la défense a devant elle. Plein de témoins, plein de mensonges et de contradictions ont défilé à la barre... » Sa voix se perd. Juste avant la clôture, Marc Gaubert communique à la cour les dates où la défense est venue consulter le dossier original de l'instruction au Havre. Dates auxquelles Trinité-Confiant, avocate normande de Deperrois, aurait eu tout le loisir de lire la déposition du témoin prétendument « oublié » ou « négligé ». Gaubert n'envisage pas d'assumer « les oublis ou les négligences de la défense ».

Nous nous retrouvons dans la rue à près de minuit. À peine installés dans une brasserie, nous voyons Charles Libman, accompagné du *Monde* et de *Sud-Ouest*, faire son entrée. Il lève les bras au ciel en nous apercevant. Laurent de Caunes tente une pointe d'humour confraternel mais Libman ne lui accorde même pas un regard. Il y a des procès où les parties adverses se retrouvent parfois autour de petites bouffes après les bras de fer. Ce ne sera pas le cas dans ce procès. Des rumeurs de discorde entre Libman et Trinité-Confiant ont circulé durant l'après-midi. Trinité n'aurait pas apprécié l'interrogatoire du témoin séropositif. Libman lui aurait répondu en substance : « C'est moi le patron. » Une chose est sûre, la sœur de Jean-Marc Deperrois est venue déplorer l'incident auprès de Corinne. « La maladie de votre ami n'a rien à voir avec l'affaire, mais on ne contrôle pas tout... » Ces gens ne savent pas que le témoin n'est plus l'ami des Tanay mais celui de Jean-Michel Tocqueville. Un détail qui ne change rien au fond. Entre deux coups de fourchette, nous voyons le journaliste du *Monde* en grande discussion avec Charles Libman. Pas mal de gens rient du zèle qu'il déploie de siège en siège dans la salle d'audience. La thèse de la substitution du flacon le ravit. Il brode sur des histoires d'étiquettes interverties et teste ses arguments auprès de la défense pendant les pauses. Denis est blême. Il a du mal à croire Laurent de Caunes quand celui-ci prétend que c'était une bonne journée. Il ne supporte pas le délire de Sylvain Vue : « Si je le croise maintenant, je lui casse la gueule. »

17

L'arme la plus sournoise

La deuxième semaine se termine. Nous nous interdisons l'accès de la cour le 16 mai, jour où les experts commentent les autopsies d'Émilie. Il y a des limites au supportable. *Le Figaro* du jour dresse un portrait assez vif de Sylvie Tocqueville. Pour Pierre Bois, elle restera dans les annales judiciaires « par sa façon de dire ou plutôt d'insinuer ; par sa manière de retourner une situation, de présenter une double image ». *France-Soir*, évoquant les témoignages mensongers et « venimeux » fournis par Sylvie Tocqueville pour détourner les soupçons sur Corinne, la décrit « charmeuse, émouvante, perfide, et un rien garce avec sa voix de sainte-nitouche ». Corinne n'a pas le loisir de lire ces portraits. Laminée par le rouleau compresseur du procès, elle dort. Sur sa table de chevet, des photos et des bijoux d'Émilie veillent. Corinne émerge à midi pour regarder le journal régional de France 3. Sylvain Vue explique son devoir de citoyen : « Devant un tel crime ou une erreur, euh, une telle chose, je ne pouvais pas me taire. » À 13 heures, Dominique Verdeilhan pose une question sur France 2 : « Qui croire, la mère d'Émilie ou le médecin ? » avant d'affirmer que le témoignage de l'infirmière lance la thèse de la subtilisation du flacon. Infernal. D'autres informations suivent sur le festival de Cannes, les grèves à la S.N.C.F., le congrès des chauves de France. Nous sommes ailleurs, nulle part, terre inconnue. Denis est pétrifié. Corinne explose : « On ne va pas continuer à en prendre plein la gueule sans répondre ! » Je tente de les raisonner. Denis me contre assez sèchement. « C'est moi le papa d'Émilie. O.K. ? Faut pas l'oublier. Personne ne m'empêchera de parler si j'en ai envie. O.K. ? » Nous allons manger une salade.

Sur le chemin du retour, nous tombons sur Laurent de Caunes. Il déjeune avec Bernard Le Solleu de *Ouest-France*, Marcel Legendre du *Progrès de Lyon* et Jean-Claude Hauck du *Républicain lorrain*. Les Tanay parlent de leur soudaine envie de tenir une conférence de presse. Même les confrères les persuadent d'y renoncer. Corinne se ravise : « Vous avez raison. Je ne veux pas trahir la confiance de Roger Merle. » Les Tanay comprennent qu'ils n'ont pas toute la presse contre eux. Bernard Le Solleu explique que tous les journalistes ne sont pas des brutes épaisses ou des indifférents. De plus, il arrive que les journalistes qui assistent aux procès ne soient pas les mêmes que ceux qui ont suivi l'instruction. Le style est différent, moins agressif. Denis rit jaune : « C'est trop facile ! On nous a envoyé les chiens et après il faudrait qu'on oublie tout... Impossible. » Le Solleu parle du chahut que font parfois les journalistes pendant les audiences. Pour lui, ce n'est pas par méchanceté mais parce que sans un minimum d'humour, dans des dossiers aussi pénibles, on risque de disjoncter. Denis et Corinne font semblant de le croire. Avant de repartir au palais, Bernard Le Solleu demande à Corinne ce qu'elle penserait d'un acquittement. « Ce serait effroyable », répond-elle d'un ton profondément inquiet. Nous tournons dans les rues de Rouen pendant que l'audience reprend. Je rentre au Havre. Trois jours de repos se présentent pour la Pentecôte.

En regardant les journaux de vingt heures, je devine, entre les mots, la teneur des débats. Sur France 3-Normandie, Raphaël Deh se demande pourquoi l'ami était-il omniprésent le 11 juin. Trinité-Confiant semble avoir contesté le nombre de flacons de Josacine analysés, « sept cents sur vingt-deux mille ». Si sept cent soixante-dix flacons ont été précisément étudiés, c'est que la norme en vigueur prévoit ce pourcentage. Me Normand, avocat des laboratoires Bellon, assure que tout est conforme. La preuve, aucun autre cas d'empoisonnement n'a été à déplorer. C'est donc que nous avons bien affaire à un geste criminel très isolé. L'absence de l'experte Rudler, devenue recteur d'académie dans les D.O.M. et confrontée à des mouvements de grèves importants, a été l'occasion d'un incident. Après le témoin « oublié », la défense a brocardé le témoin absent. France 2 est branchée sur l'histoire des flacons substitués. « Y a-t-il eu substitution du flacon à l'hôpital et pourquoi ? Où a été empoisonné le flacon ? » Pour France 3, « Le mystère reste entier. Plusieurs doutes plaident en faveur de l'accusé qui peut être innocenté grâce au témoignage du Dr Vue ». J'entends encore Anne-Marie Deperrois sur TF1. Pour elle, tout baigne. « On va dans le bon sens. Vers un acquittement. »

Corinne me téléphone dans la soirée. Elle apprend que Trinité-Confiant polémique aussi sur la bouteille d'eau qui a servi à préparer la Josacine. Pourquoi pas ? Qui prouve en effet qu'il s'agit bien de la bonne bouteille ? Nous avions senti le coup venir. À l'inverse, si Corinne n'avait pas apporté la bouteille pour analyse, la défense aurait trouvé bizarre que la bouteille soit « oubliée » par les enquêteurs. La salle d'audience était visiblement bien pleine encore aujourd'hui malgré le programme macabre. Le président Reynaud a même dû faire sortir une femme qui s'installait avec deux jeunes enfants.

La presse du 17 donne quelques éléments sur le passage des experts la veille. Dans la Presse havraise, les propos du Dr Jean-Pierre Goullé, médecin toxicologue, sont rapportés. Pour lui, le changement d'aspect constaté de la Josacine n'a rien d'anormal : « Le simple fait de bouger le flacon remet en suspension ses éléments et entraîne une modification de l'aspect. Tout cela m'apparaît très cohérent. » Pierre Bois, dans *Le Figaro*, voit dans le poison l'arme la plus sournoise : « Il tue à retardement, masque l'assassin, empoisonne à l'avance une affaire criminelle, distille le doute. L'Histoire est là pour en témoigner. Face à ces incertitudes, au climat malsain qu'il génère, rares sont ceux qui gardent raison. » Ces mots pourraient être destinés à notre confrère du *Monde*. Jean-Michel Dumay s'entête. Pour lui, « le Dr Vue bouscule l'accusation contre M. Deperrois ». Et si jamais le témoignage de Vue ne suffisait pas à innocenter Deperrois, Dumay propose deux explications en option. La première, une « substitution » du flacon de Josacine à l'hôpital après le décès d'Émilie. La seconde, une piste sans crime et sans coupable, serait due à un simple accident domestique. Pour préparer la Josacine, à la place de l'eau minérale, Corinne aurait pu utiliser un produit cyanuré destiné à tuer les rats et les taupes. Produit inexistant chez les Tanay. Non, je ne rêve pas. Je lis bien *Le Monde*. Les Gruchetains n'en perdent pas une miette. Ce n'est pas tous les jours que le village est au cœur d'une intrigue digne des feuilletons télé. Pour *Le Parisien*, Gérard Davet a rencontré des autochtones, des jeunes filles, un chômeur, un retraité, un coiffeur, une voisine des Deperrois. L'une va jusqu'à regretter l'absence de Jessica Fletcher, l'héroïne de la série Arabesques.

Corinne consacre une partie de son week-end à la lecture d'une centaine de pièces. Certaines sont édifiantes. Deperrois a envoyé une lettre à sa femme le 29 avril 1996 : « Il faudrait confirmer à Marie-José Trinité et à Charles Libman la naissance d'un enfant chez TANAY. » Quand Deperrois s'intéresse à un enfant Tanay, on a froid dans le dos. Le 21 août 1996, il écrit à des amis : « Après *Détective*, je fais un procès à *Ici-Paris*, avec un procès à Rouen. En ce qui concerne la presse, je peux simplement constater la bonne information sans dénature du *Courrier cauchois*, ce qui n'est pas le cas du *Paris-Normandie*, *Havre libre*, *Havre presse* où une action contre eux est à l'étude mais la collusion de ces journaux avec certains éléments de la justice paraît évident. » Dans une lettre du 8 septembre 1996, Deperrois écrit à des amis : « Il me faut attendre encore un peu le non-lieu ou le juste, légitime et nécessaire acquittement si vital à 2 femmes et à moi-même. Aujourd'hui, je suis le taureau dans l'arène mais personne ne doit douter que dans quelque temps ceux qui jouent aux matadors aujourd'hui se retrouveront à la place peu enviable du taureau et j'en serai le toréador. » Le 22 novembre 1996, c'est

Deperrois qui reçoit du courrier. Une touchante carte postale signée Sylvie Tocqueville : « Merci pour ta lettre de condoléances qui a fait pleurer maman parce que tu réussis à penser au malheur des autres, malgré le tien qui est géant... à cause de moi. » La carte postale représente une vue de l'abbaye de Gruchet.

18

La guerre des trois experts n'aura pas lieu

Reprise des débats le 20 mai. Dernière semaine d'un procès qui devait se terminer à l'origine le 17. Le président Reynaud semble frais comme un gardon. Nous croyons savoir qu'il pousse le zèle jusqu'à dormir dans son bureau chaque soir. Étonnant personnage. Il maîtrise le dossier avec une habileté rare. Il sait reprendre au vol chaque petite phrase pour au besoin la contredire en mentionnant telle ou telle audition, telle ou telle écoute téléphonique enfouie dans des milliers de pièces classées dans un ordre qui lui est propre. Son style lent et pointilleux agace les chroniqueurs judiciaires qui aimeraient assister à plus de duels oratoires entre témoins et parties.

Le commandant Molinaro, expert, commence la journée en soulignant sa perplexité quant à la possibilité de noircir des métaux avec du cyanure. Il revient sur la reconstitution faite à Gruchet par Deperrois en sa présence. Pas de dégraissage des objets. Pas de pesée du produit. Deperrois a pris une cornière rouillée et un plat en aluminium pour les plonger dans une mixture solubilisée avec l'eau des sanitaires. Après la manœuvre, Deperrois jette le produit dans les W.-C.! Pour Roland Molinaro, avec du sucre dans un premier temps, comme avec du cyanure selon le souhait du juge Balayn, « l'essai n'a pas été concluant ». Aucune documentation concernant un éventuel noircissage de métal par ce procédé n'existe dans les archives de l'I.R.C.G.N. Le président Reynaud a lui-même vérifié dans l'*Encyclopaedia universalis*, référence de Deperrois, et déclare : « Je n'ai trouvé aucun passage, je pèse mes mots, traitant du cyanure comme produit pouvant noircir les métaux. » On a retrouvé des traces de cyanure dans le laboratoire de I.T.I., sur une pince et sur une malle. Résultat d'essais ou simples projections? Un petit flacon d'acétone a été retrouvé vide et sans odeur. Le flacon aurait été rincé à l'eau. Pourquoi? Des traces de sodium subsistent sur ses parois. D'où viennent-elles? Molinaro a travaillé en aveugle sur onze prélèvements de cyanure saisis par les gendarmes. Deux présentent en mêmes concentrations les mêmes impuretés, phosphate, strontium et potassium, que le flacon de Josacine empoisonné. Tous deux proviennent de chez Prolabo. L'expert a fait des recherches sur l'eau contenue dans la Josacine. L'expérience sur une dizaine d'eaux minérales n'a rien donné. En revanche, celle faite avec de l'eau du robinet se révèle concluante. Sur plusieurs prélèvements, l'eau trouvée à I.T.I. est toujours compatible au regard de sa richesse en zinc. L'eau saisie chez le père de Denis n'est compatible qu'une fois sur deux. Sur le fait que le cyanure aurait dû colorer la Josacine, Molinaro répond que le cyanure en solution est très instable et volatil. Il a sans doute été chauffé à 50 degrés et préparé plusieurs jours auparavant. Période où l'on se raccorde avec le 29 mai, jour où les Madeleine ont vu Deperrois entrer chez les Tocqueville. On sait que la défense a depuis longtemps contesté cette explication parce que Deperrois ne dispose pas d'étuve dans son entreprise.

Et la défense monte au créneau. Marie-José Trinité-Confiant essaie de prendre en défaut les compétences de Molinaro à propos des métaux. « Pas besoin de savoir ce que fait Jean-Marc Deperrois dans son entreprise pour savoir si le cyanure noircit ou non les métaux. De toute façon, la reconstitution c'était n'importe quoi. Le produit est dangereux. Jean-Marc Deperrois voulait pulvériser le cyanure sur les pièces. Pulvériser du cyanure dans une pièce sans prendre de précautions, c'est la mort assurée dans le quart d'heure ! » réplique Molinaro. Deperrois est très actif dans son box. Il prend des notes. Et se lève pour défendre ses recherches empiriques. Marie-José Trinité s'interroge ensuite sur les conditions de prélèvement et les faibles quantités de produit analysées. Molinaro rétorque que, faisant ses études sur des phases liquides, un demi-millilitre aurait suffi. L'avocate demande alors à l'expert de préparer à la barre un flacon de Josacine conformément à la notice. Reynaud intervient : « Monsieur, faites comme si vous étiez une bonne mère de famille mais je rappelle que M. Molinaro est expert. » Le but de la défense est de démontrer que Corinne a menti en assurant n'avoir pas rajouté d'eau une seconde fois après agitation du flacon. Molinaro s'exécute. Marie-José Trinité-Confiant et Charles Libman viennent à la barre le surveiller. Michel Normand et Agnès Chanson, avocats de Bellon, les imitent. Laurent de Caunes les rejoint en levant les yeux au ciel. Où va-t-on ? Molinaro a des gestes d'expert. Il secoue vivement, tapote le cul du flacon sur la barre. La défense veille. Pour elle, l'opération est capitale. Tous les calculs de Molinaro sont fondés sur les déclarations de Corinne. Reynaud ouvre un emballage de Josacine et lit la notice. Le fabricant précise qu'il faut rajouter de l'eau « si besoin est ». C'est donc que le client peut avoir des gestes imprécis. Un peu agacé, le président s'adresse à la défense. « Mme Tanay a toujours dit qu'elle n'avait pas rajouté d'eau. On admet que l'accusé a mis une pièce de métal dans une solution de cyanure. Acceptons le fait que Mme Tanay n'a pas rajouté d'eau. » Libman conteste ensuite la fiabilité des expertises. Trinité, secondée par Deperrois, assure, schéma à l'appui, que la longueur des tuyaux d'eau n'était pas suffisante sur les lieux de prélèvement pour assurer une bonne stagnation. Deperrois s'agite de plus en plus. La défense ricane. Curieux spectacle. Surtout après le « malaise » de Deperrois en début d'après-midi qui a repoussé la suite des débats à plus de 17 heures.

La presse est divisée sur les explications du commandant Molinaro. Le soir, selon Mathieu Aron sur France-Inter, la déposition des experts a été battue en brèche par la défense. Ce qui n'est pas franchement le cas. Pour *Le Parisien* du 21, « Les expertises ne sont pas déterminantes ». Pour *Le Monde*, « L'accusation apparaît de plus en plus fragile ». *France-Soir* trouve les experts prudents. Pour *Libé*, « L'expertise du cyanure laisse planer le doute ». *Le Figaro* trouve le témoignage de Molinaro « embarrassant pour l'accusé » alors que *L'Humanité* considère le premier rapport « plutôt à charge ». En marge des débats, *Libération* passe un rectificatif demandé par Anne-Marie Deperrois : « L'expression " 0 % de matière grise " utilisée par l'épouse de l'accusé décrivait Sylvie Tocqueville, et non son mari Jean-Michel, comme indiqué par erreur dans *Libération* du 15 mai 1997. Nos excuses pour cette inversion. » Cela méritait d'être précisé.

Le jour suivant, les bancs du public sont plus clairsemés. Les expertises scientifiques ne passionnent pas les foules. Le président Reynaud signale l'arrivée de nouveaux courriers navrants dont les photocopies sont adressées aux parties. D'un air las, il murmure : « Le papier ne refuse pas l'encre. »

Gérard Verger est l'expert attendu. « Je vais essayer de démystifier le jargon des chimistes », prévient-il. D'emblée, il est plus affirmatif que Roland Molinaro. Pour lui, ses résultats sur le scellé n° 8, le flacon de Josacine empoisonnée, sont concordants avec les expertises effectuées par Molinaro et Mahuzier. Verger a travaillé sur quatre-vingt-dix-neuf lots, faisant mille cent quatre-vingt-huit analyses. Les différences de résultats proviennent du fait que Molinaro a travaillé sur la matière liquide du produit tandis que lui s'est attaché à la matière solide. Il parle de la découverte d'une signature caractéristique entre le cyanure acheté par Deperrois et celui retrouvé dans la Josacine. Les impuretés sont les paramètres classiques pour déterminer la signature d'un produit. L'avocat général demande : « Cosigneriez-vous le rapport de M. Molinaro ? » Il répond : « Volontiers et j'en serais fier. » Deperrois pique un fard derrière sa vitre. Trinité attaque la question des bagues « intactes » trouvées sur les lots expertisés. Le genre d'objection qui agace le président Reynaud. Il monte en selle. « On peut critiquer les travaux des experts. Les mots ont un sens. Il y a aussi le choix des mots. Les mots qu'on utilise ou qu'on n'utilise pas. Bagues intactes signifie bagues présentes et en aucun cas bagues solidaires au bouchon. Les picots ont été brisés donc les bouchons ont été ouverts. » Laurent de Caunes renchérit : « La défense est tellement embarrassée par les expertises qu'elle en vient à contester l'objectivité et l'honnêteté des experts. C'est un procédé malhonnête. »

Georges Mahuzier se présente à la barre en début d'après-midi. Il explique comment il a été contacté par Charles Libman en avril 1995 pour faire des contre-expertises. Reynaud juge bon de préciser que les témoins et les experts n'appartiennent à personne. De Caunes se borne à constater que le troisième expert valide les résultats de ses deux confrères. La bataille des trois experts tant souhaitée par la défense n'aura pas lieu. À un moment, ils se retrouvent tous les trois ensemble à la barre. Au coude à coude. Ils corrigent mutuellement les fautes de frappe qui ont pu se glisser dans leurs rapports respectifs mais parlent d'une même voix. Seul bémol, Molinaro n'ose pas comparer les impuretés contenues dans le cyanure à des empreintes digitales alors que Verger affirme qu'il s'agit là d'une « signature ».

Pendant les pauses, les journalistes échafaudent leurs théories. Raphaël Deh, de France 3-Normandie, tente de convaincre Anne Cicco de *L'Humanité*. Pour lui, les moyens et les mobiles de Deperrois ne collent pas. La rédaction en chef de l'A.F.-P. ne comprend pas ce qu'il se passe à Rouen. Les dépêches n'étant sans doute pas en phase avec les « coups de théâtre », Patrick Kamenka doit les rassurer sur la qualité du travail rendu. Le journaliste de *L'Est républicain* a aussi eu une chaude conversation avec sa rédaction. Celle-ci, perfusée par les flashes de Mathieu Aron, sur France-Info, veut un encadré sur l'étuve que Deperrois n'a pas.

Excédé par les journaux télévisés, Denis a pris l'habitude de se coller derrière certaines caméras pour regarder droit dans les yeux les journalistes en plein direct. Ce n'est visiblement pas du goût de tous. « Comment veut-il qu'on bosse comme ça ? » peste un confrère. Globalement, la presse est déçue. « Alors ? La querelle d'experts ? » Laurent de Caunes ne cache pas sa satisfaction. Avec son pull qui bouloche et son pantalon troué, il rayonne comme un sage. « Je n'ai jamais vu des experts être d'accord à ce point ! » Ce n'est pas l'avis de France 2 : « Les jurés ont des similitudes. Ils voudraient des certitudes. » Jean-Christophe Battéria sera encore plus net sur France 3-Normandie : « La défense a battu en brèche les expertises. Comme revigoré, Jean-Marc Deperrois posait des questions aux experts. Il semblait même mener les débats par moments. »

Battéria sera également tout fier de nous apprendre qu'il a lu l'*Encyclopaedia universalis* au chapitre empoisonnement. On y apprend apparemment que grâce aux progrès de la toxicologie, il est très facile désormais de confondre les empoisonneurs. Le poison est donc devenu l'arme des pauvres gens, des naïfs, etc. Bref, une description « peu en rapport avec le portrait-robot de Jean-Marc Deperrois ». Bravo, inspecteur Derrick.

19

X alias Jean-Marc Deperrois

Nous dépouillons la presse du 22 mai pour commencer la journée. Pour *Le Figaro*, les experts sont sur la trace d'un même cyanure. La Presse havraise se distingue par deux une différentes. Pour *Paris-Normandie*, « La défense conteste l'accord des experts ». Pour *Le Havre libre*, « La guerre des experts n'aura pas lieu ». En page intérieure des deux titres, un même article de Benoît Marin-Curtoud précise que le cyanure de Deperrois et celui du flacon ont bien la même signature et note que c'est un « jour noir pour la défense ». *Le Monde* maintient que la toxicologie n'apporte que des hypothèses. *Ouest-France* titre sur « Les certitudes des experts ». Anne Cicco, dans *L'Humanité*, résume bien la situation : « Par la voix de Me Trinité-Confiant, la défense semblait bien embarrassée par les déclarations concordantes des scientifiques. Elle titillait sur les détails, doutait des méthodes d'analyse, s'enferrait dans un débat technique et au bout du compte s'y enlisait. Les experts avaient réponse à tout. » La page sommaire de *Paris-Match* vaut le détour. La photo d'Anne-Marie

Deperrois touche celle de Claudia Schiffer et de Béatrice Dalle. De son côté, *Détective* délire toujours. Il propose à ses lecteurs de juger Jean-Marc Deperrois. Coupable ou innocent ? Le bulletin réponse est à découper et à renvoyer... Patrick Kamenka, de l'A.F.-P., attend un confrère aux grilles du palais. Il me dit : « Deperrois va être acquitté. La majorité de la presse va dans le sens de son innocence ou au moins du doute. Les jurés auront du mal à dire le contraire maintenant. » Je lui confie que c'est l'impression qui me taraude depuis deux jours. Il est probable que les jurés lisent la presse et écoutent les journaux télévisés en revenant chez eux. Dehors. Dedans. Deux procès. Auquel vont-ils se référer en leur âme et conscience ? Auront-ils le courage d'aller contre les médias ?

10 h 20. Le président lit un courrier de Sylvain Vue qui mène son enquête sur la Josacine... L'accusé vient enfin à la barre pour son interrogatoire. Deux policiers s'installent entre lui et le public. Deperrois compte les jours. Cela fait maintenant 1 028 jours qu'il est en prison. Son monologue commence. « Pourquoi je suis là ? Je m'interroge. Monsieur et madame Tanay, je ne suis pas responsable du drame que vous vivez. Je vous demande de me croire. Je n'ai jamais empoisonné de médicament. J'ai vu que vous n'avez pas de haine. Je respecte votre douleur. Je la respecte parce que je suis père. » Corinne et Denis fixent Deperrois. Ils sont de marbre. C'est-à-dire froids et durs. Ensuite Deperrois commente ses mensonges : « Je possédais du cyanure et, à trente mètres de là, une enfant était morte empoisonnée. J'ai paniqué. C'était tellement délirant ce qu'il se passait à Gruchet. La presse était partout. Je me suis dit si je dis que j'ai du cyanure, ça va être ma fête. Et ça a été ma fête. Un capitaine de gendarmerie a pointé son doigt vers moi et a dit : “ Avouez, Deperrois, avouez ! ” J'ai continué à mentir. »

Avant l'ouverture de l'audience, Denis a été approché par Pierre Rancé, de L.C.I. Un studio improvisé est installé dans une pièce donnant sur la salle des procureurs. À 13 heures, une courte interview de Corinne passe sur TF1 pendant que l'intégralité de ses propos tourne sur L.C.I. Nelly Pons lance le sujet : « Jean-Marc Deperrois clame son innocence mais il ne convainc pas la mère de la petite Émilie. » Corinne s'explique : « J'aimerais bien croire Jean-Marc Deperrois. Je ne peux plus le croire à ce stade du dossier. Je doute de la sincérité de cet homme. Les enquêteurs ont fait un travail remarquable. Nous voulons le coupable et non un coupable. Je ne peux pas être affirmative mais il y a des charges extrêmement accablantes contre cet homme. » Ce qui est dit est dit. Laurent de Caunes n'était pas au courant de cette interview éclair. Il fait une petite grimace et passe à autre chose : « On verra bien. »

Retour dans la salle à 15 heures. Le président reçoit toujours beaucoup de courrier. Cette fois, une Gruchetaine se manifeste pour dire qu'elle se souvient avoir vu Jean-Marc Deperrois sur le stade du village le 11 juin 1994. L'époux de cette femme avait déclaré le 7 juillet 1994 qu'il ne se souvenait pas d'avoir vu Deperrois ce jour-là. La mémoire lui était subitement revenue partiellement en août après l'incarcération du notable. Sa femme fait plus fort que lui. Son trou de mémoire se comble juste pendant le procès. L'interrogatoire de Deperrois se poursuit. Il compare la justice à « un char qui avance et roule sur vous ». Il parle souvent de lui à la troisième personne. « Lorsque Jean-Marc Deperrois est sur le stade, on ne le voit pas, on ne le remarque pas. C'est un enfant du pays ! » Il déclare avoir appris le décès d'Émilie le 12 juin vers 11 heures. Il annonce avoir appris l'empoisonnement au cyanure par la télé et par un coup de fil d'un docteur qui aurait eu l'info auprès d'un médecin du Smur de Lillebonne. « Si c'est ça, coupe le président, cela fait une indiscrétion de plus dans le milieu médical ! » Deperrois déclare avoir jeté son cyanure, sa cornière métallique et sa documentation le 17 juin. Il marque un arrêt et reprend pour embrayer sur les refrains de ses conseils : « Et si c'était un autre cyanure ? Cette question n'a jamais été abordée. Cela aurait tout remis en cause. On a donné à M. Verger des cyanures de Prolabo. Il a trouvé des résultats Prolabo. Pas plus, pas moins. » Le président l'interrompt : « Douze personnes au moins ont été mises en garde à vue ou placées sur écoutes. Dire que toutes les pistes n'ont pas été explorées n'est pas exact ! » Froidement, Deperrois poursuit son plaidoyer : « Il faut chercher la multitude des cyanures chez Oril, chez Bellon. Les experts avaient un cadre précis donné par le juge. Il y a une orientation *a priori*. Je n'ai rien fait. Je suis étranger à tout ça. Vouloir m'imputer le décès de la petite Émilie, c'est inhumain. L'instruction a toujours été à charge. À partir du moment où j'ai été mis en prison, ça a été le délire pour moi. » Reynaud recadre sur ses relations amoureuses en citant un extrait de la déposition de Sylvie Tocqueville (« Je pense qu'il était très amoureux de moi. Il voulait refaire sa vie avec moi. Il avait demandé à mon mari de me quitter ») et un bout de lettre de sa femme (« J'apprends ta coucherie, tes saloperies. Maintenant la grande question, c'est pourquoi être venu me rechercher alors que tu continuais avec elle ? »). Sans l'ombre d'une émotion, comme s'il s'agissait d'un acte technique, Deperrois explique : « Nous étions sérieusement dans l'extinction avec Sylvie Tocqueville. S'il n'y avait pas eu cette affaire, je ne l'aurais jamais dit à mon épouse pour ne pas lui faire du mal. » Pause. Les journalistes du *Monde*, de *V.S.D.* et du *Nouvel Observateur* s'empressent auprès de Charles Libman.

Laurent de Caunes reprend l'interrogatoire en abordant les grands penchants de l'accusé pour le mensonge. Deperrois : « Je n'aurais pas dû cacher que j'utilisais du cyanure pour des raisons professionnelles. Il faut dire la vérité. L'épicentre du mensonge a été quand j'ai tenu tête à Alain Bodson. C'est pas bien ce que j'ai fait. Dire qu'il mentait lorsque c'était moi. » De Caunes pose des questions sur la participation des élus à la fête médiévale, sur l'équilibre des relations avec Sylvie Tocqueville. Deperrois reconnaît que leurs sentiments étaient partagés. Doucement, de Caunes amène l'accusé sur un terrain bien plus glissant : « Qu'aviez-vous redouté le 17 juin en jetant le cyanure ? » Réponse : « Je n'avais plus besoin de cyanure. Une petite fille était décédée. Je ne souhaitais pas garder du cyanure dans mon entreprise. » Question : « Vous avez reçu, le 16 juin, un appel du Dr Bonfils ? » Deperrois : « Il y a eu à la télé des informations concernant une petite fille décédée. Il fallait rapporter les flacons de Josacine. J'ai eu un coup de fil d'un médecin une demi-heure après. Il m'a dit que cela concernait Gruchet. Il l'a su par le Samu. Il a dit qu'il y avait du cyanure dans le flacon. » De Caunes : « Il n'a pas dit ça parce qu'il l'ignorait. Tout le monde l'ignorait. Comment se fait-il que vous vous soyez senti menacé ? » Deperrois : « J'ai appris qu'il y avait du cyanure de sodium dans la Josacine. » De Caunes : « Faux ! Le 16 juin, personne ne savait qu'il y avait du cyanure dans la Josacine. Ni les télés ni le docteur ne pouvaient avoir des informations à cet égard car personne n'en avait ! » Remous dans la salle. La journaliste du *Nouvel Obs* fait des bonds devant moi. Spécialiste des réponses à tiroirs, Deperrois tente de s'en sortir : « Le Dr Bonfils a eu des informations par l'intermédiaire du Samu. » De Caunes conclut : « Les médecins du Samu ne savaient pas qu'il y avait du cyanure dans la Josacine le 16 juin. Vous avez pris l'initiative de jeter le cyanure alors qu'il n'était pas en cause ! »

Agnès Chanson prend le relais avec une écoute de conversation téléphonique saisie le 20 août 1994 entre Sylvie Tocqueville et le Dr Bonfils. Visiblement en proie au doute, la maîtresse du notable demande : « Pour vous, il paraissait coupable ou pas ? » Bonfils répond à son interlocutrice : « Jean-Marc Deperrois m'a laissé parler. À ce moment-là on ne parlait pas d'empoisonnement. » Deperrois bafouille : « Je ne peux pas parler à la place du Dr Bonfils. » Après des remarques de l'avocat général, le président Reynaud revient sur des questions de procédure. « Pourquoi dites-vous que vos demandes de mise en liberté ont été systématiquement rejetées ? Utiliser le mot système, c'est laisser entendre que les magistrats s'opposent systématiquement à votre liberté alors qu'ils sont garants des libertés. » Deperrois joue au martyr : « La prison est un lieu où l'on ne vit pas. On ne peut pas se défendre. Il faut attendre trois ans pour s'expliquer. Tout mon courrier était bloqué. » Marc Gaubert rectifie : « Tous les courriers destinés à vos conseils n'étaient pas bloqués ni même censurés. » Le président explique : « Le juge a la possibilité de contrôler le courrier conformément aux textes en vigueur. C'est normal. C'est la loi. J'affirme que le juge a eu un comportement plus large avec vous. Il est allé au-delà de ce que les textes lui commandaient. Il a eu raison mais il a devancé les lois qui sont intervenues par la suite. » Deperrois persiste dans le rôle du chien battu : « Vous perdez tout affectif en prison. » Gaubert signale que le détenu n'était pas au secret, qu'il a eu de nombreux parloirs, mais la défense se fige dans le lamento. Les péquins ne savent pas que le juge Balayn a accordé plus d'une douzaine de permis de visite pour Deperrois à la prison du Havre. Ce qui ne réjouissait pas toujours les matons. Seul incident à signaler durant la détention provisoire, la mère de Deperrois a été suspendue de visite pendant une dizaine de jours parce qu'elle faisait passer des mots en cachette. En dehors de cela, le juge a permis la circulation des dossiers professionnels pour ne pas gêner les activités de l'entreprise I.T.I. Me Libman a la mémoire courte. Il a décidé de clouer le juge dans le rôle du méchant. Il remet mon procès en diffamation à la 17e chambre correctionnelle de Paris sur le tapis, quand son client n'a pas pu faire le voyage malgré les démarches effectuées. On reparle de l'autorisation de sortie refusée à l'occasion de l'enterrement du parrain de Deperrois, le juge considérant le degré de parenté insuffisant. Le débat s'enlise. Chose rare, l'audience est levée avant 20 heures.

Les radios attendent les Tanay à la sortie. Elles ne sont pas contentes d'avoir été doublées par L.C.I. le matin. Denis précise : « Au début, j'ai porté plainte contre le laboratoire et contre X. Aujourd'hui, je sais que X s'appelle Jean-Marc Deperrois. Je ne crains pas l'acquittement. » Dans la salle des pas perdus, les journalistes échangent leurs impressions sur Deperrois. Les frontières deviennent mouvantes. Certains penchent pour une possible culpabilité. L'accusé a fait une très mauvaise impression. Hautain, prétentieux, menteur, ses remords ne sont pas convaincants. Aucune émotion n'est perceptible chez cet homme. Tout semble calculé, technique, cartésien dans son monde. Seuls instants de trouble sincère, les moments où il parle de sa détention.

20

Crime parfait

Voici venu le jour des premières plaidoiries. Les journalistes doivent affronter auparavant une épreuve. Une audience on ne peut moins médiatique. Jurés et parties consultent en silence photos, plans et scellés. Curieuse cérémonie. La salle se vide totalement. Les rumeurs se propagent. Le président aurait prévu de poursuivre les audiences jusqu'au dimanche. On se demande si Laurent de Caunes aura le temps de plaider aujourd'hui. Charles Libman ne voudrait pas plaider trop tôt ou trop tard. Jean-Pierre Berthet, de TF1, regarde sa montre. « Merde ! J'aurais mieux fait de rester au procès de l'O.M. Si ce procès se termine dimanche, on va se faire envoyer sur les roses dans les rédactions avec les élections. Même si Jean-Marc Deperrois est condamné à mort, cela n'intéressera personne ! » Divines élections. Sans elles, la couverture médiatique serait encore pire. Les journalistes sont plus que jamais remontés contre le président. « À force de tout délayer, il noie les jurés. » Dans la salle, seuls les membres des familles et des proches tiennent le siège. Quelques journalistes préparent leur papier. Les jurés épluchent de gros albums de photos. Clichés des lieux, des objets. Soudain, le président les met en garde : « Attention, celles-ci sont les photos de la petite Émilie. Vous n'êtes pas obligés de les regarder » Photos des autopsies. Une journaliste de *La Vie* vient d'arriver. Elle me pose des questions : « C'est qui, Isaac ? » Je lui offre un portrait sur mesure du fourbe et lui conseille prestement de faire un papier sur l'école Sainte-Geneviève pour *La Vie*.

À la reprise de l'après-midi, un juré fait défection. Des rumeurs courent. Encore. Il n'aurait pas supporté les photos du matin. Il n'aurait pas supporté le rythme harassant du président. Renseignement pris, il a été victime d'une crise de colique néphrétique. Il est remplacé par le juré de réserve suivant. Une femme. Le jury se compose maintenant de sept femmes et de deux hommes. Ce n'est pas du goût de tout le monde. C'est le hasard du tirage au sort. Les femmes font peur. Les deux magistrats qui entourent le président sont aussi des femmes. Jean-Marc Deperrois a déclaré à la barre qu'il a confiance en la justice. Il a cependant précisé : « Mais pour la rendre, il faut des hommes remarquables. » Des hommes, pas des femmes.

Un fax est arrivé à la cour d'assises à 14 h 35. Il est signé Sylvie Tocqueville, la « représentante de l'éternel féminin », selon Pierre Bois, dans *Le Figaro*. Elle atteste sur l'honneur avoir, le 11 juin, personnellement ouvert le local de l'annexe de la mairie pour donner des vestiaires aux troupes de comédiens. Selon elle, les troupes n'ont en aucun cas pénétré seules dans la mairie. Cette question a émergé lors de l'interrogatoire de l'accusé la veille. Sylvie Tocqueville n'y assistait pas. Elle a donc été sollicitée.

Les plaidoiries des parties civiles commencent. Michel Normand ouvre le feu à 17 h 15. Tout le monde regarde sa montre en ouvrant de grands yeux. L'avocat des laboratoires Bellon gomme toutes les réserves mises en avant par la défense sur la qualité des expertises. Oui, l'expert Gérard Verger est aussi directeur d'un laboratoire qui travaille pour l'industrie pharmaceutique. « Ce n'est pas le procès de la Josacine mais celui du cyanure ! » Il revient sur les importantes saisies de cyanure dans l'usine Rhône-Poulenc, chez Oril, chez Prolabo et dans la France entière. Michel Normand rappelle que l'Agence nationale du médicament et le ministère de la Santé ne voulaient pas que Bellon fasse revenir les flacons de Josacine en circulation. Bellon est passé outre et ce sont ces flacons que l'expert Rudler a eu à analyser. Le lot suspecté comportait 56 300 flacons. La moitié est revenue, effectivement parfois sans emballage, ni notice ou cuillère-dose. Rien à signaler. 28 000 flacons ont été consommés sans problème. Ce qui équivaut à une expertise *in vivo*. Bref, la Josacine n'est pas en cause. Me Normand, mi-agressif mi-moqueur, revient sur le « témoin oublié ». Il affirme que la défense connaissait la déclaration de Sylvain Vue et l'a soigneusement gardée de côté pour un effet d'audience réussi.

« Coup de chapeau ! » Pour Normand, il est impossible de croire que son excellent confrère ou que Trinité-Confiant, « qui connaît parfaitement bien le dossier », n'aient pas vu ce document en trois ans. Treize journalistes seulement sont présents. Jean-Michel Dumay, du *Monde*, ricane avec Paul Lefèvre, d'Europe 1, quand Michel Normand aborde l'hypothèse de la substitution du flacon de Josacine. « C'est du cinéma, plaide l'avocat. Deperrois n'a dit à personne qu'il a du cyanure. L'ami des Tanay qui a apporté le flacon de Josacine à l'hôpital du Havre n'est pas ami avec Deperrois et il n'y a pas eu d'effraction chez I.T.I. » Une femme s'installe dans le public avec le dernier *Détective* bien en évidence dans la main.

Agnès Chanson, autre avocate de Bellon, ouvre sa plaidoirie à 19 h 30. La presse commence à revenir. L'avocate attaque sur le « sacrilège » que représente l'empoisonnement d'un médicament destiné à soigner, à guérir. Agnès Chanson revient sur l'enquête subie par les Tanay dont la vie a été littéralement disséquée. Elle précise que pas moins de trente-cinq témoins ont été entendus par les gendarmes rien que pour dessiner la personnalité du témoin séropositif. Ce témoin a été sur écoutes jusqu'au 3 septembre 1994. Bien entendu, elle égratigne le « tumulte » du cabinet médical de Bolbec. La brochette Rapp-Vue-Déom passe à la moulinette : « Un groupe de charlatans en blouse blanche. » Me Chanson s'adresse aux jurés : « Soyez sûrs. Sylvie Tocqueville aurait été la première à disculper Jean-Marc Deperrois si elle avait entendu ce que le Dr Vue a cru entendre. »

Comme Normand, elle se moque du coup de théâtre de la défense « habituée des médias » qui a exhibé une pièce que tout le monde connaissait. « Le coup médiatique nous a permis de démasquer la stratégie de Jean-Marc Deperrois : Désinformer, manipuler, chercher à détourner l'attention de lui. C'est lui qui a à répondre de ses actes.

C'est lui qui est sous les projecteurs. Ces projecteurs vont nous permettre de découvrir sa personnalité compliquée, de démontrer ce qu'il a voulu cacher, sa passion, la face cachée de cet homme public, un accusé pas ordinaire, intelligent, affable, sympathique, dévoué, bon voisin, bon employeur, doué de sang-froid. Cet homme est aussi un homme politique avec ce que cela comporte de stratégie, de volonté, de pouvoir de conviction. Vous avez vu sa détermination, comment il a essayé de vous convaincre. Il est passionné pour sa vie publique, pour son entreprise. Il aime répondre sur sa vie publique, sur des problèmes techniques mais il ne supporte pas, soi-disant par pudeur, de parler de sa vie familiale, de ses enfants. Deperrois se présente comme un " papa médicament ". Je suis persuadée du contraire. Deperrois est un dissimulateur. La preuve : il a réussi à dissimuler sa passion pour Sylvie Tocqueville. Avouer sa passion, c'est avouer le mobile. Jean-Marc Deperrois a été secondé par deux femmes dans sa dissimulation : Sylvie Tocqueville et Anne-Marie Deperrois. Trois langages identiques qui reprennent la même formule pour désigner une relation " en voie d'extinction ". Deperrois a trouvé en Sylvie Tocqueville une femme avec qui il dialoguait. Tout être humain rêve de trouver son équivalent. C'est un rêve destructeur. » Comme tout le monde, Agnès Chanson a consulté l'*Encyclopaedia universalis* sur les pas de Deperrois. Comme tout le monde, elle n'a rien trouvé sur le noircissage des métaux. En revanche, elle a trouvé quelques lignes sur les dangers du cyanure, sur les doses mortelles. « On croit qu'il faut un aveu quand il n'y a pas de preuve. Il y a des gens qui ont avoué sans avoir rien fait. Il y a des gens qui n'ont rien avoué et qui sont coupables. » Agnès Chanson évoque la conversation téléphonique entre le Dr Bonfils et Deperrois. « Que sait le Dr Bonfils le 16 juin 1994 à 21 heures ? Que la Josacine a été retirée du marché. La défense est habile. Elle évoque le réseau de médecins qui communiquent entre eux. Bonfils essaie bien de se renseigner mais on lui répond qu'Émilie est morte de cause inconnue. Il ne savait rien. Comment Deperrois a-t-il su qu'Émilie a été empoisonnée ? Parce que c'est lui qui a mis le cyanure. La raison a été étouffée par la passion. Entendez la petite voix ténue de la vérité, la petite voix d'Émilie. La petite voix qui aura raison de tous ces mensonges. » Autour de la famille Deperrois, les commentaires volent bas. Visant Agnès Chanson, quelqu'un crache : « La salope ! »

La tension est extrême quand Laurent de Caunes se lève à son tour. Toute la presse est revenue. Corinne a sans doute une pensée pour Roger Merle qui gardera sa plaidoirie enfouie dans ses tripes. Chaussant et enlevant ses lunettes à intervalles réguliers, la voix posée et chaude, Me de Caunes se tourne vers les jurés. Il est 20 h 30. « Vous avez pu voir un échantillon varié d'humanité. Des notables, des maris trompés, des femmes trompeuses, des médecins bavards, des experts, des témoins biaiseux... Être les parents d'une petite fille assassinée à la campagne, ce n'est pas simple. Le poison réveille des réactions ancestrales. Et puis viennent les rumeurs. La question a été posée de savoir si Émilie était bien leur fille. Comme s'il était écrit que la souffrance doit s'ajouter à la souffrance. À cela s'ajoute la violence, la cruauté de la presse à scandale qui reçoit la trahison de ceux que l'on pouvait considérer comme des gens responsables et qui vendent des photos. Toutes les pistes ont été explorées, même les plus invraisemblables. Comment peut-on se plaindre d'une instruction bâclée, à charge ? On a même fait des enquêtes de personnalité sur des témoins. C'est rare. L'innocence n'est pas affaire d'incantation. Dans les affaires d'empoisonnement, il y a toujours un problème de preuve. On retrouve rarement l'arme du crime. Est-ce à dire que l'on ne peut jamais confondre un empoisonneur ? Non. De par la science et la rigueur de l'instruction, nous possédons des certitudes de base. Il n'y a pas de produit domestique à base de cyanure. Il n'y a pas eu malfaçon ni acte de malveillance. »

Laurent de Caunes balaie les accusations implicites qui ont été faites contre les parents de la victime et sur la possibilité d'un empoisonnement à leur domicile. « Une piste absurde. Pourquoi l'empoisonneur ne s'est pas attaqué au premier flacon en évidence sur la table mais au second flacon, non préparé, dissimulé dans le placard ? La mauvaise foi se nourrit de toute incertitude. Nous savons que le cyanure est le même sans aucune incertitude. Tout le monde a compris que les impuretés représentent la signature. Les impuretés qui stigmatisent l'eau sont également les mêmes chez I.T.I. et dans le flacon empoisonné. On peut disserter sur les conditions d'achat du cyanure, sur les raisons de cet achat. Jean-Marc Deperrois ment et s'aménage toujours des réponses intermédiaires. Toujours est-il que le cyanure est discret et clandestin. Deperrois est le seul à en connaître l'existence, le seul à pouvoir le transporter. »

Vient le chapitre affectif. « Jean-Marc Deperrois n'aime plus Anne-Marie Deperrois. Il aime Sylvie Tocqueville depuis longtemps. Il lui fait la cour. Elle n'y est pas insensible. Ils s'entendent admirablement bien. Ils s'écrivent après l'incarcération, malgré ce qu'il s'est passé. Ils se ressemblent. Ils ont les mêmes passions civiles et les mêmes passions matérielles. Ils ont tous les deux une double face. Une lumière côté officiel. Une ombre côté affectif. Le sentiment fait partie du dossier. À la barre, après une émotion non feinte, on a vu Sylvie Tocqueville, une petite femme pleine d'autorité qui, avec des airs stricts, s'adonne manifestement à des jeux de séduction, des jeux de manipulation qui ont opéré sur Jean-Marc Deperrois. Lui qui se prend pour un séducteur, un dominateur, il se fait prendre au jeu de sainte-nitouche de Sylvie Tocqueville. Seule une grande passion peut faire accepter une humiliation pareille. Il y a des attitudes qui exacerbent la passion, surtout si elles sont frustrées. Il faut être passionné pour venir à 5 heures du matin guetter le départ du grand benêt de Jean-Michel Tocqueville. Sylvie Tocqueville a enflammé Jean-Marc Deperrois à un point extrême qui n'est pas en voie d'extinction. Décrète-t-on qu'une passion est en voie d'extinction ? Le crime passionnel existe. Il n'est pas l'apanage d'une certaine catégorie de personnes. Il appartient aux beaux, aux laids, aux intelligents, aux ratés. On peut inoculer du doute de manière artificielle mais les faits sont là. Ils le trahissent. Ils le dénoncent. Il y a quelqu'un qui n'est pas dupe et qui se pose des questions. Elle n'est pas bête. Si elle se pose la question, c'est qu'elle redoute la réponse. Les choses sont claires. Comme on dit : la chose est entendue. Cela aurait été un crime parfait s'il n'y avait pas eu d'écoutes. Personne n'aurait su que Jean-Marc Deperrois détenait du cyanure. Si Jean-Michel Tocqueville avait été atteint, on aurait parlé de rupture d'anévrisme. Le coup était bien joué. Jean-Michel Tocqueville était souffreteux. Le pauvre Jean-Michel Tocqueville que Jean-Marc Deperrois considère comme un être inférieur. Comment ne pas avouer un crime pareil ? Comment supporter une telle erreur ? Jean-Marc Deperrois ne s'avoue jamais vaincu. Il a horreur d'une chose : qu'on lui dise qu'il s'est trompé. Il abomine l'erreur. Alors il arrive même à s'autoconvaincre. Il est persuadé qu'il a raison. Il croit qu'ayant le dernier mot, il aura toujours raison. Jean-Marc Deperrois est aussi un cartésien positiviste. Ce qui est fait est fait. À quoi bon se culpabiliser ? Le constat, c'est que Jean-Marc Deperrois est le seul à avoir pu commettre ce crime. C'est un fait. Personne d'autre n'aurait pu commettre ce crime. Tout le désigne positivement. Tout le désigne négativement. »

Laurent de Caunes marque une pause pour lancer sa

dernière flèche. « On va agiter devant vous le spectre de l'erreur judiciaire. Une abomination. Comme la certitude, le doute doit être humainement raisonnable. Attention au faux doute, à l'illusion du doute. La justice est un acte de courage. Juger, c'est appréhender ce qui apparaît vrai. Si après un tel travail nous ne voyons pas la vérité, c'est que nous fermons les yeux. » Il est presque 23 heures quand Laurent de Caunes s'adresse aux jurés pour qu'ils condamnent Jean-Marc Deperrois en leur âme et conscience, selon la formule consacrée.

21

Coupable

Dernière journée. À sept heures, nous allumons la télé dans notre chambre d'hôtel. TF1 et France 2 sont toujours sur leur habituel refrain des « expertises contradictoires » et des « pistes non explorées ». Indécrottables. Denis et Corinne ne savent plus s'il faut en rire ou en pleurer tant ces commentaires sont absurdes et décalés de la réalité. La plaidoirie de Laurent de Caunes s'est terminée trop tard pour qu'elle soit reprise par la presse écrite. Seul *Le Figaro* des 24-25 mai en dit deux mots ainsi que *Le Monde* daté des 25-26 mai. Depuis le début, Jean-Michel Dumay cache mal sa hargne contre le conseil des parents d'Émilie. « Laurent de Caunes enfourche la thèse de l'accusation sur le crime passionnel. Répondant au cri d'innocence constitué par la déposition, jeudi, de Jean-Marc Deperrois, l'avocat décrit l'accusé comme un être froid et affectivement troublé, il ne lui reconnaît aucune sincérité, allant jusqu'à fustiger " un tempérament de comédien " et des

“ larmes forcées ”. “ Personne d'autre ne peut être le responsable de la mort d'Émilie ”, conclut-il en exhortant les jurés à écarter de leur jugement le “ spectre de l'erreur judiciaire ” ». Peu avant d'écrire son papier, Dumay est allé trouver Michel Normand, avocat de Bellon, pour lui dire : « Vous allez fabriquer une victime. »

Assurant que « l'affectif est l'alpha et l'oméga dans cette affaire », Marc Gaubert, avocat général, commence son réquisitoire à 9 h 45. Avant d'entrer dans le vif du sujet, il rappelle que dix magistrats différents ont statué douze fois sur les demandes de mise en liberté de Deperrois. Reconnaissant que la défense a le devoir sacré de faire triompher sa thèse avec tous les éléments du dossier, il remarque néanmoins que deux procès se sont enclenchés. « Le premier se mène dans la salle d'audience. L'autre, dans lequel on ne reconnaît pas toujours le premier. Où, comme par un phénomène de compensation, les choses sont différentes. Où les armes ne sont pas égales, l'accusation en étant absente. » Désignant Denis et Corinne sur leur siège, Gaubert déclare : « Les Tanay attendent de savoir s'ils peuvent commencer leur deuil. De leur côté, jamais une déclaration. Jamais une profération. Ils ont été dignes, jusqu'au bout, de la pureté et de l'innocence de leur enfant. Quelle part de lumière en eux ! » Deux têtes à côté de moi, la journaliste de *L'Événement du jeudi* tempête : « Oh, ça craint... » Gaubert rappelle que le procureur de la République qu'il était lors de l'instruction a demandé à de nombreux journalistes que cette histoire ne devienne pas l'affaire Grégory. Il évoque Émilie, la petite fille, pas celle décrite sous forme de plasma ou de prélèvement gastrique comme les jours derniers. Raphaël Deh, de France 3-Normandie, grogne : « Il est grave. »

L'avocat général éborgne les témoins « cocasses » qui ont défilé à la barre. Celui qui accuse Madeleine d'être un fabulateur, la personne qui se souvient avoir vu Deperrois sur le stade trois ans après et le directeur de l'école Sainte-Geneviève. « C'est avec des hommes comme ça que l'on va rendre la justice ? » Toutes les supposées « failles » sont passées en revue. « Sylvain Vue n'a rien compris parce qu'il n'avait pas tous les éléments pour comprendre. Il ne se souvient pas s'il a ausculté Corinne Tanay, s'il lui a prescrit des médicaments, ni que cette patiente lui a été envoyée par le Dr Maguer. C'est un problème de mémoire et le quiproquo commence. Jamais Corinne Tanay n'a dit que la Josacine avait un aspect particulier. Jamais Sylvie Tocqueville n'a dit ce que Corinne Tanay aurait dit au Dr Vue. Tout cela a été vérifié plusieurs fois. Où est la faille ? » Sur les experts : « Un concert d'experts dans un prétoire, c'est rare ! Quelle que soit l'apparence, les conditions de dilution, de chauffage ou non, cela n'a aucune importance. Il s'agit bien de ce cyanure-là, acheté chez Prolabo. Ce n'est pas avec un clone ou avec un sosie qu'a été empoisonnée la Josacine. Ça, c'est un fait ! » Les Madeleine : « Ils ne sont pas les témoins de l'accusation. Ce sont des témoins. Les gens qui ne témoignent pas sont de mauvais citoyens et ceux qui le font sont des faux témoins. Un complot ? Avec quels mobiles ? Pourquoi dire avoir vu Jean-Marc Deperrois deux fois ? Une fois aurait suffit. Et pourquoi dans la logique du complot ne diraient-ils pas qu'ils ont vu Jean-Marc Deperrois le 11 juin ? » Sur les mobiles de Deperrois : « Dès la première pièce du dossier, Jean-Marc Deperrois a dit : " Il n'y a pas que moi qui en veut à Jean-Michel Tocqueville. " L'aveu est là. Qui a eu seul dans les mains, dans l'arrondissement du Havre, le 11 juin 1994, le cyanure de Prolabo semblable à celui trouvé dans la Josacine ? Même si vous deviez prendre la décision d'acquitter Jean-Marc Deperrois, on ne pourra pas dire qu'il n'y a pas contre lui des charges importantes. »

Le réquisitoire touche à sa fin. Deperrois, dépeint

comme le « Cavalier de l'apocalypse », a pris des notes tout au long du monologue. Il est blême à l'énoncé des derniers mots de l'avocat général. « La peine, c'est l'enfermement qui fait peur à tous. L'enfermement est moins cruel que celui que connaît Émilie, poussière revenue à la poussière. Pour cette montagne de douleur, vous condamnerez Jean-Marc Deperrois à vingt-cinq années d'emprisonnement. Est-ce exagéré de condamner à vingt-cinq ans celui qui a pris une vie ? Si vous suivez mes réquisitions, vous affirmerez la valeur sacrée de la vie », conclut Marc Gaubert au nom de la société, en rappelant qu'un tel crime est passible de la réclusion criminelle à perpétuité.

Soudain, les rangs de la presse se vident avant que le président ait le temps de lever l'audience. Il est 12 h 55. Tout juste le temps de faire le 13 heures des télés et des radios. Deperrois quitte le palais dans un fourgon de l'administration pénitentiaire escorté par la police. Pratiquement chaque jour, Denis observe le manège en fixant l'intérieur du véhicule. La scène est fréquemment filmée par les télés. Étrange cohabitation dans la cour ou la rue, à deux pas de la famille de Deperrois qui fait des signes en direction du camion qui s'éloigne. France 2 a cru déceler des sourires sur les visages des Tanay, « parce que l'avocat général et leur avocat défendent les mêmes thèses ». Verdeilhan indique que Marc Gaubert estime qu'on ne peut pas faire d'erreur judiciaire dans ce dossier. « L'avocat général a fait le compte. Il y en a une par an. Alors, cette année, est-ce qu'elle sera à Rouen ? Réponse peut-être ce soir. » Encourageant.

Au restaurant, fatigue et stress assaillent Denis et Corinne. Quelques amis fidèles les entourent. Certains ont pris des congés pour venir les soutenir. D'autres viennent à tour de rôle. La mère et les sœurs de Corinne sont très présentes malgré les difficultés passées. Laurent de Caunes se repose de sa plaidoirie de la veille. Calme et serein. Avant de manger, il récite un extrait des *Fleurs du mal* de Baudelaire évoqué par l'avocat général dans son réquisitoire :

C'est le Diable qui tient les fils qui nous remuent!
Aux objets répugnants nous trouvons des appas;
Chaque jour vers l'Enfer nous descendons d'un pas,
Sans horreur, à travers des ténèbres qui puent.

15 h 15. La salle d'audience est bourrée pour entendre le grand ténor. La presse s'entasse sur sept rangées de sièges. Près de soixante journalistes chicanent leur place avec des avocats venus en robe assister nombreux au show annoncé de Me Libman. Tout Gruchet semble là aussi. Ambiance de match de boxe. C'est parti. « C'est pour moi une première d'avoir cinq accusateurs. Après huit heures de déferlement d'arguments qui n'en sont pas, je me pose la question de savoir où est la démonstration de la culpabilité de Jean-Marc Deperrois. Je veux dire combien je m'associe au deuil des parents Tanay. C'est un père et un grand-père qui parle. Mais est-il nécessaire pour que s'achève leur deuil que Jean-Marc Deperrois soit condamné ? » Suit un passage très hermétique réservé aux initiés. « J'ai rencontré de très grands avocats en province. C'était au temps où je fréquentais par nécessité historique le Sud-Ouest. J'avais cru que nous étions trois à avoir reçu les mêmes enseignements par les mêmes professionnels. Je m'aperçois que les enseignements n'ont pas été les mêmes des deux côtés de la barre. » Décodage. Ceux qui n'ont pas lu le célébrissime ouvrage de Me Libman ne peuvent comprendre. Étudiant juif, Charles Libman s'est retrouvé à la faculté de droit de Toulouse à la rentrée 1942. Roger Merle, Marc Gaubert et Laurent de Caunes ont également étudié leur droit à Toulouse. Une précision qui ne concerne pas vraiment le dossier Deperrois.

L'avocat de Deperrois poursuit : « Une enquête, ce n'est

pas comme le Loto. Une procédure ne doit pas s'accommoder d'une erreur judiciaire. Un spectre répugnant. La qualité de l'accusation ne se mesure pas en heures. Huit heures ! Je m'engage à faire court. » Montrant les parois de verre qui entourent Deperrois, Me Libman s'écrie : « Cette cage que j'ai vue pour la première fois dans le procès Barbie. De cette cage, je souhaite que Jean-Marc Deperrois récupère non seulement sa liberté, mais son honneur. » Charles Libman fustige les parties civiles qui, selon lui, se sont exprimées pendant l'instruction puis aux portes de la salle d'audience. C'est l'hôpital qui se fout de la charité.

Puis vient la grande scène de la réforme judiciaire. L'avocat fait un pont entre la commission présidée par Pierre Truche (sur l'indépendance du parquet et le respect de la présomption d'innocence) et la réforme des assises en cours. Réforme malencontreusement stoppée par la dissolution, provoquée par Chirac, de l'Assemblée nationale. « Un projet de réforme de notre justice est sur le chantier. D'ici le 15 juillet, un très haut magistrat doit déposer un rapport entre les mains du pouvoir pour réformer certains points pour début 1998. Vous allez juger définitivement Jean-Marc Deperrois. C'est l'une des dernières illustrations d'un système qui va faire partie du passé ! Quand l'opinion publique divorce d'avec sa police et sa justice, c'est qu'elle a l'impression qu'on lui cache quelque chose. » Me Libman s'empresse de dire qu'il n'est pas avocat habitué à critiquer les institutions et qu'il respecte gendarmes, juges et parquet. Il lit une interview de Mongolfier donnée au *Monde* en 1993. Ce célèbre procureur disait : « Un magistrat est un être dangereux. Dans notre siècle de communication, ce qui est fait ne se défait pas. » Me Libman rassure les jurés. « Ne croyez pas que nous sommes hors de notre procès. Par cette lecture, nous sommes dedans depuis trois ans. Essayez de voir Jean-Marc Deperrois comme un homme libre. Il comparaît dans cette cage mais il est présumé innocent. » Couplet sur le bon père Deperrois : « Ses fils l'aiment et viennent le soutenir. » Interrogations sur le témoignage de Jean-Michel Tocqueville après la clôture du dossier et la réaction de soulagement de la mère de la victime confiée à l'A.F.-P : « Quand, comment, où Jean-Marc Deperrois a empoisonné le flacon de Josacine ? Pas un mot sérieux là-dessus. Si vous faites des coupables avec des probabilités, j'enlève ma robe. » Il mime l'empoisonnement du flacon avec une fiole, ironise sur la balade des amants à la tour Eiffel, les baisers. « Si c'est ça l'accusation, je n'ai pas besoin de plaider ! » La voix du ténor est de plus en plus basse. Charles Libman ne parle pas de l'affaire, il tourne autour. Il raconte sa vie, philosophe et oublie son client. Le président lui demande s'il veut une suspension. L'avocat refuse. Puis il cale. Suspension à 17 h 10.

À ce stade, les réactions dans la presse sont mitigées. Jean-Pierre Berthet constate : « Il aurait fallu qu'il raccroche il y a dix ans ! » « On n'a jamais vu de pause au milieu d'une plaidoirie. Un stagiaire aurait pu être plus brillant », soupire un avocat. Chez les supporters de Deperrois, la sinistrose s'installe. Certains tentent de se rassurer : « Il va décoller en deuxième partie », dit un fidèle qui est de toutes les audiences. Jean-Christophe Battéria, de France 3, est le seul à avoir saisi les subtilités de la plaidoirie. Il explique goguenard à sa collègue Anne Bourse : « Libman est très malin. Il ne démonte pas les charges, il les ridiculise. » Très malin en effet. La rumeur de la veille se confirme. Me Libman plaidera seul. Pourtant, Marie-José Trinité-Confiant connaît parfaitement le dossier. Quelqu'un se demande une dernière fois comment Deperrois s'y prend pour ne pas avouer un crime si lourd. D'autant plus lourd qu'il s'agit d'une affreuse méprise. On lui répond que Landru n'a jamais avoué non plus. À son avocat, au moment d'être exécuté, Landru assurait que c'était une affaire entre lui et Dieu... Il y a des gens comme ça. Deperrois n'avouera jamais. Il joue à quitte ou double.

La petite sonnette qui annonce l'entrée de la cour dans la salle d'audience retentit pour l'avant-dernière fois. Reprise à 17 h 35. La partie civile, Denis et Corinne donc, est montrée du doigt par Me Libman : « Ce ne sont pas des témoins. Ils n'ont pas à prêter serment. Pourquoi je me permets d'attirer l'attention des jurés sur ce point ? La partie civile assiste aux audiences et cela modifie la spontanéité des déclarations. » Les experts en prennent aussi pour leur grade : « Les experts sont présents aussi. C'est normal mais ils ont pu entendre tout ce qui a été dit par l'expert Molinaro. Cet expert embarrassé a été soutenu par le chœur de ses confrères. C'est humain. C'est de la solidarité professionnelle même si ce n'est pas intentatoire à leur honneur. » Un air de saxophone arrive de la rue par la fenêtre ouverte. Il fait une chaleur épouvantable. Les sièges se libèrent un à un. Les journalistes parisiens courent après leur train. Deperrois, inquiet, cherche ses amis du regard. Les Madeleine ne sont pas oubliés : « Les Madeleine contre lesquels, je le rappelle, court une plainte pour faux témoignage. Jamais un acte d'instruction n'a été entamé. Est-ce rendre la justice que de s'associer à des témoignages erronés et dont on vous dit qu'ils restent néanmoins crédibles ? » Charles Libman tente un peu d'humour en reparlant de Deperrois tournant autour de la voiture de Tocqueville et de Madeleine caché derrière le trou de sa haie. Quelques rires discrets fusent dans le public. L'avocat présente le numéro de *Match* où les Madeleine posent, selon lui, de manière indécente. Il aligne Jean-Michel Tocqueville. Rires dans son fan-club.

Le ténor se reprend : « Mesdames, messieurs, cette justice, elle me fait peur. Pardon de tous ces débordements. Je ne peux faire moins. Je n'ai pas le droit de faire moins. Je vais émettre une hypothèse. Le 11 juin 1994, Mme Tanay est avec sa fille. Une petite fille très mature, artiste, poète. Mme Tanay est fatiguée. La veille, il y a eu un problème avec ses beaux-parents au sujet de l'eau et de l'électricité. Cela créait un inconfort majeur. Si vous vous souvenez bien, Mme Tanay a dit que, pour préparer la Josacine, elle a pris une bouteille d'eau à la cave, l'a posée sur l'évier. Mme Tanay était fatiguée. Sa fille lui a dit : “ Maman as-tu mis assez d'eau ? ” (silence théâtral). C'est une question que je me pose. Si c'était Émilie qui était allée chercher l'eau à la cave ? On a entendu dire qu'il y a du cyanure partout à la campagne, contre les taupes, les rats. Il y a quantité d'accidents domestiques. Je connais quelqu'un qui s'est un jour précipité sur une bouteille d'Evian emplie de Javel. Si par extraordinaire Émilie avait pris une bouteille où on avait préparé du cyanure dans l'entourage, peut-être chez les grands-parents. Cela expliquerait peut-être l'affolement de Mme Tanay, son entretien avec le Dr Vue, docteur dont on a osé dire que j'ai exploité la déposition pour faire un coup d'audience. Ce n'est pas digne. Bien piètre est votre argument. » Une hypothèse que les lecteurs du *Monde* ont pu découvrir par l'intermédiaire de Dumay le 17 mai. Une hypothèse stupide qui tombe comme un cheveu sur la soupe. Et Charles Libman demande, à 20 h 10, l'acquittement de son client. Par bonheur, Corinne n'est pas venue écouter la plaidoirie de Libman. Denis a quitté la salle avant la fin.

Le président donne la parole à Jean-Marc Deperrois. Ses dernières paroles avant le verdict. « Devant vous, je redis que je suis innocent. Jamais de ma vie je n'ai attenté à la vie de quelqu'un. J'ai toujours mis ma vie au service d'autrui. Le papa et la maman d'Émilie ne sont pas là. Vous savez, Émilie me donne la main. Je crois en Dieu et il sait. J'ai la tête haute devant tout le monde. Si vous saviez l'infamie que j'ai vécue. Je clame mon innocence. Je n'ai jamais attenté à la vie de quelqu'un. » La séance est suspendue. Le président se ravise et dit : « Quel que soit le résultat. Je demande à tous de rester dignes et calmes. » Les jurés se retirent pour délibérer. Les amis des Tanay se dirigent vers leur hôtel pour attendre loin du tumulte. Il est convenu qu'on les appellera le moment venu.

Dans le journal régional du soir sur France 3-Normandie, Jean-Christophe Battéria a résumé la journée. Pour lui, Gaubert a sous-estimé les jurés en utilisant des effets naïfs. En revanche, la plaidoirie de Charles Libman a été « brillante, incisive, précise sur le fond ». S'il n'y a pas eu d'effet de manches ni d'effet lyrique, c'est que Charles Libman est plus subtil et il se savait attendu sur ce terrain. Alors il a préféré tourner en ridicule « les charnières de l'accusation ». Comme le dit Battéria, « peu importe la manière, nous sommes aux assises, seul le résultat compte ».

L'attente est affreusement longue. Loin de la cour et du jury, Corinne démonte l'hypothèse de Charles Libman : « Il n'y avait pas de produit contre les rats ou les taupes à la maison. Émilie refusait que l'on tue les taupes. Le jardin ressemblait toujours à un champ de bataille avec ses taupinières. Et puis le gendarme Chaval n'a trouvé qu'une bouteille d'essence de térébenthine à la cave. Dans un rapport, il précise qu'elle était située sur une étagère à 1,80 mètre de hauteur, hors de la portée d'Émilie. Toutes nos bouteilles d'eau ont été examinées, y compris celle qui a servi à préparer la Josacine. Bouteille que je suis allée chercher moi-même. Je n'étais pas du tout fatiguée. N'importe quoi. Et comment le cyanure de Deperrois serait arrivé chez nous ? » Des sandwiches sont commandés dans le salon de l'hôtel où les Tanay ont élu domicile. Une poignée d'amis sont présents ainsi que les parents et les sœurs de Corinne. Dans une chambre, Maxime et Nadja dorment. À 23 heures, un feu d'artifice éclate tout près, sur la Seine. Rouen fête Jeanne d'Arc. Les fusées énervent Denis. Par téléphone, *Paris-Match*, qui a réussi à loger les Tanay, fait une demande pour prendre des photos du suspense avant le verdict. Il y a des gens qui ne comprendront jamais qui sont les Tanay. *Match* se fait envoyer sur les roses.

Plus tard, un autre coup de fil. Le tribunal. Cette fois, ça y est. Laurent de Caunes s'engouffre dans une première voiture. Les Tanay arrivent dans une autre. Une foule dense les attend dans la cour du palais. Les gens sont venus fêter la sortie de Deperrois. Soudain, des cris et des clameurs jaillissent des fenêtres ouvertes de la cour d'assises. « Hou, salauds ! Pourris ! » Denis et Corinne s'affolent. Que se passe-t-il ? Ils foncent. Il faut donner des coudes pour franchir un mur humain. Dans la confusion, Corinne bouscule un cameraman au bas du grand escalier, noir de monde aussi. Confusion toujours dans la salle des pas perdus. Un policier emmène Corinne en la prenant par la main. Notre petit groupe suit. Il y a des gens qui sortent en courant, en hurlant. Il y a des gens qui entrent en vociférant.

Tout le monde est debout dans la salle d'audience. Corinne et Denis vont à leur place. Les avocats des parties civiles sont là. L'air grave. Les amis s'installent dans le public. Des journalistes m'annoncent le verdict : Deperrois est condamné à 20 ans de réclusion criminelle. Le jury, à la majorité de huit voix au moins, a répondu oui aux deux questions, à minuit dix après quatre heures de délibéré. Deperrois est reconnu coupable d'empoisonnement avec préméditation. Il tombe dans les pommes dès le premier « oui ». Un médecin est appelé. Les insultes fusent en direction des jurés, de la cour, de l'avocat général, du juge et même des parents d'Émilie. À côté de moi, les yeux humides, la journaliste de *V.S.D.* grince des dents : « C'est honteux. Honteux. » Un peu plus loin, Jean-Michel Dumay, du *Monde*, est en pleine crise de nerfs. Il est effondré sur un siège. Les journalistes du *Nouvel Observateur* et de *Sud-Ouest* le consolent. Au fond de la salle, Paul Lefèvre, d'Europe 1, serre Anne-Marie Deperrois dans ses bras et l'embrasse pour la réconforter. Mathieu Aron, de France-Info, a les yeux dans le vague. Ambiance d'asile d'aliénés. Je me réfugie auprès des journalistes sereins. Il en reste.

Nous sommes tous éberlués devant le spectacle offert par certains journalistes. Que la famille Deperrois hurle, cela peut se comprendre. Que des professionnels se manifestent aussi violemment est incompréhensible. La cour s'est retirée en attendant que le calme revienne. La police est débordée. Un journaliste en herbe, responsable d'un fanzine, *L'Empire de presse*, a suivi une bonne partie du procès. Il est rouge de colère. Contre qui ? Je lui demande. Il a envie d'aller casser la gueule à Denis « parce qu'il rit ». Personne n'a vu Denis rire à aucun moment. De quoi pourrait-il rire ? Il protège Corinne qui pleure de douleur et de trouille. Un fils Deperrois s'adresse à eux : « Ah ! Tu peux protéger ta bonne femme, c'est une salope ! » Nous basculons. Le président revient pour lire la fin du jugement que Deperrois n'a pas entendue. Deperrois apparaît dans son box, dépoitraillé. Les yeux fous. Une image d'une intensité dramatique terrible. Deperrois murmure d'une indicible voix : « Je suis innocent. » Reynaud : « Je vous précise. Vous avez la faculté de vous pourvoir en cassation dans un délai de cinq jours. L'audience pénale est levée. » Deperrois est également condamné à dix ans de privation de ses droits familiaux, civils et civiques.

Minuit trente. La salle est peu à peu évacuée dans une confusion totale : « Bandes d'imbéciles », « Dans quel pays on vit ? », « J'ai honte d'être français ! », « Salopards », « Bravo les jurés ! », « On aura votre peau ! », « Vous le porterez toute votre vie ». Des esprits moins égarés tentent de raisonner Anne-Marie Deperrois qui s'en prend aux Tanay. Rien n'y fait. Elle tranche : « La situation est difficile pour nous, pas pour eux ! » La mère de Jean-Marc Deperrois explose : « Je les hais. Je les hais ! » Elle faiblit. Sa fille demande l'aide d'un médecin. Emmenée dans une salle de repos, elle passe derrière le box des parties civiles. Dans un sursaut, elle agresse les Tanay : « C'est la haine, la vengeance, la honte. » Incompréhensible.

Dans la salle des pas perdus, les journalistes sont comme fous. La condamnation de Deperrois les cueille à froid. Des collègues ne comprennent pas pourquoi le président Reynaud a conseillé à Deperrois un pourvoi en cassation. Pour certains, c'est la preuve qu'il n'est pas sûr du verdict ! Ils ignorent que Reynaud applique tout bêtement la loi en disant cela. Dans le cas contraire, l'arrêt pourrait être tout simplement cassé. Jacques Hardouin, pour R.T.L., m'approche pour que je lui obtienne une interview des Tanay. Je n'ai pas oublié qu'il est aussi responsable des pages sportives de *Liberté-Dimanche*. Il peut aller se faire voir. Les murs de la salle sont criblés d'éclats d'obus datant de la dernière guerre. Décor qui ne dépare pas dans ces circonstances. Isaac est là aussi. Il bouffe sa barbe de colère.

Au-dehors, des meetings s'improvisent sur les marches. Une voix lance : « Jean-Marc est innocent ? » L'assemblée répond : « Oui ! » Trois cents personnes au moins piétinent. « La France est avec vous », crie-t-on à une Anne-Marie Deperrois partie annoncer la création d'un comité de soutien devant télés et radios. « C'est pas de la justice. C'est de l'assassinat. C'est pareil que la guillotine. Les jurés n'ont rien compris. Ils n'ont pas écouté. Ils n'ont pas eu l'intelligence de comprendre », plaide la femme de Deperrois. Applaudissements. Les fils Deperrois prennent à leur tour la parole pour annoncer que la famille Tanay réclame un million de dommages et intérêts. « Cette somme n'a jamais été demandée dans un procès en France. C'est vraiment un acte de cupidité, un acte de vengeance, de vengeance absolue non pas destinée à punir mon père mais à punir notre famille. On gardera la tête haute. Il n'est pas question qu'on se laisse faire par une machine judiciaire qui nous a écrasés ! » L'ambiance est au lynchage. Une foule chauffée à blanc est capable de tout. Des gens assurent qu'il y avait trop de femmes dans le jury et trop de jurés du même âge que les Tanay. Quelques minutes plus tard, une femme harangue l'avocat de la défense : « Votre plaidoirie était minable, maître Libman. Vous avez écrit un livre... Vous pouvez maintenant ajouter un chapitre. » Près de moi, deux gros beaufs dérapent dans des discours antisémites. Deperrois libéré, Charles Libman était porté en triomphe. Deperrois condamné, c'est la faute du Juif. Vieux refrain hideux. La foule a soif de sang. Qu'importe la proie.

De retour dans la salle d'audience déserte et gardée par la police, je retrouve les Tanay, les avocats et les amis sous le choc. Vues des fenêtres, les scènes semblaient encore plus menaçantes. Impossible de sortir par la cour. Les incidents seraient inévitables. Je n'ai jamais vu une foule acclamer un assassin et huer la famille de la petite victime. C'est la marche blanche à l'envers. La haine en plus. La dignité en moins.

Le président donne l'ordre aux policiers d'escorter les Tanay et leurs proches jusqu'à ce qu'ils soient en lieu sûr. Les policiers accompagnent notre petit groupe jusqu'à la porte qui donne sur la rue de derrière et bye bye. Un couple inconnu interpelle les Tanay. Corinne se raidit. Finalement, les gens passent et disent : « Nous vous souhaitons bon courage, messieurs dames. » Personne n'a la force ou l'idée de répondre merci. Nous nous dirigeons vers les voitures, assez inquiets. Trente mètres plus loin, nous tombons sur la famille Deperrois escortée par un policier. Les insultes ne tardent pas : « C'est le jackpot ! Bravo pour les millions ! » crache un fils Deperrois qui n'a que des histoires de pognon à la bouche. Le flic disparaît promptement. Bravo l'escorte ! Les saletés continuent. Anne-Marie Deperrois apostrophe Agnès Chanson pour sa plaidoirie tirée de la « collection Arlequin ». Corinne est paniquée. Elle s'accroche au bras de Denis. Michel Normand ferme la marche avec Laurent de Caunes. Un mot ou un geste de travers et tout peut arriver.

Autre embuscade à l'hôtel, les radios emmenées par R.M.C. veulent une interview des Tanay. Denis n'a pas digéré que ce reporter l'invite un jour à boire un coup en l'honneur des six ans de sa petite fille entre deux audiences. Balourdise ou inconscience ? Il y a aussi France-Info, R.T.L. et Sud-Radio. Laurent de Caunes s'y colle. Hardouin tente de coincer Corinne. Il lui dit : « Anne-Marie Deperrois est courageuse. Elle souffre. » Sait-il à qui il s'adresse ? Devant la tournure des événements, Laurent de Caunes téléphone aux gendarmes afin que la protection des Tanay et de leur maison soit immédiatement assurée.

Sale journée. Jamais les Tanay n'ont eu l'idée de pavoiser à la condamnation de Jean-Marc Deperrois. Comment pavoiser quand, on l'oublie trop souvent, une petite fille est décédée ? Aucune condamnation ne rendrait la vie à Émilie. Un verdict marque la reconnaissance d'un crime et le sanctionne. Pas plus. Seule la dignité peut accompagner un verdict dans ce genre d'affaire. Quel qu'il soit. À la lumière du chaos déclenché par les Deperrois à l'annonce de la condamnation, on peut imaginer, à l'inverse, l'indécence de la foire qui aurait suivi un acquittement. De sa cellule où il préparait ses valises, Deperrois conviait ses amis à une grande fête. On peut penser que les paniers des gens venus l'acclamer étaient pleins de bonnes bouteilles. À la place des huées, les Tanay auraient eu droit au claquement des bouchons de champagne, aux hourras de péquenots avinés. Dans les deux cas, la vulgarité. Cette obscénité constante trace la frontière indélébile entre deux mondes opposés à jamais.

22

Au nom du père

Réveil douloureux. Nous sommes totalement ratiboisés. Les enfants se lèvent tôt et ne s'occupent pas de savoir si leurs parents ont bien dormi ou non. Les radios expriment leur surprise et soulignent la qualité de la plaidoirie de Charles Libman. Un journaliste de radio a perdu son carnet dans la bagarre. On trouve dedans le papier, écrit peu avant le verdict, qu'il destinait à sa rédaction. Il annonce l'acquittement de Deperrois... « Expliquer ce verdict reviendrait à expliquer l'inexplicable », commente Mathieu Aron sur France-Inter. Aron pourfend le « mobile dérisoire », les « témoins controversés » et les expertises « fiables à 20 % près », et cherche des explications. Il en voit trois. La première concerne l'organisation même du procès qui a examiné les éléments à charge en dernier. Les jurés seraient restés sur cette impression. Le rôle du président Reynaud, « très directif, omniprésent dans les débats », est évoqué. « Son poids a dû être considérable au moment du verdict. » Pour finir, Aron pense qu'une mort d'enfant ajoutée à une histoire d'adultère a probablement perturbé un jury trop féminin... Appel de *V.S.D.* à l'hôtel. La journaliste trompe la réception en prétendant qu'un rendez-vous a été convenu. Faux naturellement. Ensuite, c'est un « ami » qui téléphone. Qui? Arnaud Bizot, de *Match*. Refoulé. Quand je pense que des crétins affirment que Corinne a vendu son histoire à *Paris-Match*. Anne-Marie Deperrois sur France 2 : « Tous les anciens jurés le disent. Le poids du président est important. On refait le tour de table jusqu'à ce que la décision convienne. » Cela ne s'arrêtera donc jamais.

Les Tanay arrivent à Saint-Jean en fin de journée. Des messages les attendent sur leur répondeur : « C'est toi l'assassin, salope ! » Corinne apprend que même Roger Merle s'attendait à un acquittement. Non pas à cause des supposées « failles » du dossier mais bien à cause de la pression médiatique. Le coup est préparé depuis longtemps. Relayée par une poignée de journalistes complaisants, la thèse de l'erreur judiciaire et du complot aboutit à cette hystérie incontrôlable. L'opinion publique digère mal « la condamnation d'un innocent » qui éclipse le meurtre d'une petite innocente.

Endeuillés, salis, traqués, menacés, les Tanay s'installent chez nous quelques jours. Nous achetons la presse du 26 mai. Dans *Libération*, Michel Henry explique que « même ceux qui ont été convaincus par l'accusation avaient un goût amer en bouche ». C'est certain. Corinne dit qu'elle sera hantée longtemps par l'apparition de Deperrois, col ouvert, comme s'il partait pour l'échafaud. Cette image m'a fortement impressionné aussi. Qui pourrait se réjouir de quoi que ce soit en pareille situation? Nous avons peu l'occasion de croiser la haine. Elle nous a regardés dans les yeux une nuit où nous ne l'attendions pas. Oui, il est temps que la justice change. Que les décisions soient expliquées pour sortir du secret trouble de l'intime conviction. Que la justice passe sans déferlements barbares.

Dans *France-Soir*, Renaud Vincent fait le parallèle avec Omar Raddad et Jean-Louis Turquin : « Encore une fois, le doute n'a pas bénéficié à l'accusé. » Vincent parle de « peine bâtarde » en estimant qu'il fallait ou acquitter Deperrois ou le condamner aux vingt-cinq ans de réclusion comme l'avait requis l'avocat général. *France-Soir* imagine que la défense a fini par indisposer les jurés avec la thèse du « complot » contre l'accusé. « L'insistance légitime du président à revenir aux réalités objectives, c'est-à-dire au cyanure, au flacon de Josacine et aux mensonges de l'accusé, a été déterminante... » *Le Figaro* présente deux articles. La chronique de Pierre Bois analyse « Ce qui a fait chuter Jean-Marc Deperrois » et considère qu'il « est injuste après coup, comme l'ont fait les supporters de Jean-Marc Deperrois, de mettre en cause son défenseur Charles Libman. L'avocat, tout au long de ce procès harassant, a fait un remarquable travail d'audience. Constamment, il a su infiltrer le doute ». Françoise Lemoine est allée enquêter auprès de la famille Deperrois : « Je suis écœurée. C'est un assassinat. Nous avons contre nous des intérêts financiers. Mieux vaut un pauvre type en prison qu'un grand groupe. Mais je ne baisserai pas les bras », déclare Anne-Marie Deperrois. Emmanuelle Maurel, du *Parisien*, donne aussi la parole à Anne-Marie Deperrois et à ses fils. Fabrice, vingt-trois ans, qui a passé sa licence en droit pendant le procès de son père, insiste sur la supposée cupidité des Tanay. « Les parents Tanay réclament un million de francs de dommages et intérêts. C'est bien qu'il y a un appât du gain derrière ce désir de vengeance. Après notre père, on veut condamner notre famille. » On se frotte les yeux. Ces gens ont des billets de banque à la place du cerveau. Corinne suffoque : « Je n'en veux pas de leur sale pognon. Je préférerais que Deperrois soit condamné à la perpétuité plutôt que de toucher à cet argent. »

La polémique sur les dommages et intérêts est incroyable. C'est du jamais vu. Les Tanay n'ont strictement rien demandé de particulier. La loi s'applique dans cette affaire comme dans toutes les autres. La loi est la loi, dirait Reynaud. Il n'y a rien à ajouter. Pour sa part, *Le Havre presse* titre : « L'affaire commence. » Tout un programme.

Dans la région, le malentendu est total. Tout est dit. Vraiment tout. « Le poison est une arme de femme », « Un docteur ne peut pas mentir », « Deperrois est innocent. Il protège ou craint quelqu'un », « Corinne Tanay était la maîtresse de Deperrois »... La télé montre la famille Deperrois réceptionnant des lettres de soutien. Nous apprenons qu'une manifestation est envisagée pour demander la révision du procès Deperrois. *Le Monde* du 27 mai consacre une page entière au verdict, plus son éditorial « Le doute et la justice ». Jean-Michel Dumay a reçu le renfort de Eric Inciyan et de Maurice Peyrot. Le premier fait le point sur les enquêtes criminelles menées par la gendarmerie. Le second discourt sur « Les limites de l'intime conviction » dans la perspective d'une réforme. Dumay raconte le verdict tel qu'il l'a vécu, le regard déformé par ses larmes : « À la droite du président, deux jurés sourient avec indécence. Pour ceux qui sont attachés à ce que le doute bénéficie toujours à l'accusé, le verdict, sans appel, est insoutenable. » Pour les uns, Denis se marrait. Pour les autres, ce sont les jurés. Jusqu'au bout, deux procès parallèles se sont tenus. Michel Henry était là aussi pour *Libé*. Avec ses yeux secs, il a vu les jurés revenir du délibéré « le visage fermé, dur. L'un se mordait la lèvre en soufflant, une autre se cachait à moitié la figure ». Non, ce procès n'était pas une partie de rigolade. Dumay poursuit dans *Le Monde* : « Un médecin atteste que Jean-Marc Deperrois n'est pas en état de suivre l'audience civile, où la famille

Tanay envisage maintenant de demander un million de francs de dommages-intérêts. » Denis se plaignait souvent du regard agressif que lui jetait Dumay durant les audiences. L'agressivité est toujours là. Corinne se demande s'ils ont bien fait de ne pas s'exprimer avant le procès pour expliquer qui ils sont, ce qu'ils vivaient avec Émilie. Je crois que les dés étaient pipés de toute façon. Quoi qu'ils fassent, ils étaient critiqués. Pour conclure son article, Dumay insiste lourdement sur le fait que les Tanay étaient absents quand Deperrois a voulu s'adresser à eux avant le verdict. Certains ont aussi commenté leurs absences à tel ou tel moment, leurs allées et venues, sans penser qu'ils étaient tellement indisposés qu'ils passaient de longs moments aux toilettes ou qu'un petit Maxime réclamait parfois leur présence. Seize jours de procès, c'est long aussi pour un petit bonhomme qui commence à marcher.

Les jours passent et se ressemblent. Une lettre anonyme postée de Caudebec-en-Caux arrive le 28 mai à Saint-Jean. L'auteur compare Corinne à Christine Villemin et menace Maxime de représailles. Il ne manquait plus que ça. Il y a des gens que l'on aimerait avoir sous la main quelques minutes... *V.S.D.* du 29 mai n'aide pas à faire revenir le calme. Sandrine Briclot considère que c'est l'adultère de Deperrois qui a été jugé, pas l'empoisonnement. Jurés plus cour, cela fait un total de neuf femmes, « pour la plupart mariées, sans doute mères de famille, d'âge moyen ». Saluant le combat d'Anne-Marie Deperrois contre « un verdict de femmes », reconnaissant à Sylvie Tocqueville un certain « magnétisme », Briclot ne peut s'empêcher de taper sur Corinne. Elle souligne que Sylvie Tocqueville était troublée par beaucoup de choses. « Notamment l'attitude, le jour du drame, de la mère d'Émilie, Corinne Tanay, qui, soit dit en passant, réclame aujourd'hui avec son mari Denis un million de francs au condamné. » Le même jour, nous ouvrons avec inquiétude *Le Nouvel Observateur*. « Josacine : L'ombre du doute. » Sylvie Véran énumère point par point les raisons qui laissaient prévoir l'acquittement de Deperrois. Doute sur l'arme du crime, doute sur les témoins à charge, doute sur les expertises... Véran considère que Deperrois n'a jamais cherché à dissimuler son cyanure et que la déclaration du Dr Sylvain Vue, « pourtant capitale », a été « oubliée » parmi les milliers de pièces du dossier. Seule Corinne Chabaud, dans *La Vie*, a une pensée pour les victimes, « petit couple sali par les ragots infâmes et replié sur sa douleur ».

Valeurs actuelles ne rate pas son tour le 31 mai, en insérant au chausse-pied un article dans sa rubrique politique. « Un coupable presque parfait », titre le papier de Sophie Humann. Elle aussi assure que les thèses de l'accusation sont devenues de plus en plus fragiles au fil des audiences. La preuve, la liaison Tocqueville / Deperrois était en voie d'extinction, tous les cyanures de la région n'ont pas été analysés, la déposition des Madeleine est apparue « truffée d'impossibilités et contredite par maints témoignages qui attestent de la présence quasi continue de Jean-Marc Deperrois à une kermesse », le témoignage du Dr Vue a été « étonnamment négligé » et surtout, surtout, le fait que les Tanay sont une « drôle de famille où tout le monde est brouillé avec tout le monde »... Un élément si capital que cette affirmation devient un intertitre gras dans la colonne du magazine. Pour accentuer la démonstration, Humann donne des extraits de la déclaration de Corinne à l'audience : « Difficile de se sentir abandonné par tout un village, quatre cent soixante habitants et seulement une famille pour nous soutenir. Je n'ai pas compris qu'on nous montre du doigt. On a dit : le papa est au chômage, ce n'est pas leur enfant, elle a des amants, ils vivent dans une maison pas finie... Et puis c'est moi qu'on montre du doigt, qu'on suspecte. Je ne peux pas aller faire mes courses à Bolbec. » Réduit à ces courtes phrases, l'autoportrait est accablant pour un lecteur dynamique de *V.A.*

Il nous manque des éléments pour comprendre ce qu'il s'est passé dans la tête des journalistes parisiens, télés et radios notamment. Hormis l'A.F.-P., *Libération*, *L'Humanité*, *Le Figaro*, *France-Soir* et la presse régionale (*Ouest-France*, *Est républicain*, *Républicain lorrain*, *Progrès de Lyon*...), du moins pour ce que nous avons pu en voir ou en dire avec des confrères, la plupart des journalistes se sont transformés en auxiliaires de la défense. Car, enfin, lorsque Charles Libman clame que la défense n'a jamais communiqué avec les médias, aucun journaliste présent ne peut le prendre au sérieux. Me Libman est élève de Floriot. On sait comment procédait le ténor. Avant les procès, il déjeunait avec tous les chroniqueurs judiciaires dans le meilleur restaurant. La presse l'encensait toujours pour son talent et pour sa « convivialité ». La presse était le moteur de sa stratégie. On dit que Floriot allant plaider apprit par la radio la mort du général de Gaulle. Sachant que la presse du lendemain serait entièrement consacrée à l'événement, il fit repousser sa plaidoirie à une date plus propice à ses affaires.

Nous avions quelques craintes sur la presse locale. Quel accueil ferait-elle au ténor parisien ? En dehors de France 3-Normandie, la plupart des confrères, à quelques coquilles et bavures près, se sont bornés à faire des comptes rendus d'audience relativement fidèles. Mais il est vrai que la presse régionale est moins courtisée par Me Libman que la « grande » presse.

La Cinquième a tenté de dresser le portrait des « libmaniaques » le 1er juin. Daniel Schneidermann et Laurence Lacour ont invité Laurent de Caunes et Paul Lefèvre pour un « Arrêt sur images » consacré au traitement médiatique du procès. Comme le dit Schneidermann : « Qui a rêvé ce procès ? Les jurés ont-ils bien vu le même procès que les téléspectateurs ? » Le montage bout à bout des journaux télévisés de TF1, France 2 et France 3 est stupéfiant. Quand on pense que l'avocat de Deperrois considère qu'il a eu tous les médias contre lui ! Que lui faut-il ? Et nous n'avions pas tout vu, les audiences ne fonctionnant pas au rythme des J.T. Comment rester indifférent devant des titres tels que « Le procès d'une enquête », « L'accusation est chancelante » ou « La défense a déstabilisé l'accusation » si l'on n'a que ça en référence ? Comme le remarque Laurent de Caunes, il y a eu un abîme entre l'intérieur du procès et l'extérieur. Les médias ayant choisi de jouer le scénario de l'innocence de Deperrois, « une pièce de théâtre dont on avait anticipé le déroulement et le dénouement ».

À propos de la « bombe Vue », Schneidermann s'étonne que le docteur se soit retrouvé sur toutes les chaînes de télé neuf jours avant de témoigner à la barre. « N'est-ce pas gênant de diffuser une telle interview sans possibilité de contradiction ? » Pour le chroniqueur Alain Rémond, « c'est hallucinant du point de vue du téléspectateur ». Paul Lefèvre est grotesque. Il s'explique. « Pour nous qui ne sommes pas dans le dossier, c'est un rebondissement. C'est la faute du président si le Dr Vue n'a pas été entendu plus tôt à la barre ! » Laurent de Caunes n'est pas entendu lorsqu'il explique que le président respectait un ordre chronologique scrupuleux. Lefèvre s'en balance. Il légitime la bavure. « Ce n'est pas la première fois que ça arrive. C'est une pratique courante. C'est à l'institution judiciaire de verrouiller ! »

Laurence Lacour demande si le silence des Tanay correspondait à une stratégie. De Caunes : « À quel titre devraient-ils s'adresser aux médias ? Sous quel contrôle ? » Considérant ce procès comme l'un des meilleurs de sa carrière – « c'est une belle histoire *(sic)* » – Lefèvre regrette que l'on n'ait pas entendu plus Corinne Tanay, « une femme forte, intelligente. Une femme de caractère aussi ». Les zouaves de l'info ne supportent pas que l'on boude leurs micros. « Est-on obligé d'aller voir les gens en dehors des audiences ? » demande Schneidermann en faisant remarquer que Corinne a parlé plusieurs heures à la barre. Oui, mais il était trop tard pour les journaux télévisés. Certains journalistes doivent rendre leur travail dès 17 ou 18 heures... Ce décalage inspire une grande pensée à Lefèvre : « La justice est-elle adaptée aux communications modernes ? » « N'est-ce pas plutôt à la presse de s'adapter à la justice ? » rétorque Laurent de Caunes.

Des images de TF1 ont été montrées à des lycéens. Ils donnent leurs impressions sur le journal télévisé du 25 mai. L'un constate : « On a effacé la victime et on a créé une seconde victime, la famille Deperrois. » Ce gosse a tout compris. C'est exactement cela. L'analyse de la séquence est impitoyable. Chaque scène est dramatisée à l'extrême. On rajoute au besoin des effets, des images. Certains plans sont montés au ralenti. Une caméra est placée dans l'ombre. Elle filme la porte de la salle d'audience qui se referme sur la lumière. De la pure fiction qui peut manipuler les émotions. Laurence Lacour fait allusion également aux journalistes en pleurs. Lefèvre minimise. Interrogé par Laurence Lacour, un fils Deperrois a signalé qu'un journaliste a embrassé Anne-Marie Deperrois en lui disant : « Courage, on se battra. » Lefèvre n'ose pas dire qu'il est dans le lot. L'émission est édifiante. Mais qui regarde la Cinquième, un dimanche à midi ?

En attendant, la folie continue. Exit Émilie. L'affaire Deperrois peut commencer. La confusion, plus ou moins excusable au moment du verdict, n'a pas laissé place à la raison. Le magazine *Elle* du 2 juin donne le ton. Sur une pleine page, toute de bleu vêtue comme une Madone, Anne-Marie Deperrois est photographiée en prière, les yeux fermés et les mains jointes. Du grand spectacle. « Je porte l'innocence de mon mari en moi », titre l'article de Frédérique Lantieri. Sainte Anne-Marie philosophe sur sa condition de femme trompée mais assure qu'elle a pardonné quand elle a vu son mari condamné à vingt ans.

Dans le même élan, ses rancœurs contre Sylvie Tocqueville se sont effacées. « Devant l'atrocité de la condamnation ma douleur est autre. » Les chaumières vont pleurer avec la suite. « J'ai de gros problèmes financiers, mais tout le monde m'aide, on me donne des vêtements, on me coud des robes, on m'a sortie au théâtre, au cinéma, au restaurant... En trois ans, je suis restée seulement trois semaines sans bouquet de fleurs. Aujourd'hui, avec la somme que réclament les parents de la petite Émilie (un million de francs) en dommages et intérêts, nous allons être définitivement ruinés. Il va falloir vendre la maison. Une amie a déjà proposé de nous héberger. » Quant à savoir si elle envisageait de reprendre la vie commune avec son mari s'il avait été acquitté et libéré, elle répond : « Je n'en savais rien. Je n'avais pas de projet d'avenir précis. Je ne pensais qu'à sa sortie. » Anne-Marie Deperrois a cependant toutes les raisons d'être en rogne contre son bonhomme. Jamais Deperrois n'a eu le courage de s'expliquer sur sa liaison avec Sylvie Tocqueville. Dans *Elle*, sa femme raconte : « C'est ça le plus dur à avaler. Jean-Marc ne m'a jamais demandé de venir le voir en prison toute seule pour qu'on s'explique sur cette question. Il est vrai que le parloir n'est pas le lieu idéal pour une mise au point mais tout de même... Dans ses réponses à mes lettres, il ne m'a pas donné les éclaircissements que je lui demandais sur sa liaison. » *Le Point* du 2 juin titre : « Le poison du doute. » Quatre pages pour conclure « qu'à l'issue de trois semaines d'audience on se pose encore cette obsédante question : qui a tué Émilie ? ».

Le 3 juin, sur TF1, Paul Amar consacre un numéro spécial du « Monde de Léa » aux erreurs judiciaires. Compte tenu de la difficulté de parler d'un jugement qui vient d'être rendu, Amar s'emmêle les pinceaux dans une explication fumeuse : « Il ne s'agit en aucun cas de suggérer qu'il s'agit là d'une erreur judiciaire. Nous n'avons pas le droit de revenir sur la chose jugée. En revanche, nous avons le droit de poser des questions sur les recours possibles. » Valéry Turcey, secrétaire général de l'Union syndicale des magistrats, organisation professionnelle majoritaire et modérée, fait remarquer au présentateur que les médias devraient se rendre compte qu'il n'y a pas qu'une vérité et qu'ils ne sont pas détenteurs de la vérité. De fait, où est l'accusation ? Où sont les parties civiles ? Amar bégaye : « Nous avons pris des précautions. Nous avons demandé conseil au service juridique de la chaîne. » Et Turcey de proposer que la future loi prévoie l'obligation pour les médias de donner la parole à toutes les parties. Pour différencier un minimum le cas Deperrois du reste de l'émission, l'entretien avec Anne-Marie Deperrois n'est pas en direct. Le reportage ouvre l'émission. Il restera le fil rouge de toute la soirée. Anne-Marie Deperrois est interrogée en présence de Charles Libman dans un grand bureau. Elle répète son credo : « Cette enquête a été faite uniquement à charge. Elle aurait dû aller vers d'autres directions. Des pistes ont été laissées de côté. Mon mari est un otage de la justice. Il a fallu que ce soit lui. On n'a jamais voulu aller dans d'autres directions. On ne veut pas faire peser de soupçons sur le laboratoire. Je combattrai pour l'honneur de mon mari. Je mène un combat moral. Je dirais même civique. » Anne-Marie Deperrois rassure l'opinion sur l'état de santé de Deperrois. Elle l'a vu deux fois depuis le verdict. Il est sous l'emprise de médicaments et tous les détenus sont venus lui serrer la main lors de la promenade. Selon elle, des académiciens, des anciens ministres, des scientifiques, des avocats et des écrivains se déclarent prêts à faire partie du comité de soutien. Dans *Elle*, Anne-Marie Deperrois affirme que les gens sont scandalisés par le verdict : « Le jury, le vrai, le peuple français, est avec nous : lui acquitte mon mari. » *Détective* du 4 juin a su, lui, trouver le « vrai » peuple. Les résultats du concours sur le procès Deperrois sont publiés. 81 % des lecteurs acquittent Deperrois. 19 % le condamnent. Vertigineux.

Paris-Match est aussi sur les rangs. Son numéro du 5 juin titre : « Au nom du père. » Sur deux pages, une photo d'Anne-Marie Deperrois, attablée chez elle, main dans la main avec ses fils, douze heures après le verdict. Photo mise en scène. Les Deperrois sont devant leur assiette vide. Dans un plat, il reste une part de gâteau. Celle du père absent. Légende : « Dans leur pavillon de Gruchet-le-Valasse, Florent, Anne-Marie et Fabrice se serrent les mains pour faire face au malheur. Ils espéraient, ce dimanche de Fête des mères, le retour de Jean-Marc Deperrois, en prison depuis trois ans. »

Toujours le 5 juin, *L'Événement du jeudi* consacre six pages à l'affaire : « Y a-t-il un coupable en liberté ? » Anne-Sophie Martin ne lésine pas. Elle a fait une « contre-enquête » qui met en évidence, selon elle, « l'invraisemblance du crime », des « expertises douteuses » et des « pistes en pagaille ». Parmi ces dernières, l'accident ménager, la « vengeance aveugle d'un employé licencié » chez Bellon, la famille Tanay... Avant d'écrire n'importe quoi, Martin aurait pu questionner Laurent de Caunes. Les occasions ne manquaient pas pendant le procès. N'en déplaise à cette enquêtrice de choc, la piste d'un accident ou d'une malveillance au sein des laboratoires Bellon a été suivie également, comme d'autres. Les personnes licenciées depuis cinq ans ont été entendues avec les responsables syndicaux de l'entreprise, ainsi que le directeur des ressources humaines de ces années-là, ainsi que les femmes sans enfant et même une femme qui avait perdu un enfant. Etc. De plus, le cyanure stocké chez Bellon, dans un site distinct de la production de Josacine, ne correspond pas du tout au cyanure trouvé dans le sirop d'Émilie. Plus loin, Martin assure qu'elle a vu des jurés rire avec indécence. C'est une hallucination collective. Ensuite, Anne-Marie Deperrois se pose le problème « de la compétence des jurés ». Elle se dit torturée par une question : « Quel a été l'intérêt, pour ces gendarmes, ces juges, ces parties civiles, ces jurés de condamner de façon si terrible un innocent et de l'enfoncer plus bas que terre en le privant de ses droits familiaux ? » L'article de l'*E.D.J.* se termine par un papier de Henry Leclerc, avocat et président de la Ligue des droits de l'homme, sur l'intime conviction des jurés. Le 5 juin, *Politis*, revue « alternative », réserve aussi quelques lignes au comité de soutien à Deperrois « condamné à vingt ans de réclusion criminelle sur l'intime conviction des jurés et sans la moindre preuve formelle ». Et *Politis* donne l'adresse des parents de Deperrois qui s'organisent pour « obtenir la révision du procès et faire avancer la réforme de la cour d'assises ». Pas moins.

À Saint-Jean, les Tanay continuent à recevoir des lettres odieuses. La dernière, adressée spécialement à Corinne, bien sûr, est arrivée de Montereau (Seine-et-Marne). Dans celle-ci, on apprend qu'Émilie va sortir de sa tombe pour accuser sa mère d'avoir menti. Les gendarmes leur montrent comment ouvrir les lettres suspectes pour préserver d'éventuelles empreintes. Denis n'est pas à prendre avec des pincettes. « On te tue ta fille, on te salit, on t'insulte, on te menace, on t'oblige à déménager et tu n'as le droit que de fermer ta gueule ! C'est un peu fort ! Nous non plus, nous n'allons pas nous laisser faire ! » Il n'en dit pas plus pour éviter de dire des gros mots. Les Tanay ont pris la résolution de ne plus prononcer de grossièretés après le procès. Ils n'en disaient pas devant Émilie. Ils n'en diront pas devant Maxime. Leur moral est au plus bas. Leur entourage comprend mal la mollesse du verdict. Marc Gaubert a expliqué qu'il n'a demandé que vingt-cinq ans parce que avant le meurtre d'Émilie Jean-Marc Deperrois avait eu une vie très respectable et très active. Il a notamment rendu de grands services à sa commune... Autrement dit, un petit voyou voleur d'autoradios aurait pris perpette.

23

Les enquêtes criminelles sont-elles fiables ?

Le *Paris-Normandie* du 9 juin annonce la création officielle du comité de soutien à Jean-Marc Deperrois. La réunion se tient à la chambre de commerce de Bolbec, ce qui ne réjouit pas tous les commerçants du coin. « Famille Deperrois : Notre combat n'est pas égoïste », titre le quotidien rouennais. Explication d'Anne-Marie Deperrois : « Ce combat peut servir à d'autres, on veut sensibiliser l'opinion publique, faire changer ce système bâtard, où des personnes qui n'y connaissent rien doivent juger avec des professionnels. » Sur Radio France-Normandie, Anne-Marie Deperrois annonce qu'elle envisage d'écrire à Élisabeth Guigou, nouveau garde des Sceaux, pour « faire pression sur la justice » et obtenir la révision du procès. Les Deperrois s'étaient cassé les dents en interpellant François Léotard, alors ministre de la Défense, pour se plaindre des enquêteurs. On les avait alors menacés d'un procès en diffamation s'ils continuaient à critiquer les gendarmes. Nous verrons bien la réponse que leur fera un ministre socialiste.

Le comité de soutien est constitué par une trentaine de membres de la région et de Paris. Parmi eux, l'écrivain Bernard Clavel. La pêche est maigre malgré l'impressionnante campagne de presse, du *Point* à *Politis*. Le comité présidé par Didier Chesneau, directeur de la chambre de commerce de Bolbec, aurait reçu plus de deux mille lettres de sympathie. Nous nous interrogeons sur la validité de l'opinion de ces gens. Sur quelles bases objectives peuvent-ils la forger ? Étaient-ils au procès. Ont-ils tous lu une à une les pièces du dossier ? Non. Leur conviction vient uniquement de ce que les médias ont bien voulu monter en épingle.

Cela nous assomme aussi d'entendre des discours sur les droits de l'homme sortir de la bouche des Deperrois. Nous nous souvenons des propos racistes qu'un fils Deperrois échangeait au téléphone avec sa grand-mère pour critiquer l'action du procureur du Havre en faveur des « Arabes » ou pour se moquer de l'intonation « exotique » du nom de Martinez. Dans une lettre à sa femme, Deperrois se plaignait aussi de la lecture « hébraïque » que le juge faisait du dossier... Si c'est sur ces gens qu'il faut compter pour moderniser la justice, ça promet. J'ai parmi mes amis quelques « vieux loups des mers carcérales ». Je considère l'abolition de la peine de mort comme la seule décision courageuse des septennats de Mitterrand. Comme pas mal de gens, je me suis agité pour demander la libération de condamnés africains, amérindiens, tchèques, polonais, russes... J'étais abonné au journal du Comité d'action des prisonniers. J'ai dévoré les bouquins de Livrozet. Pendant les « années de plomb », j'ai écrit des articles en faveur des prisonniers politiques en Europe. J'ai aussi goûté à quelques heures de cellule pour avoir manifesté contre l'arrestation de militants en U.R.S.S. Bref, rien d'héroïque, le B.A. BA du militant de base qui s'est souvent trouvé d'emblée du côté des taulards. Mais pourquoi aurais-je dû m'apitoyer sur le sort de Jean-Marc Deperrois ? Malgré les liens qui m'unissent aux parents d'Émilie, je me suis posé pas mal de fois cette question. J'ai interrogé le citoyen soucieux des droits de l'homme qui m'habite. Honnêtement. Je n'ai jamais trouvé de réponse.

L'exil – le mot n'est pas trop fort – des Tanay a commencé le 9 juin. Ils n'ont pas attendu les premières actions du comité de soutien à Deperrois pour quitter, probablement définitivement, cette région néfaste. « Nous aimerions pouvoir vivre normalement comme tout le monde », expliquent-ils. Ils laissent derrière eux une habitation presque achevée. Denis l'a regardée d'un œil triste avant de partir : « Quel gâchis. » Les derniers travaux intérieurs sont presque terminés. Les Tanay n'auront même pas le loisir d'habiter leur demeure finie. Ils l'avaient rêvée sous toutes les coutures, leur maisonnette. Elle est mise en location. Corinne ne part pas sans amertume. « Dans le cimetière de Saint-Jean, la petite fille qui est enterrée a bien compris que ses parents n'avaient pas le choix, qu'on ne leur a pas laissé le choix de faire autrement », nous écrit-elle de Toulouse où ils se sont réfugiés.

Au moment où les Tanay partent, le dernier magazine de J.-F.K., *Marianne*, est mis en vente. Il titre : « Deperrois condamné par la justice, acquitté par les médias. » Bénédicte Charles constate : « La famille Deperrois a beaucoup parlé. Celle de la victime a choisi de se taire. Le doute s'est installé. » La journaliste met en parallèle les deux familles : « Alors qu'Anne-Marie Deperrois, telle une héroïne romantique, femme trompée et femme forte, clamait l'innocence de son mari sur toutes les chaînes, les parents de la petite Émilie Tanay fuyaient les caméras... comme de vrais coupables. Tandis que les fils de Jean-Marc Deperrois transmettaient aux Français le choc émotionnel d'un verdict qui leur semblait injuste, les Tanay, eux, s'esquivaient encore sous les lazzi de la foule. Une discrétion tout à leur honneur. Las ! La télé se nourrit d'images. Interdites d'audience, les caméras se rattrapent dans la coulisse. Seuls les Deperrois ont accepté le jeu. » Pour Bénédicte Charles : « À l'unanimité, les chroniqueurs judiciaires ont décerné à ce procès la palme du doute. » Interrogé pour *Marianne*, Dominique Verdeilhan, de France 2, persiste : « Nous avons voulu remettre les pendules à l'heure. » Quelles pendules ? « Nous avons simplement constaté que l'accusation vacillait », renchérit Jean-Pierre Berthet, de TF1, en admettant que « les médias ont fait triompher les thèses de la défense ». Triompher n'est pas le mot juste. En vignette, *Marianne* reproduit les papiers du *Parisien* et du *Monde*. Mauvais souvenirs. Une chose est certaine. La justice a perdu le procès sur le terrain médiatique. On voudrait qu'un procès se joue uniquement et sereinement devant la cour et le jury. Il est clair qu'il se joue aussi devant la presse. L'accusation, les parties civiles, et c'est malgré tout bien ainsi, n'ont pas joué cette carte. Les Tanay, la justice, en subissent les effets. Ce n'est pas rattrapable.

Sur France-Inter, l'émission « Le téléphone sonne » du 11 juin a pour thème : « De l'affaire Omar Raddad au procès Deperrois, les enquêtes criminelles sont-elles fiables ? » Cadeau bien choisi pour l'anniversaire de la mort d'Émilie. Parmi les invités, Charles Libman. Il reprend son bâton de pèlerin pour taper sur les gendarmes qui confondent enquête criminelle et loterie ou sur les juges qui n'instruisent qu'à charge. Sans nommer l'affaire, Me Libman laisse entendre que la presse et l'opinion publique ont désigné « monsieur X » (comprendre Deperrois) comme suspect numéro un et demande la délocalisation des procès d'assises afin que les jurés ne soient plus influencés par ce qu'ils ont lu dans la presse régionale. Dans l'affaire « X », nous ne voyons pas en quoi la presse régionale a pu nuire au suspect. Mon fameux article ? Il date de février 95. De l'eau a coulé sous les ponts. Un torrent de boue même. Il est facile de faire le compte. En tout et pour tout, malgré les très nombreuses sollicitations, les Tanay ont rencontré deux journalistes. Un de *Libération*, un de l'Agence France-Presse. Point final. Ces professionnels ont toujours gardé leur indépendance et leur self-control. Ces rencontres « soupapes de sécurité » n'ont donné lieu à aucune déclaration tonitruante, à aucune campagne échevelée, ni pendant l'instruction ni pendant le procès. Rien à voir avec les multiples interviews données par les avocats de Deperrois, sa famille et ses amis, reprises dans la presse, sur les radios et les télés avant, pendant et après le procès.

Une nouvelle lettre glauque arrive le 11 juin dans les mains des Tanay. Elle a été postée dans le Val-d'Oise et est destinée à Corinne, affublée inévitablement du titre de « salope ». Les corbeaux ont un vocabulaire assez limité. N'oubliant pas la date tragique, des ordures anonymes ont eu l'abominable idée de lui souhaiter un « bon anniversaire ». Ce genre de missive ne va pas nous aider à avoir un semblant de considération pour ceux qui soutiennent le clan des Deperrois. Qui trouvera la réforme qui empêchera les gens d'être si tordus et si répugnants ?

Le festival journalistique continue avec *D.S.* qui sort son numéro de juillet mi-juin. Le sujet est lancé en couverture. « 20 jours d'angoisse avec Anne-Marie Deperrois », annonce l'article de Nathalie Gillot. Jour après jour, au tribunal ou au domicile des Deperrois, Gillot a tenu le journal de son héroïne. Nous avons eu sainte Anne-Marie. La Superwoman fait son entrée. Après le « vaudeville caricatural » développé le 5 mai, Gillot s'arrête sur le 6, jour où « la défense marque un point ». L'effet Vue. « Le clan Deperrois exulte. » C'est même « l'euphorie » pendant la suspension d'audience. Anne-Marie Deperrois explique : « J'ai vraiment cherché moi-même des preuves de son innocence pendant trois ans, j'ai travaillé sur tous les thèmes de l'accusation. Et jamais je n'ai trouvé un élément qui puisse semer le doute dans mon esprit. » Nous apprenons le pourquoi de l'absence d'Anne-Marie Deperrois le 13 mai, jour de la déposition des parents d'Émilie. « Pour moi, il n'y a pas de lien entre mon mari et le drame. Ce sont deux histoires parallèles qui n'auraient jamais dû se croiser. » C'est la seule et unique allusion à la famille Tanay. Émilie est reléguée au rang de « gamine ». Comme si elle n'était qu'une quelconque quantité négligeable par qui le malheur arrive sur la famille Deperrois. Curieux renversement de situation.

Le 15, Sylvie Tocqueville est à la barre. Elle demande pardon à la femme de son amant. « L'intéressée ne peut réprimer un geste de colère. Le seul à l'encontre de cette femme. " Pour pardonner, il ne faut plus souffrir. Pour l'instant, je souffre toujours. (...) Cela dit, elle m'a paru sincère, en accord avec ce qu'elle a toujours dit. Les premiers temps, nous avons travaillé toutes les deux à réunir des preuves de l'innocence de mon mari. Jusqu'à ce que j'en sache davantage sur leur liaison. Là, j'ai coupé les ponts. Depuis le drame, elle note tout ce qui se passe jour par jour, ses contacts avec la gendarmerie, ses impressions. Et elle a bien voulu écrire à nos avocats. " » Malgré les épreuves, Anne-Marie Deperrois a la force de corriger les copies que sa remplaçante lui transmet et de superviser l'entreprise qui a « survécu au cataclysme ». Le 17 mai, Anne-Marie Deperrois reste confiante : « J'espère que les jurés assimilent tout ce qu'on leur a dit. J'espère que l'essentiel ne leur échappe pas. J'ai l'espoir de l'acquittement depuis le début. » Et elle fait des projets, évoque l'aide psychologique dont son mari aura besoin après sa libération, parle du déménagement d'I.T.I. à envisager : « Ce serait tout de même un peu gênant pour lui de rester ici. »

Le 24 mai, avant l'annonce du verdict, « le clan Deperrois se retranche dans un café de la rue du Gros-Horloge. Fabrice traîne devant les grilles du palais de justice ». Quand la condamnation tombe, « Anne-Marie Deperrois, figée sur son siège, se met à pleurer doucement. Fabrice et Florent pointent un poing vengeur : " Salopards, vous êtes fiers ? " (...) Anne-Marie Deperrois ne parvient pas à quitter la salle. Des journalistes, pour certains en larmes, l'embrassent, la réconfortent. (...) Face aux caméras, deux frères dignes *(sic)* scandent la révolte familiale. " On est fiers de notre père, fiers de son innocence ", souffle Florent. (...) Anne-Marie puise dans ses dernières forces. " Je ne flancherai pas. On pensait repartir ce soir avec lui. On ne va pas se laisser faire. Il faut m'aider... " » Sur cinq pages riches de dix photos, Gillot nous offre un curieux parti pris « univoque » au côté de cette femme. Les fils Deperrois jugent leur mère « surhumaine ». C'est juste et normal. Même sans pareille tourmente, beaucoup de mères sont surhumaines aux yeux de leurs enfants. Exit les méchants pauvres Tanay. Ils font de l'ombre à cet exemple de dynamisme et de courage médiatique magnifié par *D.S.* Après un chapitre consacré à Monica Belluci, les lectrices branchées découvrent leur nouvelle idole, « Anne-Marie ». De cette campagne extravagante, Alexandre Vialatte dirait : « La presse, qui a besoin d'être vendue, fournit à l'homme des admirations à sa portée. L'actualité lance le sujet à la grande presse, comme une cacahuète à un singe. Le singe l'attrape, la mord, la jette, passe ensuite à une peau de banane, ou à un tube de pâte dentifrice, et recommence avec n'importe quoi. » Dernières nouvelles de l'homme... et de la femme.

Pendant que nous lisons les dernières prouesses de la presse nationale, nous recevons les reportages réalisés sur le procès par plusieurs journaux régionaux : *Nice-Matin*, *Sud-Ouest*, *Le Progrès*, *La Nouvelle République*, *Le Républicain lorrain*. Une nouvelle fois, malgré quelques erreurs mineures, nous pouvons constater que le ton est radicalement différent de celui de certains titres de la presse nationale. Dans *Le Républicain lorrain*, Jean-Claude Hauck ironise, le 16 mai, sur la passe d'armes entre la défense et le témoin séropositif prétendu à l'agonie : « L'amiral Libman vient encore de brûler un de ses navires... » Dans *La Nouvelle République*, un article d'Alain Blanchard daté du 26 mai donne le revers de la médaille astiquée par *D.S.* Il commente les réactions vues immédiatement après le verdict : « Le public, debout, hurle sa rage, vocifère, insulte, menace même de mort jurés et magistrats d'une cour d'assises soudainement plongée en pleine crise d'hystérie. Scènes étranges, souvent pitoyables et parfois honteuses où l'on voit un célèbre chroniqueur parisien s'effondrer en sanglots dans les bras de Mme Deperrois. Un autre crie " au scandale ". La mère de l'accusé ferme un poing vengeur à l'adresse de Corinne et Denis Tanay tétanisés, en hurlant à cinq reprises : " Je vous hais ! " Malheureux parents déjà si souvent salis par le doute. Après le chagrin, la haine... Un avocat rouennais s'avance vers les jurés pour les traiter de " fascistes ". D'autres s'en prennent à la " justice de classe ", à " la justice de fric. Il fallait un coupable pour les grands laboratoires pharmaceutiques ". Le prétoire n'est plus qu'injures et confusion. " Justice pourrie... Ah ! elle est belle la démocratie, et après on s'étonnera que demain on vote Front national ! " vomit un bibendum écarlate au bord de l'apoplexie. » Blanchard m'enlève les mots de la bouche. Il résume bien cette surprenante cohabitation entre gens « de gauche » et petits fachos au sein des supporters de Deperrois.

Le même jour, Marcel Legendre pose une question pertinente dans *Le Progrès*. Il évoque la réforme qui viserait la constitution d'appel pour les cours d'assises, l'enregistrement des débats et la motivation des décisions rendues dans les tribunaux et cours d'assises. « Le sort de Jean-Marc Deperrois en aurait-il été modifié, dans cette hypothèse? Seul constat possible, il n'aura fallu que quatre heures de délibéré dans une affaire aussi importante pour que l'intime conviction prenne le pas sur le doute... » La question de Legendre n'est pas sans intérêt. En admettant que Deperrois puisse faire appel, que se passerait-il? Serait-il acquitté? Toutes les cartes sont maintenant sur la table. Exit les effets d'audience. Exit le témoin « oublié ». En revanche, à présent vaccinés par les méthodes de la défense et de l'accusé, il y a fort à penser que les arguments des experts, des gendarmes et des parties civiles auraient toutes les chances d'être plus offensifs, plus radicaux. Cela devant la cour comme sur le terrain médiatique puisqu'il faut visiblement en passer par là pour convaincre les jurés virtuels que sont les journalistes, les téléspectateurs, les auditeurs et les clients de la presse écrite.

24

Guerre à l'oubli

Inutile de faire des vœux. Il y aura toujours et encore des articles contestables, des émissions de télé tendancieuses sur l'affaire Deperrois. Le 2 juillet, jour de l'anniversaire de Denis, Charles Libman, Bernard Clavel et Anne-Marie Deperrois interviennent au 20 heures de France 2 pour demander la révision du procès. « Il choisissent bien leur moment », soupire Denis au téléphone quelques minutes après le journal. Le 4 juillet, Jean-Michel Dumay reprend du service dans *Le Monde*. Il nous explique que Deperrois a fait une brève apparition au palais de justice de Rouen où il assignait, en appel, *Ici-Paris*. Le grand public apprend que l'audience n'a pu se tenir pour des « raisons de procédure ». *Le Monde* annonce même que l'audience a été reportée à une date ultérieure. Ce qui étonne les observateurs avisés. En fait de problème de procédure, il se trouve que Charles Libman a tout bonnement oublié de citer la partie adverse, à savoir *Ici-Paris* et sa journaliste. Ainsi aucun président n'était saisi. Il n'y a donc pas eu d'audience Deperrois contre *Ici-Paris*. Deperrois a voulu faire une déclaration pendant la non-audience. Refusé puisque hors cadre. Peu satisfait par la tournure des événements, Deperrois a alors lâché : « Depuis Jeanne d'Arc, il y a un problème avec les jugements à Rouen. » Reprenant le fil de sa croisade, Dumay nous apprend qu'un expert psychologue retraité, des avocats, des professionnels de la justice, d'anciens jurés et le sénateur Henri Caillavet soutiennent Deperrois. La cotisation annuelle du comité a été fixée à 25 francs et une « main anonyme » a donné 50 000 francs.

Pour rester dans les affaires de gros sous, la Presse havraise du 5 juillet donne une information édifiante. Sous l'impulsion de son maire Claude Laplace, le conseil municipal de Gruchet-le-Valasse a décidé d'éponger une dette de 25 000 francs contractée par Jean-Marc Deperrois pour la location des bureaux de sa société I.T.I. B.M.-C. précise : « Sur les 22 personnes présentes, 19 ont voté pour cette mesure, deux contre et un blanc. Visiblement, cette décision gêne. Cette délibération à bulletin secret ne figure pas dans le compte rendu délivré à la presse et la mairie a refusé de préciser les raisons qui l'ont poussée à apurer cette dette. » Même si l'opération concerne les comptes de I.T.I. et non pas les finances personnelles de Deperrois, des Gruchetains réagissent. « Je ne comprends pas que l'argent des contribuables puisse subventionner quelqu'un qui a été reconnu meurtrier », dit une personne. « Je ne pense pas que la mairie me paierait mon loyer si j'avais du retard », dit une autre. Le confrère enfonce judicieusement le clou : « Du point de vue du droit, si la décision n'est pas contestable, elle a toutefois quelque chose d'étonnant. C'est en effet un officier de police judiciaire – le maire – qui aide une personne condamnée par l'ordre judiciaire qu'il est censé représenter. » L'enquête de B.M.-C. s'arrête aussi sur Jacques Isaac et Sainte-Geneviève en révélant que certains parents d'élèves, estimant la neutralité de l'école en péril, ont pris ombrage de l'engagement du directeur dans le comité de soutien à Deperrois qui compterait 1 200 adhérents. L'attitude de Didier Chesneau, directeur général de la C.C.I. de Bolbec et président du comité de soutien, fait des vagues également. « Ce mélange des genres est regrettable. Comment peut-on se servir de ses fonctions pour défendre un coupable ? » se demande une Gruchetaine. Interrogé par B.M.-C., un employé d'une société pétrolière rappelle que les victimes sont « avant tout » les parents d'Émilie et un notable conclut ainsi : « Ce qui me choque le plus dans ce qui se passe aujourd'hui, c'est que si cette histoire était arrivée à un anonyme, à un pauvre gars, personne n'aurait songé à prendre sa défense. » C'est toujours ça de dit.

Inutile de faire des vœux. L'été est pourri. *Le Nouvel Observateur* du 24 juillet revient à la charge. Un article de Sylvie Véran, « Le grand doute de l'affaire Deperrois », sert de prétexte au dossier annoncé en couverture : « Comment se fabrique une erreur judiciaire ? » Le dossier de l'*Obs* est commenté longuement dans la revue de presse de

France-Inter. La dernière phrase du papier de Véran est lue à l'antenne : « Comme l'a souligné dans sa plaidoirie Me Georges *(sic)* Libman, avocat de la défense, l'hypothèse d'un accident domestique, qui ne remet pas en question l'amour d'une mère, reste très vraisemblable. » Plus haut dans l'article, Sylvain Vue, « médecin assermenté », déclare : « Pour moi, Corinne Tanay a menti. » Fini les conditionnels, les sous-entendus. Pour Vue et consorts, Corinne est responsable de la mort d'Émilie. Ils le disent clairement, sans détour. La voici dans le rôle de l'empoisonneuse accidentelle et dans celui de la menteuse. La voici tout bonnement dans les habits de Deperrois. Henri Haget repasse une couche de quatre pages, avec une photo d'Émilie en médaillon, dans *L'Express* du 7 août. Il titre « Josacine : Chronique d'une enquête ratée » et dépeint Corinne au moment du procès comme une hystérique « au bord de la crise de nerfs, les yeux exorbités, écumant contre la partie adverse ». Un soupçon d'objectivité l'oblige a accorder quelques lignes à Laurent de Caunes. L'avocat des Tanay rectifie le tir sur la somme demandée par la partie civile en réparation du préjudice moral : « Les dommages et intérêts sont régis par une sorte de barème tacite. On les évalue en fonction de certaines jurisprudences. Qui donc s'est préoccupé des indemnisations versées aux familles des victimes de Furiani ? »

Inutile de faire des vœux. Des lettres anonymes, des pétitions polémiques et des déclarations démagogiques continueront à circuler dans les milieux les plus divers. Les militants des droits de l'homme sont troublés par la campagne Deperrois qui s'est répandue presque sans contradiction après le verdict. Le silence des Tanay crée toujours des malentendus. « S'ils ne parlent pas, c'est qu'ils n'ont pas la conscience tranquille, c'est qu'ils pensent que Deperrois n'est pas coupable... » Quelques personnes pensent que les ami(e)s des Tanay se moquent du sort de Deperrois parce que c'est un type marqué à droite. Stupidité. Deperrois ne nous est pas du tout sympathique. Dire le contraire serait mentir. Mais, contrairement à certaines grandes âmes humanistes, je n'ai jamais été pour ma part ami avec Staline. Je n'ai jamais été partisan des procès truqués. Je sais aussi que si les Tanay avaient eu le moindre soupçon sur la responsabilité de Deperrois dans la mort d'Émilie, ils l'auraient exprimé nettement. Ils ne supporteraient pas de penser que l'assassin de leur fille est libre tandis qu'un innocent est en prison. Les faits seuls les intéressent. Et les faits sont têtus.

Inutile de faire des vœux. La rentrée est pourrie. Anne-Sophie Martin se distingue à nouveau dans *L'Événement du jeudi* du 11 septembre. La revue de presse matinale de France-Inter n'oublie pas de présenter l'interview exclusive de Jean-Marc Deperrois : « J'attends toujours mon véritable procès. » Cinq pages qui atteignent des sommets. Le Dr Sylvain Vue est toujours à l'honneur. Deperrois accuse le juge Balayn de n'avoir jamais communiqué le témoignage de Vue, coté 461, à son défenseur ! « Il s'agit là de la preuve incontestable que le flacon de Josacine était empoisonné avant d'arriver à Gruchet-le-Valasse, chez Sylvie Tocqueville. C'est la preuve flagrante de mon innocence. » Que l'on sache, Me Libman avait l'entière possibilité de se rendre au Havre pour consulter tout ce qu'il voulait. Que l'on sache, les propos de Sylvain Vue sont plus que contestables. La polémique sera hélas sans fin. Deperrois veut se donner une stature de martyr et dit : « C'est un devoir de tous de combattre la dictature. » Qui abusera-t-il ? Il déclare ensuite : « Je sais aussi que rien ne sera fini tant que l'on ignorera qui est le ou la coupable. Car, jusque-là, Émilie et moi on se tient par la main. » C'est la phrase de trop. Les Tanay craquent : « Il veut nous enlever

Émilie une seconde fois. Qu'il ne touche pas la main de notre fille. Il va la salir ! » Pour la première fois – la toute première – ils invitent la presse à Toulouse pour parler à visage découvert. *Libération*, *Marianne*, RTL, Sud Radio, France-Inter, l'A.F.-P., *Aujourd'hui*, France 2 diffusent leur indignation et commentent leur exil forcé. Dans la Presse havraise, Benoît Marin-Curtoud parle d'un « témoignage exceptionnel après trois années de silence ».

Inutile de faire des vœux. J'ai malheureusement ce qu'il faut pour ajouter quelques dizaines de pages lugubres à un livre que j'aurais voulu ne jamais écrire, à un livre qui n'aurait jamais dû exister. La coupe est plus que pleine. Les sales rumeurs poursuivront leur chemin à travers champs. Des bourreaux visibles et invisibles n'ont pas fini de torturer la mémoire d'Émilie. Ils n'ont pas fini non plus de tendre des embuscades à ses parents. Dans leur malheur, les Tanay découvrent de nouveaux amis. Quand la vérité éclatera au grand jour, il y en aura de plus en plus. Comme moi, ils n'oublieront rien. Guerre à l'oubli !

Risquons un vœu tout de même. Que la vérité et la paix viennent secourir Denis, Corinne et Maxime Tanay. Sans tarder.

Le Havre, le 23 septembre 1997

REPÈRES

5 mai 1994 : Jean-Marc Deperrois contacte par téléphone Alain Bodson, directeur, à Nanterre, d'une fabrique de matériel optique et vidéo, pour acheter un kilo de cyanure de sodium. Deperrois annonce qu'il veut réaliser un essai de traitement de surface sur des métaux.

9 mai 1994 : Jean-Marc Deperrois se rend à Nanterre pour prendre possession de son cyanure.

29 mai 1994 : Les époux Madeleine, retraités indiscrets, voient Jean-Marc Deperrois, élu gruchetain, s'introduire chez sa maîtresse Sylvie Tocqueville, secrétaire de mairie à Gruchet-le-Valasse. L'homme entre discrètement par une fenêtre. Il porte des gants en latex. L'appartement de Sylvie Tocqueville jouxte la mairie de Gruchet, commune proche de Bolbec. À quelques mètres, sous le même toit, se tient également l'entreprise I.T.I. (Imagerie thermique industrielle) dirigée par Jean-Marc Deperrois.

10 juin 1994 : Dans la nuit du 10 au 11, Jean-Michel Tocqueville a une crise de tachycardie qui nécessite l'intervention d'un médecin.

11 juin 1994 : Journée médiévale à Gruchet. Émilie Tanay, neuf ans, est invitée par la famille Tocqueville pour y assister. À 20 h 15, Émilie tombe foudroyée. Elle vient d'absorber une mesure de Josacine pour soigner une rhino-pharyngite.

14 juin 1994 : Des analyses révèlent que le sirop de Josacine d'Émilie contient du cyanure de sodium. L'information n'est pas donnée aux médias.

15 juin 1994 : La présence de cyanure est confirmée dans la Josacine. Marc Gaubert, procureur de la République au Havre, préside une réunion en présence d'un médecin, de responsables de la gendarmerie. Une information contre X pour empoisonnement avec préméditation est ouverte.

16 juin 1994 : Inhumation d'Émilie dans le cimetière de Saint-Jean-de-la-Neuville, petite commune proche de Bolbec. Le dossier d'instruction est confié au juge havrais Christian Balayn. Le laboratoire Bellon retire la Josacine du marché. La mesure, annoncée par TF1 et France 2, provoque un vent de panique dans les familles qui ont des enfants sous traitement.

17 juin 1994 : Mise en garde à vue des personnes proches d'Émilie. Les médias annoncent la présence de cyanure dans la Josacine.

22 juin 1994 : Les enquêteurs interceptent une communication téléphonique entre Jean-Marc Deperrois et Alain Bodson. Il est question d'un « produit ».

26 juillet 1994 : Mise en garde à vue de Jean-Marc Deperrois.

27 juillet 1994 : Mise en examen de Jean-Marc Deperrois. Il est placé sous mandat de dépôt à la prison du Havre pour empoisonnement avec préméditation.

17 août 1994 : Rejet de la première demande de mise en liberté de Jean-Marc Deperrois.

1er septembre 1994 : La chambre d'accusation de la cour d'appel de Rouen confirme le rejet de la demande de mise en liberté. Jusqu'au procès, il y aura onze autres demandes de mise en liberté rejetées par la chambre d'accusation.

6 octobre 1994 : Retour de la Josacine sur le marché.

18 décembre 1995 : Clôture du dossier d'instruction.

19 mars 1996 : Marc Gaubert, procureur de la République au Havre, ordonne la transmission du dossier de la procédure au Procureur général.

16 juillet 1996 : La chambre criminelle de la Cour de cassation rejette le pourvoi de Jean-Marc Deperrois.

19 décembre 1996 : La chambre d'accusation de la cour d'appel de Rouen ordonne le renvoi du dossier Deperrois devant les assises.

2 mai 1997 : Ouverture du procès de Jean-Marc Deperrois devant les assises de Seine-Maritime, à Rouen.

25 mai 1997 : Jean-Marc Deperrois est reconnu coupable d'empoisonnement avec préméditation à 0 h 10. Après seize jours d'audiences épuisantes qui ont vu défiler quatre-vingt-huit témoins, il est condamné à vingt ans de réclusion criminelle et à dix de privation de droits civiques, civils et familiaux.

7 juin 1997 : Création officielle du comité de soutien à Jean-Marc Deperrois dans les locaux de la chambre de commerce de Bolbec.

9 juin 1997 : Denis et Corinne Tanay, traumatisés par les accusations portées par la famille Deperrois et la campagne de presse orchestrée par le comité de soutien à Jean-Marc Deperrois, quittent la Normandie pour se réfugier à Toulouse.

Cet ouvrage a été réalisé par la
SOCIÉTÉ NOUVELLE FIRMIN-DIDOT
Mesnil-sur-l'Estrée
pour le compte des Éditions Denoël
en octobre 1997

Imprimé en France
Dépôt légal : novembre 1997
N° d'édition : 8935 – N° d'impression : 40389